一帯一路の政治経済学

中国は新たなフロンティアを創出するか

平川　均・町田一兵・真家陽一・石川幸一

編著

文眞堂

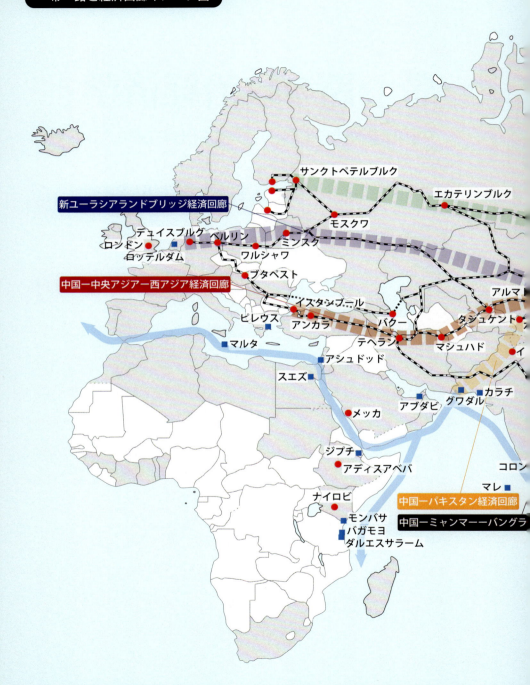

はしがき

　中国の「一帯一路」構想は，日本のメディアでは批判的に報じられている。「商業主義」，「滞る一帯一路」，「一帯一路に懸念」などのような見出しをみることが少なくない。一方，「一帯一路」構想の沿線国といわれる参加国は，2018 年で 71 カ国に達している。たとえば，東南アジアでは，ASEAN の全加盟国と東ティモールの 11 カ国が沿線国となっており，アジアでは日本，北朝鮮，台湾，インドを除く大半の国・地域が「一帯一路」構想に参加している。日本は「一帯一路」構想には公式には参加していないが，第 3 国での日中民間企業によるインフラ協力を 2018 年に開始した。「一帯一路」構想への批判が世界で広がり，「一帯一路」構想が縮小しているという日本の報道と，「一帯一路」構想に参加している国が増加し続けている現実には大きな落差がある。2019 年に入ってからは，2018 年に前政権の過剰な対外債務リスクを理由にマハティール首相により凍結された「一帯一路」構想の鉄道プロジェクトの再開が決まり，EU ではイタリアが EU 構成国間の分断を警戒するフランスやドイツを尻目に「一帯一路」構想に参加を決めた。

　発展途上国だけでなく先進国を含む多くの国が参加しているのは，「一帯一路」構想がこれらの国のニーズに応えているからである。それは，インフラ建設を中心とする経済開発であり，そのための資金提供である。さらに，「最も歴史に残る貧困削減と経済成長をなしとげた」（ダニ・ロドリック　2019:44 [1]）中国の成功経験をベースにした経済開発戦略の提案でもある。「一帯一路」構想に改善すべき問題が多いのは事実であるが，「一帯一路」構想が多くの国を引き付けているという事実をまず見るべきである。

　「一帯一路」構想は極めて壮大な構想であり，対象とする地域と分野は広く，全体像をつかむことが難しい。そのため，専門家による「一帯一路」構想のとらえ方も多様である。たとえば，国際公共財，中国版マーシャルプラン，対外経済協力の寄せ集め，国内の余剰生産設備のはけ口，中国主導の経済圏構築，

ii はしがき

人民元圏形成などから，批判的な見方では債務の罠，中国企業の利益のための
ひも付き援助，新植民地主義まで様々である。

「一帯一路」構想は，対外インフラ建設を中心とする国際開発協力構想であ
る。内容は中国のそれまでの対外協力政策や協力事業が寄せ集められたもので
あるが，重要なことはそれらが時間的にも地理的にも内容的にも極めて壮大な
ビジョンにもとづいて打ち出された対外構想であるということである。しか
も，世界経済のフロンティアと経済的な重心がアジア太平洋からユーラシアに
移動する中での，成長するアジア経済の新段階に位置づけられる構想であるこ
とを理解する必要がある。

「一帯一路」構想が打ち出された要因は，次の6つである。①21世紀半ばま
でに世界トップレベルの総合国力と国際影響力のある国になるという指導者の
野心，②経済の大国化，膨大な外貨準備と対外資本輸出，③資源の安全保障，
④国内過剰生産と新常態への対策，⑤TPP対策，⑥国内少数民族対策，新
版の西部大開発政策，である。

「一帯一路」構想は多様な要因や目的を背景につくられている。従って，一
面のみを取り上げ，評価を行うべきでない。規模の巨大さ，時間軸の長さ，沿
線諸国の多さとその経済社会へのインパクトの大きさ，実施している事業の多
様性などを考えると，「一帯一路」構想の評価は多面的に行わねばならない。
そのためには，「一帯一路」構想自体を多角的に考察し，主要な沿線諸国での
一帯一路事業の内容（とくに交通インフラ整備と物流）とその評価，政治経済
学的な視点での国際的な意義，開発戦略としての評価，「一帯一路」構想批判
とその妥当性など多くの観点から総合的な判断を行うべきである。

本書はこうした問題意識にもとづいて，「一帯一路」構想について，一次資
料をはじめデータに基づき，全体像を正確かつ総合的に把握し，沿線国を含め
「一帯一路」構想の現状を客観的かつ判りやすく示し，問題点および課題を論
じることを狙いとしている。

本書の構成は，以下の通りである。「一帯一路」構想を考察している第1部
と主要な沿線国・地域の「一帯一路」構想の現状と課題を検討した第2部から
なる。第2部の最後には「一帯一路」構想に対抗する日本や米国の構想である

「自由で開かれたインド太平洋」構想についての考察を含んでいる。

第1部の第1章「「一帯一路」構想とアジア経済─新たな成長フロンティアとその課題─」は，中国の「一帯一路」構想の誕生の経緯と背景，構想とその特徴，さらに沿線国の対応を考察し，次いで中国の発展をアジアの地域経済の発展の中に位置づける。こうして，「一帯一路」構想がアジアの発展の勢いを体現する，新たな段階を画する政策であることを明らかにする。同時に，近年，急激に高まる批判を検討して，「一帯一路」構想の課題と世界経済における今後の可能性を考察する。第2章「対外戦略としての「一帯一路」構想」は，2000年代以降の「貿易大国化」と「走出去」の加速化，およびFTAネットワークの構築といった「一帯一路」構想の経済的背景並びに歴史的意義を分析するとともに，沿線諸国との貿易・投資関係の特徴や「一帯」の中欧班列，「一路」の港湾整備事業などの視点から，近年の進捗状況とその課題について考察した。

第3章「「一帯一路」構想で進展するアジア・ユーラシアの物流」は，交通の視点から，「一帯一路」政策の前提となる国内広域交通幹線の整備の経緯に注目し，各輸送モードや関連する分野の現況を分析する。併せて近隣国を中心に関連する国際施策の実施状況など，ハードとソフトの両面で交通領域における当該政策の推進現状を説明する。最後に，中国の歴史を鑑み，「一帯一路」構想の将来性を評価している。第4章「「一帯一路」構想を巡るファイナンス」では，「一帯一路」構想の推進が莫大なインフラ投資資金を必要とし，それに応える意味でもファイナンスが極めて重要な役割を担うことを分析している。こうした状況を踏まえ，ファイナンスを中心に，「一帯一路」構想をめぐる中国の動向を整理，評価して，今後の方向性を考察している。

第2部の第5章では，「「一帯一路」構想とASEAN連結性─ASEANとしての取り組みと中国への期待─」では，「一帯一路」構想にとって，東南アジア地域の占める意味は大きく，BRIの経済協力に対してはASEAN加盟国の多くが期待していると評価している。ASEAN経済共同体（AEC）の重要な要素として，運輸交通を中心としたASEAN連結性の強化がはかられ，メコン地域を中心としたGMSプログラムとの融合も進展している。タイーミャン

マー間の連結性の改善によって，ミャンマーへの企業進出を促進する流れも緒に就いた可能性がある。第6章「「一帯一路」構想と東南アジア」では，ASEANの全加盟国が「一帯一路」構想に参加しており，その狙いはインフラ整備のための資金獲得であるとしている。ASEANと中国は，「一帯一路」構想とASEAN連結性マスタープランの相乗効果を高めることにより連結性を改善するための協力を約束しているが，具体的な協力は2国間である。プロジェクト受け入れには温度差があり，慎重な国や規模縮小を行った国もあることが指摘されている。

第7章「「一帯一路」構想と南アジア」では，南アジア地域の政治経済は中国の進出で大きく揺れ動いていると分析している。インドは同地域における中心性の維持につとめながら，「一帯一路」構想から利益を享受しており，他方で南アジア周辺諸国は「一帯一路」構想に組み込まれることで大国インドとのバランスを取ろうとしている。南アジア地域の国際政治構造は「一帯一路」構想により新たな局面を迎えたと論じている。第8章「「一帯一路」構想と欧州―高まる警戒感と今後の行方―」は，「一帯一路」構想を掲げる中国がEUで攻勢を強めていることを指摘している。EUは警戒感を強めつつも，政治的・経済的につながりを強める中国との関係の発展は不可欠である。EUは現在，難民流入，英国離脱，経済格差拡大など域内で様々な問題が噴出し，統一性が薄れつつある。そのEUは，中国をEU共通のルールと価値観の枠組みへと引き込んで同国との関係を発展させることができるのか否か。中国によりEUに突きつけられた大きな課題が提起されている。

第9章「「一帯一路」構想とアフリカ」では，「一帯一路」構想がアフリカ諸国にまで延伸しており，既にアフリカ各地で港湾整備や鉄道建設が進められていることを確認している。ただし，「一帯一路」構想は中国・アフリカ双方にとって有益となる可能性を秘めているにしても，「一帯一路」構想に対する姿勢は国ごとに異なる。そのため，「一帯一路」構想がアフリカ全土に受け入れられるか否か，今後の展望を注視しなければならないと論じている。第10章「自由で開かれたインド太平洋構想」では，同構想は，経済成長の極がインド洋周辺国に移動しつつあることへの戦略的対応であることをまず指摘している。そして，日米豪インドの4カ国がそれぞれにビジョンを提唱しており，航

行の自由などの普遍的な価値を尊重する点では共通しているが，豪とインドは「包摂」を重視している。2018年からは日本もこれまでの「自由で開かれたインド太平洋」戦略を「自由で開かれ包摂的なインド太平洋」構想とし，併せて「戦略」（strategy）を「構想」（vision）に改めて使い始めていることも注目されている。

　このように本書は，「一帯一路」構想について経緯，内容，現状，課題などを極めて多角的に論じている。執筆陣は「一帯一路」構想研究の分野で活躍している研究者と地域研究の専門家である。読者には，研究者だけでなく，「一帯一路」構想に関心を持つビジネス関係者や一般の方，「一帯一路」構想や中国及びアジア，欧州，アフリカの経済を学んでいる大学院生や学生を考えており，平易で判りやすい記述を心がけた。本書が「一帯一路」構想に関心を持つ方々に役立てば幸甚である。

　本書の執筆者の多くは，明治大学で長年行われている「アジア・コンセンサス研究会」のメンバーであり，本書は同研究会の成果と言ってよい。アジア・コンセンサス研究会の運営の中心となり，本書作成に協力を惜しまなかった明治大学商学部教授の小林尚朗先生に心から感謝したい。

　末筆になるが，本書の意義を評価し刊行を引き受けていただいた文眞堂の前野隆社長と，編集の労を取っていただいた前野弘太氏および編集部の皆様に心からの御礼を申し上げたい。

2019年8月

編者一同

注
1　ダニ・ロドリック著，岩本正明訳（2019）『貿易戦争の政治経済学　資本主義を再構築する』白水社。

目　　次

はしがき……………………………………………………………… i

第1部　「一帯一路」構想とその意義

第1章　「一帯一路」構想とアジア経済　………………… 3
―新たなフロンティアとその課題―

はじめに　……………………………………………………… 3

1．「一帯一路」構想の誕生とその背景　………………………… 4

　(1) 習近平国家主席と「一帯一路」構想　………………… 4

　(2)「一帯一路」構想誕生の背景とその意義　………………… 5

　(3)「一帯一路」構想の二面性

　　　―覇権と公共財の狭間の「一帯一路」―　……………… 8

2．沿線諸国と「一帯一路」構想　………………………… 11

　(1) AIIB と新興国の発展　………………………………… 11

　(2) 沿線国と「一帯一路」構想への対応　………………… 11

3．世界経済の中で発展するアジア経済と中国　………… 15

　(1) 東アジア成長のトライアングル　……………………… 15

　(2) 世界経済の中のアジアと中国　………………………… 18

4．「一帯一路」批判の考察………………………………… 20

　(1) 高まる「一帯一路」批判　……………………………… 20

　(2) 批判の妥当性　………………………………………… 22

　おわりに：日本・アメリカと「一帯一路」構想の展望　……… 24

第2章　中国の対外経済戦略と「一帯一路」構想　……… 30

はじめに　………………………………………………………… 30

1．「一帯一路」構想の経済的背景 …………………………………… *31*

  (1) 加速する「貿易大国化」と「走出去」………………………… *31*

  (2) FTA ネットワークの構築から「一帯一路」への延伸 ……… *34*

2．「一帯一路」構想の歴史的意義と捉え方の変化 ………………… *36*

  (1) 陸海の経済圏を同時に築く「一帯一路」……………………… *36*

  (2)「一帯一路」構想の捉え方の変化 …………………………… *37*

  (3)「一帯一路」構想の沿線諸国と6つの経済回廊 …………… *39*

3．「一帯一路」構想の進捗状況と課題 …………………………… *41*

  (1)「一帯一路」構想の沿線諸国との貿易・投資関係 ………… *41*

  (2)「中欧班列」の利用拡大とその課題 ………………………… *43*

  (3) 海外港湾整備事業への積極的な進出 ……………………… *45*

おわりに ………………………………………………………………… *46*

第3章　「一帯一路」構想で進展するアジア・ユーラシアの物流

………………………………………………………………………………… *50*

はじめに ………………………………………………………………… *50*

1．「一帯一路」構想の前提となる国内広域交通幹線の整備 …………… *51*

  (1)「西部大開発」による広域幹線道路の整備開始 ……………… *51*

  (2) 幹線鉄道の整備強化及び高速化 ……………………………… *52*

  (3)「物流業調整及び振興計画」に基づく交通結節点の整備強化 …… *53*

2．「一帯一路」構想で中西部地域を起点とする国際物流の強化 ……… *56*

  (1) 国境に近い拠点都市との交通アクセス強化及び物流園区の設置 *56*

  (2) 進む通関の迅速化と AEO 制度の相互認定……………………… *57*

  (3) 国際道路輸送協定の締結の活発化 …………………………… *58*

  (4) 国際道路運送条約への加盟による国際道路貨物輸送の自由度の

    拡大 ……………………………………………………………… *59*

3．燃料の精製能力の向上による相乗効果 …………………………… *60*

  (1) 交通産業における燃料消費の拡大 …………………………… *61*

  (2) 燃料製品の輸出拡大と精製品質の向上 ……………………… *61*

4．各交通モードにおける「一帯一路」構想の動き ………………… *62*

目　次　ix

　　(1)　海上輸送の動き　……………………………………………　63

　　(2)　鉄道輸送の動き　……………………………………………　65

　　(3)　自動車輸送の動き　…………………………………………　68

　　(4)　航空輸送の動き　……………………………………………　69

　5．「一帯一路」構想における将来性について　………………………　71

第4章　「一帯一路」構想を巡るファイナンス　………………………　76

　はじめに　………………………………………………………………　76

　1．「一帯一路」構想をめぐる中国の動向　………………………………　77

　　(1)　「一帯一路」構想は走出去戦略のアップグレード版　……………　77

　　(2)　「一帯一路」構想におけるファイナンスの位置付け　……………　78

　　(3)　「一帯一路」構想に関わるファイナンス部門の担い手　…………　79

　　(4)　第13次5カ年計画におけるファイナンスの方向性　…………　82

　　(5)　国際協力サミットフォーラムにみるファイナンスの成果　……　82

　2．「一帯一路」構想に対する中国の評価　………………………………　86

　　(1)　全人代・政府活動報告における評価　…………………………　86

　　(2)　一帯一路建設推進工作5周年座談会における評価　…………　87

　　(3)　国務院新聞弁公室の記者会見における評価　…………………　88

　3．「一帯一路」構想の今後の展望　………………………………………　89

　　(1)　見直し段階を迎える「一帯一路」構想　………………………　89

　　(2)　中国債務のわなに対する批判　…………………………………　90

　　(3)　ファイナンスをめぐる問題点　…………………………………　91

　　(4)　中国企業に対するコントロール　………………………………　94

　むすびに代えて　………………………………………………………　94

第2部　「一帯一路」構想と世界

第5章　「一帯一路」構想と ASEAN 連結性………………………　99
　　　　　—ASEAN としての取り組みと中国への期待—

　はじめに　………………………………………………………………　99

x　目　　次

　1．ASEAN 地域経済統合と ASEAN 連結性への取り組み ………… *100*
　　(1) 分野が拡大する AEC2025 における連結性 ………………… *100*
　　(2) MPAC2025 などにおける連結性の変質 ………………… *101*
　　(3) ASEAN 交通円滑化協定の進展と ASEAN 税関貨物通過システム
　　　　……………………………………………………………… *102*
　2．ASEAN 連結性とサブリージョナル枠組み ………………… *104*
　　(1) GMS プログラムと経済回廊構想のアップグレード ……… *104*
　　(2) GMS 越境協定の見直しと CBTA アーリーハーベスト措置 …… *107*
　3．ミャンマーの道路インフラ整備と日系企業の動向 ………… *109*
　　(1) ミャンマーの道路インフラ改善と周辺国との連結性強化 ……… *109*
　　(2) ティラワ経済特区に見られる外国投資拡大の兆し ……… *114*
　おわりに ………………………………………………………… *115*

第6章　ASEAN における「一帯一路」構想の現況と課題 …… *119*

　はじめに ………………………………………………………… *119*
　1．インフラ整備が遅れる ASEAN ……………………………… *120*
　2．インドネシア，マレーシア，タイ，フィリピンにおける
　　「一帯一路」構想の事例 ……………………………………… *122*
　　(1) インドネシア：遅れる高速鉄道プロジェクト ………… *122*
　　(2) マレーシア：政権交代で高速鉄道建設を凍結 ………… *123*
　　(3) タイ：高速鉄道は 6 年越しの協議を経て着工 ………… *125*
　　(4) フィリピン：BRI に前のめりになる新政権 …………… *127*
　3．CLMV における「一帯一路」構想の事例 ………………… *128*
　　(1) ベトナム：BRI を支持するも実施には慎重 …………… *128*
　　(2) カンボジア：BRI を熱心に支持 ………………………… *130*
　　(3) ラオス：高速鉄道の総工費は GDP の約 5 割 ………… *131*
　　(4) ミャンマー：中国ミャンマー経済回廊に合意 ………… *133*
　4．期待の一方で多くの問題が発生 …………………………… *135*
　おわりに ………………………………………………………… *138*

目　次　*xi*

第7章　「一帯一路」構想と南アジア ・・・・・・・・・・・・・ *143*

はじめに ・・ *143*

1．南アジアと中国 ・・ *144*

　(1) 対立と協力の印中関係 ・・・・・・・・・・・・・・・・・・・・・・・・・・・・ *144*

　(2) 南アジア諸国と中国の貿易投資関係 ・・・・・・・・・・・・ *148*

2．「一帯一路」構想とインド ・・・・・・・・・・・・・・・・・・・・・・・・・ *153*

　(1) AIIB と NDB によるインフラ計画 ・・・・・・・・・・・・ *153*

　(2) 中国企業のインド投資 ・・・・・・・・・・・・・・・・・・・・・・・・・・ *156*

3．「一帯一路」構想と南アジア周辺諸国 ・・・・・・・・・・・・ *158*

　(1)「一帯一路」構想とパキスタン，スリランカ ・・・・・ *158*

　(2)「一帯一路」構想とその他南アジア諸国 ・・・・・・・・・ *163*

おわりに ・・・ *165*

第8章　「一帯一路」構想と欧州 ・・・・・・・・・・・・・・・・・・・・・・・ *170*
　　　　　―中国への警戒感と今後の行方―

はじめに ・・ *170*

1．BRI と「16＋1」 ・・・・・・・・・・・・・・・・・・・・・・・・・・・・・・・・・・・・・ *171*

　(1) 欧州における BRI のルート ・・・・・・・・・・・・・・・・・・・・・ *171*

　(2) 中国と中東欧 16 カ国の経済協力枠組み「16＋1」・・・・・・ *172*

　(3) 中国と CEE の思惑 ・・・・・・・・・・・・・・・・・・・・・・・・・・・・・・・ *175*

　(4) 主なインフラプロジェクト

　　　―ハンガリー・セルビア間の高速鉄道 ・・・・・・ *175*

　(5) 中国と CEE の経済関係 ・・・・・・・・・・・・・・・・・・・・・・・・・ *178*

　(6) CEE 諸国の不満 ・・・・・・・・・・・・・・・・・・・・・・・・・・・・・・・・・ *180*

2．EU で高まる中国への警戒感 ・・・・・・・・・・・・・・・・・・・・・・ *181*

　(1) CEE をめぐる脅威 ・・・・・・・・・・・・・・・・・・・・・・・・・・・・・・ *181*

　(2) EU の警戒感 ・・・・・・・・・・・・・・・・・・・・・・・・・・・・・・・・・・・・・・ *182*

3．EU の対中政策の変化 ・・・・・・・・・・・・・・・・・・・・・・・・・・・・・・ *187*

　(1) 駐中国 EU 大使によるアジア批判 ・・・・・・・・・・・・・・ *187*

（2）EU のアジア投資戦略 ………………………………………………… *187*

（3）スクリーニング ………………………………………………………… *189*

（4）「10 項目の行動計画」 ………………………………………………… *189*

4．中国の EU への歩み寄り ……………………………………………… *190*

（1）中国の対 EU 政策の変化 …………………………………………… *190*

（2）欧州における BRI の行方 …………………………………………… *191*

おわりに ………………………………………………………………………… *193*

第9章 「一帯一路」構想とアフリカ ……………………… *197*

はじめに ………………………………………………………………………… *197*

1．「一帯一路」構想と中国のアフリカ外交 …………………………… *198*

2．アフリカを取り込む中国の狙い ……………………………………… *202*

（1）政治面での狙い ……………………………………………………… *202*

（2）経済面での狙い ……………………………………………………… *204*

3．「一帯一路」構想がアフリカにもたらすもの ……………………… *208*

（1）中国－アフリカ間の貿易拡大 ……………………………………… *208*

（2）鉄道・港湾インフラの建設 ………………………………………… *210*

4．おわりに：「一帯一路」構想とアフリカの関係を巡る今後の視座 … *213*

第10章 自由で開かれたインド太平洋構想 ……………… *217*
―その意義，内容，課題―

はじめに ………………………………………………………………………… *217*

1．なぜ「インド太平洋」なのか ………………………………………… *218*

（1）インド洋に拡大する成長圏 ………………………………………… *218*

（2）中国の台頭への対応 ………………………………………………… *219*

2．日本の「自由で開かれたインド太平洋」構想 …………………… *221*

（1）アフリカ開発会議での安倍総理演説で提唱 …………………… *221*

（2）構想実現への3本柱 ………………………………………………… *222*

3．米国の「自由で開かれたインド太平洋」構想 …………………… *227*

（1）2017 年のトランプ大統領演説でビジョンを提示 ……………… *227*

目　　次　*xiii*

　(2)　構想実現のための行動計画　……………………………………… *228*
　4．豪州とインドの「自由で開かれたインド太平洋」構想　…………… *232*
　(1)　豪州の「開かれ包摂的で繁栄するインド太平洋」構想　………… *232*
　(2)　インドの「自由で開かれた包摂的なインド太平洋」構想　……… *233*
　5．「自由で開かれたインド太平洋」構想の特徴と変化　………………… *236*
　(1)　各国の構想の相違点　…………………………………………… *236*
　(2)　具体的な施策　…………………………………………………… *237*
　(3)　「包摂的」の追加と日本の第3国での中国との協力　…………… *237*
　(4)　ASEAN の対応　……………………………………………… *239*
　おわりに：経済開発戦略の拡充　………………………………………… *240*

「一帯一路」構想年表　……………………………………………………… *244*
索引………………………………………………………………………… *249*

第1部

「一帯一路」構想とその意義

第1章

「一帯一路」構想とアジア経済
―新たなフロンティアとその課題―

平川　均

はじめに

　中国の「一帯一路」構想は，成長するアジア経済の新段階に位置付けられそうである。過去半世紀を超えるアジア経済を鳥瞰すると，「一帯一路」はアジア地域の発展経路の延長線上で，「時代の勢い」に乗った新たな構想の可能性がある。確かに，批判も強い。国益優先，覇権主義，「債務の罠」などのさまざまな批判の高まりがあり，その論拠を支持する事例も事欠かない。しかし，評価は多面的に行われるべきだろう。構想自体の考察に加えて，沿線諸国との関係，またその政策の国際的意義や批判の妥当性など，多くの観点から総合的に判断される必要がある。

　本章では上記のような問題意識の下，まず第1節で中国の「一帯一路」構想の誕生の経緯と背景，意義を考察し，対外政策としての特徴を2面性として論じる。第2節では，沿線諸国と「一帯一路」の関係を概観する。第3節では，アジア経済の発展メカニズムの中で中国の役割を確認する。第4節では，近年，高まる「一帯一路」批判を検討し，最後に，日本およびアメリカの対応を踏まえて，「一帯一路」の今後を考える。

1. 「一帯一路」構想の誕生とその背景

（1） 習近平国家主席と「一帯一路」構想

「一帯一路」構想は，2013年に習近平国家主席が打ち出した対外インフラ建設中心の国際開発構想である。彼は，同年9月と10月にカザフスタンとインドネシアを訪問し，歴史のシルクロードになぞらえて「シルクロード経済帯」と「21世紀海上シルクロード」の建設を発表した。それがひとつの構想「一帯一路」として，翌2014年11月のAPEC首脳会議の折に公表される。だが，この時，国際社会での関心は低かった。「一帯一路」構想が海外で注目を集めるようになるのは翌年以降である。

2015年3月に，国家発展改革委員会・外交部・商務部が共同で「シルクロード経済ベルトと21世紀海上シルクロードの共同建設及び推進のビジョンと行動」（以下，「ビジョンと行動」）を発表する。「一帯一路」は，同年10月の中国共産党中央委員会第5回全体会議で採択され，翌16年3月の全国人民代表大会（全人代）で同年開始の第13次5カ年計画の要綱の対外開放の重要政策として明記される。

ところで，習近平国家主席は，共産党総書記に選出された2012年11月に6名の中央政治局常務委員と共に国立博物館の展示「復興の道」を見学し，「中華民族の偉大な復興」を「偉大な夢」とする重要談話を発表する。2017年10月の第19回共産党全国代表大会でも中華民族の偉大な復興を掲げ，「中国の特色ある社会主義」の下2035年までに経済力・科学技術力で世界の一流国家の仲間入りを果たし，今世紀中葉までに「世界トップレベルの総合国力と国際影響力を有する国」になるとの方針を高々と掲げた。こうして翌18年3月には憲法を改正し，鄧小平が設けた国家主席の任期2期10年の制限を撤廃して自身の長期政権へ道を開いた。「一帯一路」は，中国の最高の国家政策に位置づけられ，絶対的な習近平体制の統治の正統性を占う政策となったのである。

国家主席の任期の撤廃は独裁政権の誕生として，特に民主主義の先進諸国で大きな衝撃と失望をもって迎えられた。だが，彼が中国の近代史を屈辱の歴史

と捉え，建国100年に向けて今や世界第2位の経済大国の指導者として中国を再び世界の指導的国家にしたいと考えても，冷静に考えればそれほど驚くに当たらない。しかし，中国が，国際社会に与える影響は巨大であり，「一帯一路」が対外政策であればなおさら，その在り方が問われねばならない。「一帯一路」構想の性格と可能性は何か，それは，中国はもちろん国際社会に何をもたらすか。重要な国際的課題である。慎重な検討が要る。

（2）「一帯一路」構想誕生の背景とその意義

「一帯一路」構想は，それ以前の様々な要因，政策や事業が寄せ集められたものである（伊藤 2015；同 2018；大橋 2016）。それらは，取り敢えず以下の6つに整理できるだろう。(a)前項で見た指導者の野心，(b)経済の大国化，膨大な外貨準備高と対外資本輸出，(c)資源の安全保障，(d)国内過剰生産と新常態への対策，(e) TPP対策，(f)国内少数民族対策，新版の西部大開発政策である（平川 2017c；平川 2018c：89-90）。

(b)　中国の外貨準備高は，2005年に1兆ドルに膨らみ日本を超えて世界第1位となった。習近平が共産党総書記になった2012年には3兆9,000億ドル，日本の1兆2,680億ドルの3倍を超え突出している。対外直接投資額は2000年代初めの20億ドル台が，2013年には1,078億ドルとなり，2015年には1,457億ドルとなって，日本を超えて世界第2位の投資国となった。1990年代末には走出去戦略が採用されたが，「一帯一路」はその延長線上に位置づけられる。

(c)　成長に伴う資源消費量も劇的に上昇した。2000～2014年の世界の資源消費に占める中国のシェアは鉄鉱石が18％から57％，石炭が29％から51％，銅が13％から57％，石油が6％から12％に急増した（内閣府 2015：28-29）。

資源の確保は中国の成長の死活的課題であり，安全保障問題となる。図1-1は，2000年以降の世界の主要国の対中輸出依存度を示すが，今世紀に入って，中国の周辺諸国，中央アジア諸国，アフリカ諸国を中心に依存度の急上昇が確認できる。中国が資源輸入を激増させたからである。アメリカのボストン大学グローバル開発政策センターの世界エネルギー開発金融分析によると，2000～2018年までの中国のエネルギー開発金融の総額は2,442億ドルに達し，そのうちの1,863億ドル，76％が「一帯一路」沿線国に向けられていた。2018年での

6　第1部　「一帯一路」構想とその意義

図1-1　主要国の対中輸出依存度　2000, 2010, 2014年

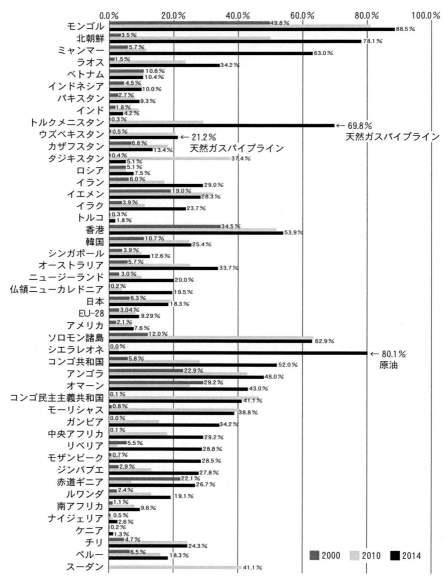

注：スーダンは2000年のデータが入手できないため、棒グラフを最下に置いた。
出所：IMF *Direction of Trade Statistics*, EUは *UN Comtrade Database* より作成。

割合は93％である（GCI 2019）。中国の対外直接投資は，これまで資源開発に集中しており，「一帯一路」と資源の安全保障が二重写しで認められる。国際社会で強い不安が向けられる南シナ海での岩礁埋め立てと軍事拠点化，「真珠の首座り」戦略と呼ばれインドが神経をとがらせる中国海軍のインド洋への海洋進出，そしてパキスタン，ミャンマーとの経済回廊建設も，エネルギー供給ルートの資源安全保障と深く関わっている。

　(d)　中国は2008年末，アメリカのサブプライムローン危機に端を発する世界金融危機に対して4兆元（6,000億ドル）の国内景気刺激策を採った。当初，それは世界経済を救ったと評価されさえしたが，後遺症として国内過剰生産がインフラ業種を中心に起こった。中国製造業の設備稼働率は，製造業全体で2007年の79.4％が2014年には71.0％へ，インフラ関連業種では鉄金属加工が81.2％から66.1％へ，ガラス・セメントなど非金属鉱物は80.7％から66.8％へ，アルミなどの非鉄金属加工は80.7％から69.4％へ，船舶などの交通運輸も78.9％から73.1％へ落ち込む（内閣府 2015：11）。「一帯一路」はこうした産業に捌け口を提供する。さらに中国の経済成長率は，2010年代初めまで30年間10％台にあった。それが2012年から3年連続で7％台となる。「一帯一路」はこの「新常態」への対応機能も持つ（佐野 2016）。

　(e)　TPP対策にもなる。TPP交渉は2009年末にオバマ大統領（当時）が参加を決定し，原加盟国4カ国（P4：ブルネイ，チリ，ニュージーランド，シンガポール）にアメリカ，オーストラリア，マレーシア，ペルー，ベトナムの5カ国が加わり，9カ国で交渉が進んだ。2012年にはカナダとメキシコが，翌13年には日本が加わってTPP12カ国となり，2015年10月には大筋合意に至る。トランプ大統領の誕生で頓挫するが，TPP12はオバマ大統領のアジアへのピボット政策の一環として中国包囲網の側面があった。TPP12交渉の圧力は，この時期に誕生した習近平政権に重くのし掛かっていた。2012年には，北京大学の王緝思が太平洋でのアメリカとの衝突を避けて「西に進出する西進論」を唱えている（山本 2015：6）。「一帯一路」はこの面でTPP対策でもあった（青山・天児 2015）。

　(f)　「一帯一路」が提唱する6つの経済回廊は，中央アジア，南アジア，東南アジアなどの開発でもある。黒竜江省，内モンゴル自治区，新疆ウイグル自

治区，チベット自治区，雲南省，広西壮族自治区など，貧困地域を開発する。2000年に始まった西部大開発の延長線上にある。

　実際，「一帯一路」には，こうした国内的国際的要因が包括的に組み込まれている。しかも，政策の力点も対象の範囲も状況に応じて変わる。中国研究者の伊藤亜聖は，「俗説では『65カ国』が暫定的な一帯一路の『沿線国』と言われてきたが，これには確たる論拠も一貫性もなく，また政策的パッケージも…極めて包括的である」（伊藤 2018:18-19）という[1]。当初からアフリカは「一帯一路」に含まれているが，2017年5月には，ラテンアメリカが「21世紀海上シルクロード」の延長先として協力国に加わった。2018年1月発表の「北極政策白書」は，北極海ルートを「氷上のシルクロード」と呼んで構想に組み入れている。

　では，「一帯一路」構想は単なる寄せ集めのスローガンなのか。大国化した中国は国際社会の中で自らをどう位置付け，どのような国となろうとしているのか。その課題は中国としても国際社会としても，極めて重要である。「一帯一路」は象徴的にこの発展のあり方を規定するのである。

（3）「一帯一路」構想の二面性 ― 覇権と公共財の狭間の「一帯一路」―

　本項では，まず「ビジョンと行動」からそのコンセプトに迫ろう。

　「ビジョンと行動」には，シルクロード精神（平和と協力，開放性と包括性，相互学習と相互利益）が，また国連憲章に基づく5原則（主権の尊重，相互不可侵，内政不干渉，平等互恵，平和共存）が掲げられ，沿線国とのウィン・ウィン関係，相互利益が謳われている。「一帯」については，中国－中央アジア－ロシア－ヨーロッパ（バルト海），中国－中央アジア－西アジア－ペルシャ湾－地中海，中国－東南アジア－南アジア－インド洋，「一路」では，中国沿岸港－南シナ海－インド洋－ヨーロッパ，中国沿岸港－南シナ海－南太平洋のルートの開発があげられている。経済回廊は経済・貿易工業園区の設置，輸送インフラ，エネルギー・インフラ建設による連結性，技術の標準化などがあげられ，環境への言及がある。

　だが，ここで注目したいのは，「一帯一路」が想定する対外進出のメカニズムである。末廣昭は中国の対外経済活動では，「貿易，投資，援助の『三位一

体』的展開，あるいは貿易，投資，援助，対外経済合作の『四位一体』的展開が指摘されてきた」（末廣 2018:107）という。この開発方式は，日本の援助の経験から見た東アジアの発展構造を想起させる。日本は今世紀に入って，援助を通じてハードとソフトのインフラを整備し，次いで民間企業の投資と結びつけて，貿易を拡大させる三位一体型の「成功体験としてのジャパン・モデル」を生んだ（産業構造審議会 2005）。また，NIES から中国に続く経済発展は，輸出加工区の設置と直接投資の受け入れによる輸出主導型の発展であった。外資の導入政策と投資，そして貿易の発展の連鎖があった。これらの東アジアの経験が，「一帯一路」には活かされている。援助機関の役割を果たすのが開発金融機関であり，後述のアジアインフラ投資銀行（AIIB）やシルクロード基金，そして中国の国営政策銀行である。

「ビジョンと行動」の表現は曖昧であるが，沿海部の開放をテコとする中国の発展経験も含んだ上記の開発方式が，この構想には想定されているように見える。輸送インフラ，エネルギー・インフラの建設と工業園区の設置が中国企業の進出を促し，貿易を拡大させるという有機的な成長モデルである。それが，国際開発協力の枠組みの中で推進される。

協力メカニズムとしては，各国との2国間協力に加えて，上海協力機構（SCO），ASEAN プラス中国（10＋1），アジア太平洋経済協力（APEC），アジア欧州会議（ASEM），中国アラブ国家協力フォーラム（CASCF），大メコン圏（GMS）開発協力などの地域組織との協力があげられている。

「一帯一路」の経済効果として，歴史上類を見ない役割を果たす可能性が指摘されている。ブルッキングス研究所のあるエコノミストは，中国政府が「一帯一路」で1兆ドルを支出すると推計する（Shivshankar 2017）。マッキンゼーや野村ホールディングスも，「一帯一路」の投入額は巨額の年1,500億ドルと見積もっている（Guardian May 12, 2017; Nomura Asia Special Report Apr. 16, 2018）。このため「一帯一路」は，中国のマーシャル・プランとも呼ばれることにもなる。マーシャル・プランは第二次世界大戦後のアメリカによる巨大な対ヨーロッパ復興援助である。中国政府はその表現を公式に否定するが，南華早報は「一帯一路」がマーシャル・プランの12倍，中国のGDPの9%を支出するとの元IMFエコノミストの推計を載せている（The South China

Morning Post：SCMP, Aug.8, 2016）。

　なお，「一帯一路」構想の英語表記に関わって，中国政府は Strategy でなく Initiative を選んでいる。中国主導を抑えて，中立的な表現に腐心したためとされる（Xie 2015）。また，一般的に用いられる OBOR（One Belt One Road）に代えて BRI（Belt and Road Initiative）を用いている。OBOR では「ひとつ」が強調される。それを避けるためだという（Una 2016）。「一帯一路」の検討過程で，2014 年には数百回もの会議が設けられたと言われる（Xue, Xu 2015）。「一帯一路」は入念な検討の上で構想された政策であり，指導者の執念と構想の重要性を改めて確認できる。

　ところで，構想でもう 1 つ注目したいのは，当初から「一帯一路」が「国際公共財」を提供すると主張されていることである。習近平主席は 2014 年 11 月の APEC・CEO サミット開幕式の基調講演で，中国がアジア太平洋に「公共財」を提供すると述べ，王毅外相は 2016 年 3 月の記者会見で，「一帯一路」が 70 カ国以上の国と機関が協力を表明し，30 カ国以上が協定を結んでいると成果を強調し，「一帯一路」を国際公共財と呼んでいる。2017 年 5 月の「一帯一路」国際協力サミットフォーラムの習演説でも，自由貿易が強調され，「一帯一路」が国際公共財の提供であると明言されている（East Asia Forum, May 15, 2017）。2018 年 12 月の国際シンポジウムで王毅外相は，さらに 50 以上の国と機関が協力関係を結び，協定は 140 を超えたと習主席の講演に言及し，「一帯一路」が今や最もポピュラーな国際公共財になったと言う（Wang 2018）。元 ADB 研究所長の河合正弘も，「一帯一路」が国際公共財とされる点に注目し，中国の行動に期待を寄せている（河合 2016；Kawai 2017）。

　結局，中国の「一帯一路」は中国の国内政策であると同時に対外政策であり，また経済政策であると同時に政治外交戦略でもある。2 面性を持った国際開発協力構想である。ただし，およそどの国も多かれ少なかれ対外政策には国益が追求される。自国の課題が追求されているからと言って，それだけで非難するのは早計である。「一帯一路」は，中国の利益と対外的貢献の両面を備えている。だからこそウィン・ウィン協力と相互利益が強調されるのである。問題は国際公共財の主張の説得力であろう。今後の可能性を含めて，慎重な検討が要る。

2．沿線諸国と「一帯一路」構想

（1） AIIB と新興国の発展

「一帯一路」構想の対象地域は今や 70 カ国とされ，東南アジア，南アジア，中央アジア，西アジア，東欧，アフリカなどに広がる。それらの地域でこの構想はどう受け容れられ，何をもたらしているか。それに応える前に，「一帯一路」の融資機関とされる AIIB に触れることにしたい。

AIIB の設立に当たっては，その透明性などを問題視して先進国の中ではアメリカ，日本，カナダの 3 カ国のみが参加を見送った。だが，翌 2016 年 8 月にはカナダが参加申請に踏み切った。2015 年 12 月発足時に 57 カ国だった加盟国数は，2017 年 6 月には 80 カ国・地域に，2019 年 3 月現在では，93 カ国に達している。日本とアメリカ主導のアジア開発銀行（ADB）の 67 カ国を大きく超えている。

この事実は何を意味するのか。中国が設立に動いた背景には，IMF などの国際金融機関の運営に対する中国の不満があるが，何よりもアジアを中心に新興国のインフラ需要があった。2009 年には ADB が発表した報告書は，2010〜2020 年のアジアのインフラ投資需要を総額 8 兆ドル，年間 7,000 億ドルの膨大な資金不足が発生すると推計していた（ADB 2009）[2]。そのことは，中国の AIIB の設立に根拠を与える。AIIB は既存の国際機関と競合でなく協調の立場に立つ。AIIB の構想は，新興国が求めるインフラ需要に応えるものなのである。

（2） 沿線国と「一帯一路」構想への対応

実際，沿線国はそれぞれに固有の課題を抱えるが，総じて「一帯一路」を好意的に受入れた。ASEAN 諸国は中国との間に南シナ海問題があるものの，AIIB の設立に構想段階から歓迎の立場をとり，2017 年 5 月の「一帯一路」国際協力サミットフォーラムにも参加した。故スリン元 ASEAN 事務局長は 2017 年末，生前最後のマスコミのインタビューに答えて，「一帯一路」はイン

フラ整備資金の欲しい ASEAN 諸国の事情に合致し，「ASEAN はこれを好機と受け止めている」と明確に語っている。シンガポールのショール・マブバニ・リークワンユー公共大学院長も，中国が露骨な国益追及を避けるという条件で「大半のアジアの国は是非一緒にやりたいと答えるだろう」と回答している（日本経済新聞，以下，日経，2017.12.5）。

2015 年 9 月には，インドネシアのジャカルタ・バンドン間の高速鉄道建設の入札でジョコ新大統領が中国企業の落札を決定し，日本は大いに不快感を味わった。この鉄道建設はその後トラブルが続くものの，大統領の決定には膨大なインフラ資金問題が背後にある。今では融資の在り方が問われているが，間違いなく大きなインフラ需要がある。

中央アジアも同様である。旧ソ連の崩壊で 1991 年に中央アジア諸国が独立し，ロシアと中国の間で中央アジア諸国も発展の道を探るようになる。まず，中国が主導してロシアと共に，カザフスタン，キルギス，タジキスタンと協力組織の上海 5（ファイブ）が立ち上げられ，2001 年にウズベキスタンが加わって上海協力機構（SCO）が生まれる。これに対してロシアのプーチン大統領が主導する関税同盟が 2010 年にロシア，ベラルーシ，カザフスタンの 3 国で誕生し，これにアルメニアが加わり 2015 年にユーラシア経済連合（EEU）が結成される。キルギスもこれに参加する。こうした状況で，経済力を背景に中国の採った政策が「一帯一路」の国際開発協力であった。

エネルギー需要の膨らむ中国にとって，中央アジアは豊富な資源供給地域である。トルクメニスタンは 2009 年末，中国への天然ガスパイプラインが完成して，一気に対中貿易が拡大する。石油とウランの産出国であるカザフスタンでは，2005 年に中国の石油企業（CNPC）がカナダの石油会社ペトロ・カザフスタンを買収し，翌年にはカスピ海と新疆を結ぶ全長 3,000 キロのパイプラインを開通させた。それまで石油は大部分がヨーロッパに送られていた。それが中国にも供給されるようになる（ミラー 2018：80）。ウズベキスタンも，中国企業がパイプライン，鉄道，道路などのインフラ事業に積極的に乗り出し，天然ガスの輸出が本格化する。中国と対抗関係にあるロシアは 2014 年初めのウクライナ問題でヨーロッパ諸国と対立を深め，経済と同時に外交上も中国との関係を深める。

こうして 2015 年 7 月にはロシアのウファで第 7 回 BRICS 首脳会議，第 15 回 SCO 首脳会議，EEU 最高会議が合同で開催される。この時，中国・モンゴル・ロシアの首脳会議も開催され，3 国は互いの旗艦プロジェクトの経済回廊建設に合意する。SCO へのインドとパキスタンの加盟手続きの開始も合意された[3]。

南アジアでの「一帯一路」の展開は複雑である。中国パキスタン経済回廊（CPEC）は 2015 年 4 月の習近平主席の同国訪問で始まる。中国は CPEC を旗艦プロジェクトとして公認し，グワダル港建設，エネルギー・輸送インフラ建設，産業協力計画などを進める。グワダル港からパキスタン全土を横断して中国の新疆ウイグル自治区のカシュガルを道路と鉄道で連結する工事が始まる。だが，CPEC はインド・パキスタン間で領有権問題を抱えるカシミール地方を通る。中国の「真珠の首飾り」戦略に神経を尖らせるインドは CPEC に不信感を強め，2017 年 5 月に北京で開かれた「一帯一路」国際協力サミットフォーラムへの参加を拒んだ。翌 6 月には，ブータンが領有権を主張するドクラム高原で中国が道路建設に動くと，それをきっかけにインド軍と中国軍は数カ月にわたって対峙し合った。インドにとって CPEC は，国家の安全保障上の危機と映る。

インドは今世紀に入って自国の発展もあって，独自の中央アジアとヨーロッパへの連結計画を進めてきた。2000 年にはペルシャ湾から中央アジア－ロシアを経てインド－ヨーロッパ間の船舶，鉄道，道路による国際複合連結構想の国際南北輸送回廊（INSTC）建設をイラン，ロシアとともに始めている。この計画にはその後，トルコと中央アジア諸国が参加した。インドはまた，2009 年にはイランのチャバハール港経由でアフガニスタンに入るインフラ建設をイランと連携して始めた。この計画はパキスタンを迂回する。2013 年 2 月のバングラデシュ・中国・インド・ミャンマー経済回廊（BCIM-EC）構想へもインドは参加している。本構想は中国を起点とする。その計画への参加は，「一帯一路」以前に既に始まっていたことと同時に，インドの東南アジアへの関心の高さを示す。

そのほか，中央・西アジア諸国も独自のインフラ建設に着手している。アシュガバット協定（Ashgabat Agreement）は中央アジアとペルシャ湾間の国

際複合輸送回廊建設計画で，2011 年にオマーン，イラン，トルクメニスタン，ウズベキスタン，カタールの間で始まり，その後カタールが抜けてカザフスタンが加盟した。2016 年 4 月に発効すると同年 10 月にパキスタン，2018 年 2 月にはインドが加盟した。

　東ヨーロッパ諸国は中国との連携を強めた。ポーランドは 2012 年 3 月に中国と戦略的提携を結び，貿易と企業進出を目的に「Go China」プログラムを開始した。中・東ヨーロッパ 16 カ国と中国（CEE16 + 1）の最初の首脳会議は首都のワルシャワで開催された。もっとも EU 本部（ブリュッセル）は中国に不信感があり，CEE16 + 1 首脳会議の開催には不満があった。そのため，ポーランドなど数カ国は，EU の結束を乱す中国の同盟国とみなされた（Par 207）。だが，それまで対中政策で場当たり的であった EU も共通の対中政策を求められることになる。CEE16 カ国のうちの 11 カ国が EU 加盟国であったからである。EU は外交 40 周年に当る 2015 年 6 月の EU・中国首脳会議で中国との包括的戦略提携を強調し，ヨーロッパ投資計画と「一帯一路」を互いの旗艦プロジェクトとして認め合った[4]。

　アフリカ諸国とは，2000 年から中国アフリカ協力フォーラム（FOCAC）を 3 年毎に開催し，3 回に 1 度は首脳会議を開いている。「一帯一路」が始まった 2015 年の首脳会議はヨハネスブルク宣言を採択し，「21 世紀海上シルクロード」に賛意を示した。中国は農産品輸出，海上輸送，港湾・工業団地建設，石油・ガスインフラ事業などで協力を約束している。中国アフリカ開発基金の 50 億ドルから 100 億ドルへの拡充も約束した。また，その首脳会議で習近平国家主席は，中国のアフリカ投資が 2014 年までに 1,010 億ドル，3,100 社以上に達したと成果を強調しただけでなく，2018 年までの 3 年間に総額 600 億ドルの支援を約束した。2018 年の 53 カ国が参加した北京の FOCAC 首脳会議では，両者が発展の経験を共有し，一帯一路の枠組みの下，貧困削減対話システムを構築する，向こう 3 年間に再び総額 600 億ドルを支援するとの約束をしている。

　アフリカ諸国との貿易は今世紀に入って急激に増加しており，中国は，アフリカ諸国の重要な輸出先国である。同時に，鉄道インフラの建設や工業団地の造成などで融資を行なう。企業進出と開発でも期待される国なのである。

3. 世界経済の中で発展するアジア経済と中国

(1) 東アジア成長のトライアングル

　本節では，中国の経済発展を世界経済とアジア経済の枠組みの中で捉える。それが中国の「一帯一路」の歴史的，段階的意義を明らかにすると考えるからである。

　世界経済は過去半世紀を通じて，大きな構造変動の過程にある。その変動をアジアが進める。まず東アジアで，日本，続いて韓国，台湾，香港，シンガポールのNIESが成長し発展するが，今世紀に入ると中国がその役割を担うようになる。図1-2はアメリカを基準にして東アジアとインド，EUの経済の相対的規模の推移をみたものである。EUはアメリカの90～130％の間を上下し

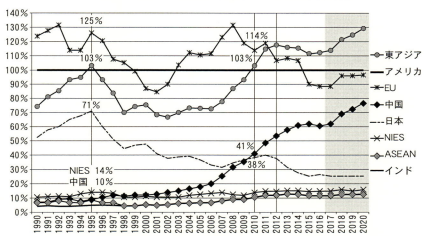

図1-2　アメリカを100とした地域別経済（GDP）相対規模の推移

注：2017のデータで作成。Taiwanは2016から推計。NIESは，韓国，台湾，香港，シンガポール。ASEANは，インドネシア，マレーシア，フィリピン，タイ，ベトナム。東アジアは，NIES，ASEAN，中国，日本。
出所：IMF *World Economic and Financial Surveys, World Economic Outlook Database*, April 2018より作成。

ている。しかし，東アジアは1980年代から順調にアメリカを追いながら1990年代後半にいったん縮小し，その後に再び追跡の過程に入って，2010年にアメリカを追い越す。その後は差を広げる一方である。2010年はまた中国が日本の経済を追い越し，東アジア域内の構造も変わる。

　ところで，この発展のメカニズムは何か。現代の世界経済は一般的に言って，先進国からの海外直接投資が貿易に先行し，貿易は投資の後に続く。アジアの新興国は，こうした海外からの資本と技術の導入によって発展の糸口をつかんできた。経済学で説明される比較優位は，企業によって創り出されているのである。

　図1-3は，1960年代以降の日本を含むアジア主要国の成長率と人口の相関を図示している。この図からは，1960～2014年を3期に分けると，高成長を記録する国が，時が経つとともに人口の小さなNIESから大きな中国，インドなどBRICsへ移っていることが分かる。NIESの発展は1960年代後半以降，日本とアメリカからの直接投資を受け入れることで始まった。それは，労賃の安い労働集約的製造業の発展で，市場は先進国にあった。中国も1990年代に

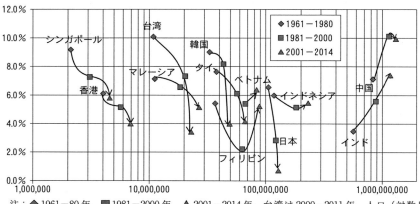

図1-3　アジア主要国の時期別・人口規模別GDP平均成長率

注：◆1961－80年，■1981－2000年，▲2001－2014年。台湾は2000－2011年，人口（対数目盛）はそれぞれ1971年，1991年，2007年のもの。香港のGDPは1965年以降のデータを使用。ベトナムのGDPは1984年以降のデータ，台湾は1960－2011年のデータを使用。
出所：World Bank (2016) *World Development Indicators 2016*, *Taiwan Statistical Data Book* より作成。

沿海部に設けた経済特区を通じて，急速な工業化の端緒を拓いた（ADB 2015）。こうして東アジアはNIESからASEAN，そして中国へと，発展の地域的連鎖を実現したのである。しかし，何故，中国やインドが発展するのかを，経済学は十分に説明できていない[5]。

だが，新興国の発展では，多国籍企業による直接投資が重要な役割を果した。この視点からアジア新興経済を見ると，成長のメカニズムが浮び上る。図1-4は生産と市場（消費）を軸にしてそれぞれを先進経済と新興経済のカテゴリーで分けたマトリックス表であるが，この表を段階的に捉えることでアジア新興国の発展が説明できる。第1象限は，伝統的な先進国間相互投資による先進国の生産・発展モデルである。第2象限は，多国籍企業が新興国で生産し輸出するNIES生産・発展モデル，第3象限は，多国籍企業が成長する新興国の潜在的市場を求めて進出し，進出先で生産と販売を行うPoBMEs生産・発展モデルである。新興国の地場企業はこのメカニズムの中で競争力を獲得した。

ところで，NIESの発展は低賃金が基礎である。この場合，成功の条件は低賃金労働力の供給能力となる。その発展が国内市場を生む。こうして，供給能力の高い人口大国が成長の潜在力を有する投資先と見なされるようになる。第

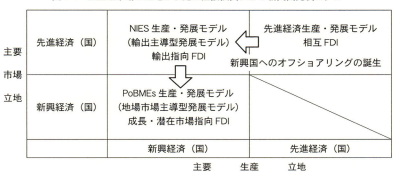

図1-4 生産と市場の立地から見た直接投資による新興国発展モデル

注：第1象限は先進国間相互投資型：先進国間を資本と技術が相互に移動。第2象限はNIES投資型発展：先進国市場への輸出を目的に，資本が新興経済の低賃金を求めて生産移転。第3象限はPoBMEs投資型発展：資本が新興経済の潜在市場を求めて移動。PoBMEs（ポブメス）はPotentially Bigger Market Economies（潜在的大市場経済）。
出所：平川（2016：134）ほか。表記ほかの一部に修正を加えてある。

3 象限の発展モデルへの段階的移行である。ここで，しばらく前に注目された
人口ボーナス論に触れておこう。人口ボーナスは非就業人口に比べて就業人口
が相対的に大きい経済状態を指す。だが，この説明は，人口規模の問題意識が
抜け落ちている。何故 NIES に続いて中国など BRICs なのかは，説明できな
い。

　BRICs の誕生には確かに根拠がある。ただし，BRICs は 4 カ国を指すに過
ぎない。南アフリカを加えた BRICS でも同じである。それに劣らず潜在力を
持った国が排除されてしまう。造語の PoBMEs（ポブメス：Potentially Bigger
Market Economies）はその欠陥を補うことができる（平川 2017 a, b）。

（2）　世界経済の中のアジアと中国

　アジアにも構造変動が起こっていた。その推進主体はアジアの NIES から中
国，インドの BRICs へと移動している。1990 年代までの東アジア経済に立ち
返れば，日本－NIES－アメリカからなる成長のトライアングル構造があった。
日本が基軸となって資本財と中間財を提供し，NIES が製造し，市場のアメリ
カに輸出された。しかし，今世紀に入ってこの構造は，日本・NIES－
ASEAN・中国－ヨーロッパ・アメリカからなるトライアングルの構造へ高度
化する。こうして分業構造の高度化に伴い市場も生まれる。

　図 1-5 は，中国の貿易依存度と中国経済に占める外資系企業のシェアの変化
を 1990 年代以降について見たものである。この図からは成長する中国が「2
重の自立」過程にあることが分かる。貿易比率は 2006 年の 64％をピークに，
今では 30 ポイントも減少している。貿易に占める外資のシェアも同様に，同
年の 59％をピークに今は 10 ポイント以上減っている。国内工業生産に占める
外資のシェア，固定資産投資も同じ傾向を示す。

　そればかりか，成長する中国が，東アジアの軸心となって貿易のネットワー
クを形成するようになる。東アジアの貿易の相手先国別構成を確認すると，
1990 年代，アメリカが総額の 50％前後を占め第 1 位の，日本は 1990 年代前半
まで 20％後半を占めて第 2 位の貿易相手国であった。だが，1990 年代後半に
なると中国が日本を抜き，2005 年になるとアメリカを抜いて，東アジア貿易
の第 1 位の相手国になる。2005 年のそれぞれのシェアは中国 38％，アメリカ

第 1 章 「一帯一路」構想とアジア経済　　*19*

図 1-5　中国の貿易比率と経済における外資系諸指標　1992－2015 年

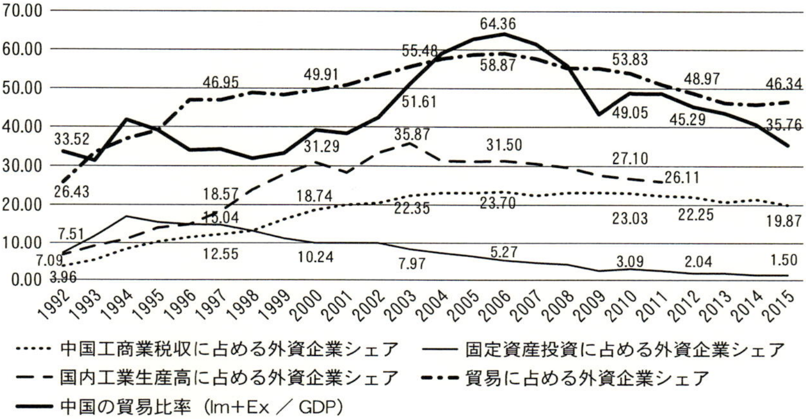

70.00
64.36
60.00　　　　　　　　　　55.48　　58.87　　　　53.83
50.00　　　46.95　　49.91　　　　　　　　　　　48.97　　46.34
51.61　　　　　　　　　49.05　45.29　　35.76
40.00　33.52　　　　31.29　　35.87　　31.50　　　　　　27.10
30.00　26.43　　　　　　　　　　　　　　　26.11
18.57　18.74　　22.35　23.70　　　23.03　22.25
20.00　7.51　15.04　　　　　　　　　　　　　　　19.87
10.00　7.09　　12.55　10.24　7.97　5.27　3.09　2.04　1.50
0.00　3.96

1992 1993 1994 1995 1996 1997 1998 1999 2000 2001 2002 2003 2004 2005 2006 2007 2008 2009 2010 2011 2012 2013 2014 2015

····· 中国工商業税収に占める外資企業シェア　　── 固定資産投資に占める外資企業シェア
── 国内工業生産高に占める外資企業シェア　　─·─ 貿易に占める外資企業シェア
── 中国の貿易比率（Im＋Ex ／ GDP）

注：国内工業生産高に占める外貨企業シェアは 2013 年版の 2011 年を最後に非公表となる。
出所：中国国家統計局（2016）中国外資統計 2016. 进出口数据来源于海关总署。

37％，日本 25％であった（平川 2007:7）。中国は，東アジアの最大の貿易相
手国となったのである。

　ところで，東アジア諸国の貿易の最大の特徴は，部品や加工品の中間財の取
引が圧倒的に多い点にある。図 1-6 は東アジア，NAFTA，EU の 3 大経済圏
の域内貿易の財別構成の変化を見たものであるが，東アジアでは 1990 年代に
入って部品のシェアが急激に高まり，逆に消費財のシェアが減る。NAFTA
と EU では消費財のシェアは変わらない。このことは，企業の生産工程間の国
際分業が東アジアの貿易を拡大させていることを意味する（木村・安藤 2016）。

　こうして「一帯一路」は，東アジアの発展軌道上の新たな政策に位置づけら
れることになる。PoBMEs の発展は東アジアの域内分業構造の下で誕生する。
グローバリゼーションの時代にあって，東アジアは国境を超えて貿易と生産の
ネットワーク，バリュー・チェーンを高度化させた。アジア域内には中間層が
誕生する。それが市場を支え，中国が今度は軸となって，ユーラシアまで成長
を拡大させる。広域のアジア経済圏の形成に可能性が広がるのである。

20　第1部　「一帯一路」構想とその意義

図1-6　3大経済圏の域内貿易の財別構成の推移　1990−2016年

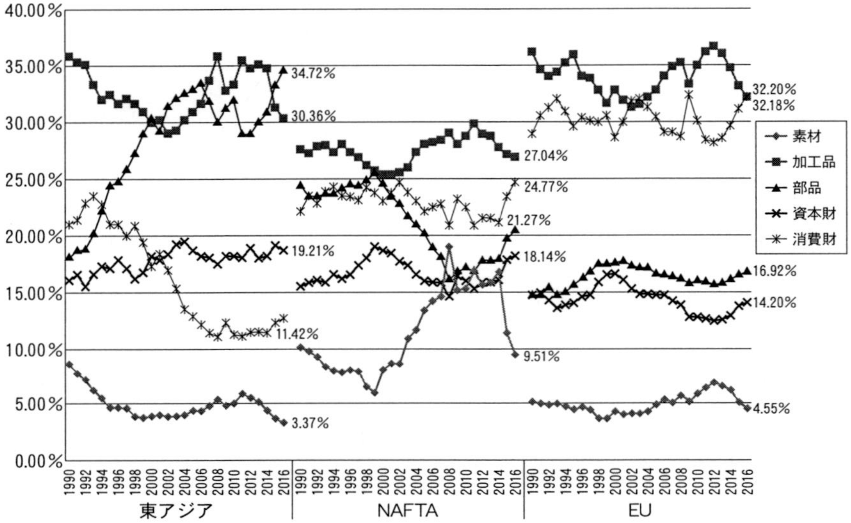

凡例：
- ◆ 素材
- ■ 加工品
- ▲ 部品
- ✳ 資本財
- ✳ 消費財

東アジア　NAFTA　EU

東アジア：34.72%、30.36%、19.21%、11.42%、3.37%
NAFTA：27.04%、24.77%、21.27%、18.14%、9.51%
EU：32.20%、32.18%、16.92%、14.20%、4.55%

注：財の定義は経済産業省『通商白書』に基づく。部品と加工品の合計が中間財となる。
出所：RIETI-TID のデータから作成（2019. 1. 23 アクセス）。

4.　「一帯一路」批判の考察

（1）　高まる「一帯一路」批判

　2010 年代中葉になると南シナ海問題などもあって，国際社会で対中脅威論が急激に強まる。確かに中国の対外膨張は劇的で，その内容も脅威を抱かせるものであった。2015 年には，中国企業によるパキスタンのグワダル港の 43 年間の租借，16 年にはギリシャのピレウス港の管理運営権 35 年間の獲得，17 年にはスリランカのハンバントタ港の 99 年間租借，そしてオマーンのジブチでの海軍基地の設置などが続いた。

　ところが，2017 年末には，パキスタン，ネパール，ミャンマーでの合計 200億ドルに達する水力発電用ダム建設で，相次いでキャンセルが起こる。それぞれに理由が異なるが，プロジェクトの透明性の欠如，過大な担保の要求，法令

無視，環境破壊，国益優先などが問題となった（Voice of America, Nov.5, 2017；同 Dec.5, 2017；The Irrawaddy, Jan.29, 2019）。2018年になると3月には，アメリカの世界開発センター（CGD）が行った「一帯一路」融資プロジェクトの評価報告書が，プロジェクトを実施する68カ国のうち23カ国で債務返済のリスクがあり，その内の8カ国は特に将来的に深刻であると評価された（Hurley, Morris, Portelance 2018）。同じ3月，日経アジアレビューとバンカー誌も一帯一路プロジェクトの共同調査を発表し，プロジェクトが地場の雇用と結びつかないこと，また管理不能の債務への依存などを問題とした。インドネシアでは60億ドルの高速鉄道建設はスケジュールが遅れ，コストも急上昇している。パキスタン，スリランカ，モルディブ，ラオスでは膨大な対中債務で，返済のリスクが高い。スリランカやモルディブなどでは主権喪失の懸念がある。中国の関心は，経済よりも地政学的理由に向けられている（Nikkei Asian Review, March 28, 2018）。4月にはEU28カ国のうちの27カ国の在中国大使が共同で，中国が自由貿易のルールを無視し，透明性を欠如させているとの批判文を中国政府に提出した（Heide et al. 2018）。

　債務は中央アジアでも膨らんでいる。2018年の夏には，トルクメニスタンが対中債務の増大で資金繰りが悪化し，タジキスタンも巨大な融資の見返りに中国企業に「資源開発権を譲渡」した。新聞報道は「アジアと欧州を結ぶ『一帯一路』の要衝と位置づけられる中央アジアでも中国頼みの『ワナ』が浮き彫りになってきた」と伝える（日経, 2018. 8. 14）。

　こうして，とりわけ地政学上の拠点に位置する小国などで生じる債務問題を中国が意図的に仕組んだ「債務の罠」だとする認識が一気に世界に広まる。そうした国の中には政権交代の事例も現れる。2018年5月にはマレーシアの総選挙でマハティール元首相が率いる野党連合がナジブ首相（当時）の与党連合に勝利する。首相に就いたマハティールの最初の仕事は，自国の巨額債務の縮小であり，シンガポールとの間のクアラルンプール・シンガポール間高速鉄道建設計画の中止と，既に着工していた東海岸鉄道建設の見直しであった。東海岸鉄道は「一帯一路」の大型支援プロジェクトである。マハティールは7月に，ワン・マレーシア開発（1 MDB）の巨額汚職容疑でナジブ前首相を逮捕し，その後，共謀のゴールドマン・サックス社を提訴する。

22 第1部 「一帯一路」構想とその意義

　ところが，2019年初めには，2016年に中国政府が1MDB問題で揺れるナジブ首相の救済に手を貸し，その見返りに鉄道・パイプラインの巨額インフラ・プロジェクトを提案したことが明らかになる。340億ドルの巨額資金の多くは中国の銀行が融資する（WSJ, Jan. 8, 2019）。2018年7月にはミャンマーでも，前政権が契約したチャオピュー経済特区での巨額の港湾開発事業の縮小が公表される（日経，2018.7.5）。モルディブでも9月に行われた大統領選で中国派の政権が敗れ，スリランカでも2018年末にはインド派とされる政権が誕生した。

　「一帯一路」の課題は，「債務の罠」問題に限らない。中国との貿易の拡大は新興国経済のGDPを成長させるが，製造業の衰退を招く可能性がある（丸川2018）。中国とASEANの貿易では，水平的な貿易の進む国と垂直的な貿易の進む国へ分化がみられる（宮島・大泉 2018）。新たな課題が生まれているのである。

（2） 批判の妥当性

　「債務の罠」との対中批判は強い。2018年4月，博鰲（ボアオ）アジアフォーラムで習近平主席が，「一帯一路は『中国の陰謀（Chinese plot）』ではない」と反論したとロイターは伝える（Reuters, April 11, 2018）。確かに巨額の返済問題を抱える国の事例が次々と生まれている。だがそれを陰謀と断定できるか。

　第11次5カ年期（2006-2011年）には，中国企業による海外資源開発ブームがあった。だが鉱業投資（M&A）の失敗率はなんと95％を超えている（中国経営報，2014.5.31）。2016年にはタイのバンコクと東北部サコンラチャシマを結ぶ高速鉄道建設に関わってタイと中国の交渉が貸付金利で対立し，結局タイへの技術提供となった（三浦 2017:34）。40億ドルの融資で建設されたエチオピアのアジスアベバ・ジブチ貨物鉄道は2018年の運行を始めるや否や，返済で再交渉が避けられない状況に陥った。電力不足で鉄道運行がままならないからである。中国が支援するラテンアメリカのある製糖工場は，原料の甜菜不足と鉄道輸送が順調にいかず低操業に陥っている（SCMP, Nov. 16, 2018）。

　こうした失敗例を分析して，三浦は，中国特有の理由を3点あげている。政

府主導故の甘いプロジェクト評価，中国への警戒感，中国企業の場当たり的対応である（三浦 2017:34, 38）。中国政府の支援を目当てに地方政府や国営企業が実力を超えたプロジェクトを採算無視で実施したり，中国側の強引な貸し付けなどもあるだろう（岡崎研究所 2017）。中国出口信用保険公司（SINOSURE）の主任エコノミストは，中国の多くの海外計画がずさんで巨額の金融損失を出しているとして，中国の開発業者や金融機関にリスク管理の強化を訴えている（SCMP, Nov. 16, 2018）。

　こうした事実に，中国では投資の失敗に関心が向けられている。ある研究はその理由を投資決定における問題，異文化理解の不足などをあげている（中国有色金属報 2017）。イギリス王立研究所のある論評は，中国企業は国内での経験はあっても海外活動の経験が不足し，物理的なハードウェア以上にソフトウェアが決定的な成功要因だという（Cainey 2018）。批判には根拠がある。だが，批判する側の根拠も自省が要るだろう。自らの価値判断を絶対視して批判していないか。

　ここで半世紀近く前の日本を振り返れば，日本へのかなりの批判が現在の中国批判と重なることに気付く。日本の ODA も企業の進出も海外から激しく指弾された。トラブルには確かに根拠がある。経験不足，中国政府や企業の限られた経験からの身勝手な判断，思い上がりがその多くを引き起こしている。だが，中国はこのトラブルから経験を蓄積するだろう（Cainey 2018）。

　実際，中国は国際社会からの批判を受けて，敏感に変わり始めているように見える。王毅外相は，2018 年 3 月のパリでの講演で「一帯一路は『国際ルールを尊重し，市場のルールに従って運用する』」と述べている。これは，中国が内政不干渉を盾に巨額の融資で新興国に取り入るリスクに気づいているからだろう。投資企業も多くの非難と失敗の中で，リスク管理を意識するようになっている。中国のある高官は匿名で，「中国当局は，失敗例を認識し，グローバルなインフラ計画を微調整しつつある。彼らは粗野に実行されるプロジェクトが中国の名声を傷つけ，恨みが広がる可能性を警戒している」という（Marlow・Li 2018）。2019 年 4 月に北京で開催された第 2 回「一帯一路」国際協力サミットフォーラムでは，習近平主席が，インフラ建設で「国際ルールを順守」する，また，融資先国の財政の持続性に配慮すると約束している。

中国国務院は2015年5月に，李克強首相の構想とされる「国際産能および装備製造協力の推進に関する指導意見」（以下，国際産能合作）を公布し，翌月には李首相がフランスで国際産能合作を提案している。これは中国の鉄鋼，非鉄，鉄道，自動車企業などが第3国への進出時に先進国の政府や企業と連携するというものである。アフリカへの進出で，イギリス政府と企業との間でも産能合作は実行に移されている。それらは，中国企業の海外経験の浅さを補うはずである。

環境問題への対応も積極化が見られる。2017年10月の全国人民代表大会（全人代）で習主席は「気候変動へ対処するため国際協力の運転席に就く」と宣言した。2018年10月に中国はフランスとの間で第1回中国・フランス・グリーン・ファイナンス国際会議を開催し，2カ月後にはイギリスとの間で「一帯一路」グリーン化原則を設けた。世界エネルギー研究所のあるペーパーは，現在の中国のエネルギー投資は低炭素政策に反するが，もし政府のファンドがグリーン投資を優先するなら，「一帯一路」沿線地域のグリーン型成長に向けて貢献が大きいと期待する（Zhou, Gilbert et al. 2018）。

「一帯一路」は「ビジョンと行動」の発表から5年が過ぎ，この間，遮二無二開発が進められてきた。それに伴い，多くの課題が明らかになり批判も高まった。今や，「一帯一路」プロジェクトは，ウィン・ウィン協力の言葉の段階から行動へ，質的転換の段階へと移行していると言っていい。中国は経験を通じてノウハウを蓄積し，課題を直視して，また国際社会のルールに沿って透明性を高めることができる。それが国際公共財として「一帯一路」を成功に導く道であろう。実際，中国はその可能性を開きつつあるように思われる

おわりに：日本・アメリカと「一帯一路」構想の展望

日本はアメリカとともに，AIIBに参加していない。AIIBの設立を契機に対抗的政策が採られるようなっている。安倍首相は2015年末から「質の高いインフラ投資」を謳い，「一帯一路」路線国への資金援助を激増させている。2016〜2020年にアジアへのインフラ建設融資を過去5年比で3割増やし，

1,100 億ドルとする政策を公表した。2015 年 10 月には中央アジア 5 カ国を歴訪し，この地域に 3 兆円（約 250 億ドル）を超えるビジネスチャンスを生み出す支援を約束している（日経, 2015. 10. 22）。

翌 2016 年 5 月の G7 伊勢志摩サミットでは，1 年前に増額した融資額 1,100 億ドルを 2,000 億ドルに増した。同年 8 月の第 6 回アフリカ開発会議（TICAD VI）に出席し，アフリカの「未来への投資」として 2016～2018 年に官民 300 億ドルの「質の高いインフラ投資」と，「自由で開かれたインド太平洋戦略」を打ち出した。インド太平洋戦略はその後，トランプ・アメリカ大統領も採用し，日本の対外政策の中核に位置付けられるようになっている（平川 2018a, b）。ちなみに，2016 年の ODA 実績で総額の 72％がインド太平洋地域に向けられている（日経, 2018. 8. 14）。

「一帯一路」に関しては，2016 年 6 月の日経新聞社主催「アジアの未来」の晩餐会で安倍首相は，国際社会のスタンダードの受け入れを条件に同構想に期待を表明した。2018 年 5 月の李克強首相の来日時には，日中の第 3 国市場協力で合意し，同年秋には，第 1 回官民合同委員会と第 1 回第 3 国市場協力フォーラムが開催されている。フォーラムには約 1,500 名が参加し，52 件の協力覚書が交わされた（JETRO トピックス 2018. 10. 28）。日本の協力の条件は，(a) 開放性，(b) 透明性，(c) 経済性，(d) 財政の健全性の 4 点である。もっとも，日本政府はこの協力を「一帯一路」への協力と見做していない（相馬 2018: 19）。だが，実質的に協力であるといえるだろう。

他方，アメリカのトランプ大統領と中国の関係を見ると，彼は 2018 年 3 月，対中貿易赤字の削減を名目に「アメリカ第 1」の貿易戦争に乗り出した。両国の交渉は同年 7 月，8 月，9 月と 3 段階で「3 弾」の追加関税の掛け合いとなり，アメリカは対中輸入品合計 2,500 億ドル分に上乗せ関税を，中国も対米輸入品合計 1,100 億ドル分に報復関税を課している。その後は，2019 年初めにアメリカが対中輸入分 2,000 億ドルに課す予定であった 25％の追加関税が 12 月初めのトランプ・習首脳会談で翌年 3 月初めまで猶予となり，その 3 月の期限が 2 月下旬に延期，4 月に入り再び延期となった後，5 月になって課された。2019 年 7 月現在，残りの全輸入品に制裁関税を課す「第 4 弾」は，前月（6 月）末の首脳会談で先送りとなっているが，いつ発動されてもおかしくない状

況にある[6]。

　しかも，この間に起こったファーウェイ副会長逮捕と同社製品の排除問題に見られるように，アメリカの貿易赤字削減問題は既に中国の技術覇権問題へと変質している。それは短期間の交渉で解決できない中国経済の構造上の問題を含んでいる。こうしてトランプ政権が中国に対して課す，いわゆる「経済制裁」はとりわけ太平洋を跨いで張られた世界的企業の貿易のネットワークを切断させつつあり，トランプ政権によるこの政策や圧力は「デカプリング」と呼ばれる事態を生んでいる（Luce 2018：McGregor 2018：Bradsher 2019）。実際，少なくない世界的な先端企業が中国での生産にリスクを見て，デカプリングを選択しつつある。

　思うに，この間に進められた貿易戦争は，たとえトランプ・習首脳会談が交渉で合意しても，この流れを元に戻せない。中国政府に一層強く自前の技術開発を指向させ，同時に中国の貿易構造におけるアメリカのウエイトを縮小させる。新興国との貿易ネットワークの強化へと向かわせる。それは異なる意味で，中国によるアメリカからの「デカプリング」となる。「一帯一路」政策の重要性は一層高まる。

　こうした事態は結局，国際政治と経済で新たなフロンティアが生まれる可能性を高めることになる。トランプ大統領は，2017年11月に安倍首相との対談で「自由で開かれたインド太平洋」戦略を採用し，翌2018年2月には，日本，アメリカ，オーストラリア，インドの4カ国が共同でこの地域のインフラ整備計画を進める会合をもったと報道された。同年7月には，インドを除く上記3カ国がこの地域のインフラ整備で合意したとの報道もあった。

　インド太平洋地域へは，日本，アメリカ，オーストラリアを中心に安全保障上の関心が高まっている。同時に，中国と対抗して活発なインフラ投資が起こりつつある。この競合関係は経済面に注目すればインフラ整備やプロジェクト融資に当たって，インド太平洋，アフロ・ユーラシア地域の経済基盤を，より一層高いレベルで整備する方向に向かわせる可能性がある。新たな経済がフロンティアとして登場する可能性が生まれているのである。

注

1）中国国家通信センターの2017年版報告書は64カ国である（国家信息中心他 2017）。また，最近

では70カ国とする報告が多い。

2）2017年にもADBは，2016〜2030年のインフラ需要を総額26兆ドル，成長の維持に必要な投資額を年1.7兆ドルと推計している（ADB 2017）。

3）パキスタンとインドの両国は2017年のSCO首脳会議で正式の加盟国となった。

4）ただし，現在でもEUとしての1つの政策は打ち出せていない。東欧諸国のほか，ギリシャ危機でピレウス港の管理権を譲ったギリシャは「一帯一路」への参加を選択している。2019年3月にはイタリアも，ヨーロッパを訪問した習近平主席との間で「一帯一路」協力の覚書に署名している。こうした動きに対してフランスのマクロン大統領は，ドイツと共に不信感を示し，習近平国家主席に対して，「一帯一路」を認めつつ一体化したEUとの協力関係の構築を要請している（日経，2019.3.26）。

5）2015年のノーベル経済学賞受賞者のA.ディートンは，BRICsのような人口大国がなぜ成長するかは経済学の未解決の問題だと記し，アジア研究者の末廣も，BRICsの用語は学術的検討に堪えない概念であるとしている（Deaton 2013：訳254；末廣 2014：5-6）。

6）2019年7月末の閣僚級貿易協議に業を煮やしたトランプ大統領は，同年8月1日，「第4弾」として，残り全輸入品に10％の追加関税を9月1日から課す，との発表を行なった。ただし，8月13日，その内の6割について12月に先送りした。クリスマス商戦への影響を避けるためである（日経，2019年8月15日）。[2019年8月16日付記]

参考文献

（日本語）

青山瑠沙・天児慧（2015）『超大国・中国のゆくえ2 外交と国際秩序』東京大学出版会。

伊藤亜聖（2015）「中国の『一帯一路』の構想と実態—グランドデザインか寄せ集めか—」『東亜』No.579，9月号。

———（2018）「中国・新興国ネクサスと『一帯一路』構想」末廣昭・田島俊雄・丸川知雄編『中国・新興国ネクサス—新たな世界経済循環—』東京大学出版会。

大橋英夫（2016）「TPPと『一帯一路』構想」『国際問題』No.652，6月号。

岡崎研究所（2017）「習近平の『一帯一路』に吹く逆風」『Wedge Infinity』6月3日。

河合正弘（2016）「中国の『一帯一路』とは何か」科学技術振興機構編『中国「一帯一路」構想および交通インフラ計画について』3月。

木村福成・安藤光代（2017）「国際的生産ネットワーク」三重野文晴・深川由紀子編『現代東アジア経済論』ミネルヴァ書房。

佐野淳也（2016）「新常態下で積極化する中国の対外経済戦略——帯一路を中心に—」『JRIレビュー』Vol.3，No.33。

産業構造審議会貿易経済協力分科会経済協力小委員会（2005）「中間報告—我が国経済協力の成功経験を踏まえた「ジャパン・ODAモデル」の推進」)。

末廣昭（2014）『新興アジア経済論—キャッチアップを超えて』岩波書店。

———（2018）「東南アジアに南進する中国」末廣・田島・丸川『中国・新興国ネクサス—新たな世界経済循環』東大出版会。

相馬弘尚（2018）「我が国の海外インフラ輸出戦略と第三国における日中民間経済協力」『運輸と経済』交通経済研究所，第78巻第12号，12月。

内閣府（2015）『世界経済の潮流II』。

平川均（2016）「アジア経済の変貌と新たな課題」平川均・石川幸一・山本博史・矢野修一・小原敦次・小林尚朗編『新・アジア経済論』文眞堂。

———（2017a, b）「東アジアの経済発展と今後の展望」（上・下）『デジタル版 季刊・現代の理論』

28　第 1 部　「一帯一路」構想とその意義

Vol.11, Vol.12, 2 月, 5 月。

—— (2017c)「中国の『一帯一路』構想とアフロ・ユーラシア経済圏の可能性」『シルクロードとティーロード』昭和女子大学国際文化研究所紀要 2016, Vol.23, 3 月。

—— (2018a)「アジア太平洋からインド太平洋へ」『世界経済評論 IMPACT』No. 1048, 4 月 10 日。

—— (2018b)「『インド太平洋』は新しい経済のフロンティア」『世界経済評論 IMPACT』No.1130, 8 月 13 日。

—— (2018c)「東アジア経済統合の新たな展望」『アジア研究』第 64 巻第 4 号, 10 月。

丸川知雄 (2018)「中国との貿易が新興国経済に与えるインパクト」末廣・田島・丸川『中国・新興国ネクサス—新たな世界経済循環』東大出版会。

三浦有史 (2017)「理想と現実のギャップが鮮明となる中国の一帯一路」『環太平洋ビジネス情報 RIM』Vol.17, No.66。

ミラー, トム (2018)『中国の「一帯一路」構想の真相』(田口未和訳) 原書房 (Tom Miller, *China's Asia Dream: Empire Building along the New Silk Road*, London, ZED Books, 2017)。

宮島良明・大泉啓一郎 (2018)「深化・分化する中国・ASEAN 貿易」末廣・田島・丸川『中国・新興国ネクサス—新たな世界経済循環』東大出版会。

山本吉宣 (2015)「中国の台頭と国際秩序の観点からみた『一帯一路』」『PHP Policy Review』Vol.9, No.70, 8 月。

(外国語)

国家信息中心"一帯一路"貿易合作大数据中心・大連東亜大数据中心他 (2017)『"一帯一路"貿易合作大数据報告 2017』, 3 月。

中国有色金属報 (2017) 70％的海外矿业投資失敗竟是因为……, 9 月 22 日。https://www.mining120.com/news/show-htm-itemid-310380.html

Asian Development Bank: ADB (2009), *Infrastructure for a Seamless Asia,* Tokyo, Asian Development Bank Institute.

ADB (2015), *Asian Economic Integration Report 2015,* Manila, ADB.

ADB (2017), *Meeting Asia's Infrastructure Needs*, Manila, ADB.

Bradsher, K. (2019), One Trump Victory: Companies Rethink China, *The New York Times*, April 5.

Cainey, A. (2018), Belt and Road is not a (Completely) Closed Shop, Chatham House.

Deaton, A. (2013), *The Great Escape: Health, Wealth, and the Origin of Inequality,* Princeton University Press (松本裕訳『大脱出—健康, お金, 格差の起源』みすず書房, 2014 年)。

Global China Initiative: GCI (2019), New Data Available: China's Global Energy Finance in 2018, Global Development Policy Center GCI, Boston University.

Hurley, J., S. Morris, G. Portelance (2018), Examining the Debt Implications of the Belt and Road Initiative from a Policy Perspective, *CGD Policy Paper* 121, Center for Global Development (CGD).

Kawai, M. (2017), Belt and Road Initiative: Japan's Perspective, Professional Luncheon, Foreign Correspondents' Club of Japan.

Luce, E. (2018), The New Era of US-China Decoupling, *Financial Times,* Dec.20.

Marlow, I., D. Li (2018), How fall out of Love with China's Belt and Road Initiative, Bloomberg, Dec.11.

McGregor, R. (2018), US and China: The Great Decoupling, *Nikkei Asian Review*, Oct. 22.

O'Neill, J. (2001), "Building Better Global Economic BRICs," Global Economics Paper, No.66, Goldman Sachs, November.

第1章 「一帯一路」構想とアジア経済 *29*

Par Yao Le (2017), China and Poland: Economic Cooperation Under the 16+1 Formula, Nouvelle-Europe. http://www.nouvelle-europe.eu/node/1960

Shivshankar, M. (2017), The Unprecedented Promises (and Threats) of the Belt and Road Initiative, Brookings, April 28.

Una, Aleksandra Bērziņa-Čerenkova (2016), BRI Instead of OBOR – China edits the English Name of its Most Ambitious International Project, Latvian Institute of International Affairs, July 28.

Wang Yi (2018), Joint Undertaking of the Belt and Road Initiative (BRI) Enters a New Stage, Dec.11. http://www.china-embassy.org/eng/zgyw/t1621547.htm

Xie Tao (2015), Is China's 'Belt and Road' a Strategy? *The Diplomat*, Dec. 16.

Xue Li and Xu Yanzhuo (2015), China Needs Great Power Diplomacy in Asia, *The Diplomat*, March 12.

Zhou, L., S. Gilbert, Y. Wang et al. (2018), Moving the Green Belt and Road Initiative: From Words to Actions, World Resources Institute, Global Development Policy Center, Working Paper Oct. 2018.

第 2 章

中国の対外経済戦略と「一帯一路」構想

朱　永浩

はじめに

近年，新聞やテレビの中国関連のニュースで「一帯一路」という言葉をよく耳にする。しかし，習近平・中国国家主席が 2013 年に提唱した肝煎りのこの構想を見聞きしても，いったい「一帯一路」がどんなものなのか，いま 1 つ分からないという人も少なくない。字面通り解釈すれば，「一帯一路」とは，中国から中央アジアを経由する「シルクロード経済ベルト」，南シナ海やインド洋を通る「21 世紀海上シルクロード」によって中国と欧州を結ぶという広域経済圏の構想である。

2013 年 12 月に開催された「中央経済工作会議」（中国の経済政策運営会議）では，「一帯一路」の名称での対外経済戦略の推進が正式に決定された。そして 2014 年 12 月には，「一帯一路」構想に基づくインフラ整備推進のための資金面の受け皿として，シルクロード基金（SRIF）が設立された。加えて，「一帯一路」構想を支えるための中国主導の国際金融機関・アジアインフラ投資銀行（AIIB）も 2015 年 12 月に創設された（龍 2016:7）。

また，2017 年 5 月には，第 1 回「一帯一路」国際協力サミットフォーラム（以下，「一帯一路フォーラム」）が北京で開催され，世界 130 以上の国・地域および 80 以上の国際機関の代表が参加した。「一帯一路フォーラム」では，協力重点分野として「① 政策面での意思疎通，② インフラの連結性，③ 貿易円滑化，④ 資金融通，⑤ 民間の相互理解」が提唱された。さらに，国際協力の枠組みとしての「一帯一路」の機能を向上させるため，11 カ国との協力覚書および 30 カ国との経済・貿易協力協定が締結された。その後も，「一帯一路」

構想に賛同する国・地域の増加が続き，2019 年 3 月には，イタリアが G7（先進国首脳会議）のメンバーとして「一帯一路」への支持を表明した初めての国となった。

　経済大国に上り詰めた中国は，今や「世界の工場」，「世界の市場」に「世界の投資国」としての魅力も加わり，その存在感が日増しに高まっている。こうした中国の経済的な台頭を背景にして，「一帯一路」構想は中国にとってどのような意味を持ち，そして周辺国・沿線諸国にどのような影響をもたらすのか。こうした問題意識に基づき，本章では，「一帯一路」構想が提唱された経済的背景および歴史的意義を浮き彫りにした上で，ここ数年の進捗状況並びにその課題について考察を加えることとしたい。

1.「一帯一路」構想の経済的背景

（1）　加速する「貿易大国化」と「走出去」

　中国は 1978 年 12 月に従来の計画経済体制から改革・開放路線（国内体制の改革と対外開放政策）への転換を図り，市場メカニズムを漸進的に導入してきた。それから 40 年間，急激な勢いで経済成長を続けた結果，中国は世界経済の牽引役としての存在感を急速に拡大させてきた。名目 GDP の推移で見ると，1980 年には中国の経済規模は世界第 11 位に過ぎなかったが，2009 年にはアメリカに次ぐ世界第 2 位の経済大国に躍進した（図 2-1）。そして 2018 年の名目国内総生産（GDP）は 13 兆 4,573 億ドルに達し，その規模は日本の名目 GDP の 2.65 倍に相当する（IMF, 2019a）。

　中国の対外経済開放の重要な特徴として，外国直接投資（Foreign Direct Investment：FDI）の受け入れ（いわゆる「引進来」）に基づく輸出主導工業化が挙げられる。具体的には，まず 1980 年には深圳，珠海，汕頭，厦門の 4 つの「経済特区」が対外開放のモデル地区に指定され，その後 1988 年には海南島も 5 つ目の経済特区として追加された。次に行われた対外開放の措置は，1984 年の上海，寧波，福州，広州，天津など 14 の「沿海開放都市」の指定であった。これらの沿海開放都市には，外資誘致や技術導入などに対して多くの

図 2-1　中国の実質 GDP 伸び率および名目 GDP の推移

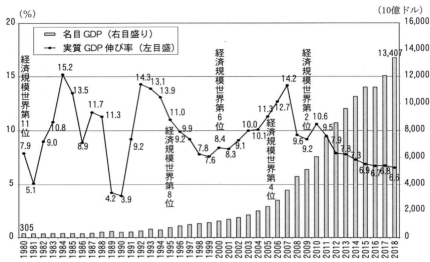

注：経済規模の順位は，名目 GDP に基づき算出されたもの。
出所：IMF（2019a），*World Economic Outlook Database April 2019*. および国家統計局の資料より作成。

自主権をもつ「経済技術開発区」が設置された。

　また，1992 年を境として経済の市場化を目指す「社会主義市場経済体制」に移行した結果，中国への FDI は労働集約型産業を中心に一層拡大した。その後，2001 年 12 月に世界貿易機関（WTO）への加盟を果たしたことをきっかけに，「引進来」の動きはさらに加速した。これに伴い，世界貿易における中国の存在感は飛躍的に増大し，世界の総輸出額に占める中国の輸出額のシェアは 2000 年の 3.9％から 2018 年の 13.0％に拡大し，2009 年以降世界首位の座を維持している。一方，世界の総輸入額に占める中国の輸入額のシェアも 2000 年の 3.4％から 2018 年に過去最高の 11.0％へ上昇し，2009 年以来一貫して世界第 2 位の輸入大国となっている（IMF, 2019b）。こうして中国が経済活動のグローバル化の受益者として外国資本を最大限に活用して「世界の工場」となっていく過程で，中国の輸出構造も大きく変化し，一次産品の純輸出国から電機製品・情報機器などを含む工業製品の純輸出国へと転換し，「世界の市

図 2-2　中国の対内直接投資額と対外直接投資額の推移

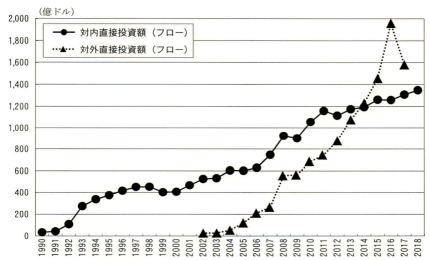

出所：中国国家統計局『中国統計年鑑』2018 年版および「2018 年国民経済和社会発展統計公報」，中国商務部（2018）『中国対外投資発展報告 2018』より作成。

場」としても台頭するに至った（朱 2016:105-108）。

　さらに，中国は対外開放政策を深化させる中で，「引進来」に伴う貿易大国化にとどまらず，2000 年代以降は，対外 FDI による海外市場への進出（いわゆる「走出去」）が本格化した。図 2-2 に示したように，中国企業による海外への直接投資の増加傾向が顕著に見られるようになった。そして「引進来」と「走出去」が同時に推進されていくなか，2014 年には，対外 FDI は初めてフローベースで中国経済を押し上げてきた対内 FDI を上回った。すなわち，2014 年以降，中国は資本の純輸出国に転じたのである。

　海外進出戦略が進んできた結果，2017 年における中国の対外直接投資額（フロー）は，世界第 3 位規模の 1,583 億ドルに達し，2017 年末のストック投資額（1 兆 8,090 億ドル）も世界第 2 位に上り詰め，投資国としての存在感が急速に高まっている（中国商務部 2018:3-4）。この驚異的な対外投資の拡大は，30 年以上にわたって続けてきた高度経済成長の状況から安定的な経済成長（新常態：ニューノーマル）に移行する過程で生じた変化を反映したものであり，「一

34　第1部　「一帯一路」構想とその意義

帯一路」構想が打ち出された重要な経済的背景としても挙げられる。

（2）　FTA ネットワークの構築から「一帯一路」への延伸

　21世紀以降の中国の対外経済関係の展開を見ると，FTA（自由貿易協定）締結に積極的に取り組んでいる特徴が顕著に現れている。そして，「一帯一路」構想の沿線諸国との間でのFTAネットワークの構築は，対外経済関係の強化策としての「一帯一路」の主要目標と位置付けられている（佐野 2017：27）。

　中国のFTA締結状況をまとめたのが表2-1である。2019年3月時点，中国は既にASEAN（東南アジア諸国連合），パキスタン，チリ，オーストラリア，ニュージーランド，シンガポール，ペルー，コスタリカ，アイスランド（欧州で初），スイス，韓国，ジョージア，モルディブとFTAを締結し，香港とマカオとの間では「経済貿易緊密化協定」（CEPA），台湾とは「両岸経済協力枠組み取決め」（ECFA）を結んでいる。また，ノルウェー，スリランカ，モルドバ，イスラエル，パレスチナ，パナマ，モーリシャス（アフリカで初）とのFTA，日中韓FTA，「東アジア地域包括的経済連携」（RCEP），「湾岸協

表 2-1　中国の FTA 締結状況

締結済の FTA（16カ国・地域）	中国・ASEAN FTA（ACFTA），中国・パキスタンFTA，中国・チリFTA，中国・オーストラリアFTA，中国・ニュージーランドFTA，中国・シンガポールFTA，中国・ペルーFTA，中国・コスタリカFTA，中国・アイスランドFTA，中国・スイスFTA，中国大陸・香港CEPA，中国大陸・マカオCEPA，中国大陸・台湾ECFA，中国・韓国FTA，中国・ジョージアFTA，中国・モルディブFTA
交渉中の FTA（10カ国・地域）	中国・GCC FTA，中国・ノルウェーFTA，中国・スリランカFTA，中国・モルドバFTA，中国・イスラエルFTA，中国・パレスチナFTA，中国・モーリシャスFTA，中国・パナマFTA，日中韓FTA，東アジア地域包括的経済連携（RCEP）
共同研究中の FTA（7カ国・地域）	中国・コロンビアFTA，中国・フィジーFTA，中国・ネパールFTA，中国・パプアニューギニアFTA，中国・カナダFTA，中国・バングラデシュFTA，中国・モンゴルFTA

　注1：2019年3月時点。
　　2：締結済みのFTAのグレードアップ交渉を除く。
　　3：湾岸協力会議（GCC）とは，サウジアラビア，クウェート，アラブ首長国連邦，カタール，
　　　オマーン，バーレーンの6カ国により構成される政治・経済的同盟である。
　出所：China FTA Network（http://fta.mofcom.gov.cn 2019年3月31日アクセス）より作成。

力会議」（GCC）などの締結交渉が進行中であり，コロンビア，フィジー，ネパール，パプアニューギニア，カナダ（北米で初），バングラデシュ，モンゴルとは FTA 共同研究を進めている。

以下では，中国初の FTA である ACFTA（中国と ASEAN の全面的経済協力枠組協定）の事例を中心に，その締結経緯と「一帯一路」構想への意義について検討する。

2000 年 11 月にシンガポールで開催された第 4 回 ASEAN＋3（日中韓）首脳会議の期間中，中国が ASEAN 側に FTA 締結を提案した。その後，共同研究と協議を重ねた結果，2002 年 11 月の第 6 回 ASEAN＋3 首脳会議において，中国と ASEAN は 10 年以内に物品貿易協定，サービスおよび投資協定を含む FTA 締結を行うための「包括的経済協力枠組み協定」に調印した。この協定に基づき，中国は ASEAN が強く関心を示した農産物などに関するアーリーハーベスト（一部品目の早期関税引き下げ）措置を認めた。また，中国は ASEAN 先行加盟 6 カ国（インドネシア，マレーシア，フィリピン，シンガポール，タイ，ブルネイ）に対して 2010 年までの関税の引き下げ（または撤廃）を約束した一方，新規加盟 4 カ国（カンボジア，ラオス，ミャンマー，ベトナム）に対しては特別待遇を与え，ACFTA 完成期限を 2015 年までとする配慮を行った。その後，2005 年 7 月の物品自由貿易協定に続き，2007 年 7 月にサービス自由貿易協定（サービス分野の相互市場開放）が発効され，そして 2015 年 11 月には ACFTA のグレードアップも合意されていた。

このように，ACFTA の発効（またはグレードアップ）により，世界第 2 位の規模を持つ中国市場は ASEAN に対して広く開放されることになる。他方，中国からすれば ASEAN との FTA 締結によって「一帯一路」構想の要所である東南アジア諸国との経済関係は加速度的に緊密化し，国際環境の安定を図る上でも大きな成果が得られた。さらには，国際経済協力の枠組み作りへの参画に強い確信を持たせたのである（朱 2016:113）。それとは対照的に，アメリカが離脱した TPP（環太平洋パートナーシップ協定）はトランプ政権下での再交渉が見込めず，また，イギリスの離脱（BREXIT）で揺れる EU（欧州連合）でも不安は広がるばかりである。

この ACFTA の事例から見えてくる中国の FTA 推進要因は，周辺国との

FTA ネットワークの構築により，アジア・太平洋地域ならびにユーラシア地域の経済協力枠組みを構築していく上で主導権を握ることが可能な点である。そして中国の対外経済関係の強化は，FTA ネットワークの構築という枠組み作りにとどまらず，「世界の市場」，「世界の投資国」である巨大な経済力に即して推進する沿線諸国との国際協力プラットフォームとしての「一帯一路」構想にも延伸している。この点について，翟崑（2015）は「『一帯一路』は中国の総合的な実力と国際的地位が一定のレベルに達した時の産物であり，周辺国との関係を発展させる試みでもある。」（p.57）と強調している。

その一方で，「一帯一路」構想に沿って提供される市場，投資，インフラ整備が周辺国や沿線諸国から歓迎される「国際公共財」になりえるかについては，中国の一方的な対外経済戦略の意図だけではなく，その受入国にとって魅力あるものかどうかについても注視する必要がある。実際，第 1 回「一帯一路フォーラム」に ASEAN10 カ国は全て参加したが，積極的に「一帯一路」構想を歓迎するカンボジア，慎重な姿勢を示すベトナムなど，各国の対応は一様ではないという指摘もある（石川 2018：110-113）。

2.「一帯一路」構想の歴史的意義と捉え方の変化

（1） 陸海の経済圏を同時に築く「一帯一路」

現代版シルクロード構想の「一帯一路」の進捗状況を考察していく前に，本節ではまず，歴史上のシルクロードの交易網はどのように構築されてきたかについて見ていきたい。

歴史的な観点から「一帯一路」を紐解こうとした場合，「一帯」（陸路）と「一路」（海路）とを分ける必要がある。「シルクロード経済ベルト」を表す「一帯」とは，前漢（紀元前 206 年〜 8 年）の張騫が西域（現・中央アジア）に使者として赴いたルート，そして唐の時代（618 〜 907 年）に隆盛を誇った陸上の交易網「シルクロード」から着想を得たものである。当時の世界経済中心の 1 つは中国だったことから，交易網沿線の多くの人々が中国に向かい，また中国から色々なものが外へ出ていった。すなわち，中国が古代の「一帯」の

主役として位置づけられ，当時のシルクロードの中心地だった長安（現・西安）は多様な文化や宗教が入り交り，現代でいうグローバリゼーションの歴史的位置の最先端を行く大都会であった。

他方，「一路」にあたる「21世紀海上シルクロード」については，歴史上，果たして中国が海上の主役だった時代はあったのか。古代の「海のシルクロード」では，絹，木綿，ガラス，漆器，磁器，青磁，白磁，染付，香料（樟脳など），胡椒，オリーブ，茶，金・銀，酒，宝石，象牙，磁石などが交易品として海上航路によって運ばれていた（三杉 2006:66-107）。しかし，鄭和（1371～1434年）[1]は例外として，唐や明の時代，中国の造船技術では世界の海を股にかけて大規模な交易を行うことは極めて困難であった。当時の海上交易網は主にペルシア人，アラビア人などが担い，そして海上輸送ルートは季節風と潮流に大きく頼るものであった（三杉 2006:17-21）。

その後の15～17世紀の大航海時代については，スペインや，ポルトガル，イギリスなどのヨーロッパの国々が海上交易網の主役となり，世界貿易の航路へと進化を遂げ，グローバルな規模の広がりのものとした。このように，歴史的に見て海上交易網「一路」における担い手は極めて多様であり，決して中国の力だけで動いたわけではない。さらに忘れてならないのは，中国の基本的な性格は「大陸国家」であるという点である。広大な国土面積を有する中国において，内陸部地域の産出物をどのようにして港（あるいは陸上の国境）まで運ぶのか。これは「一帯一路」構想を理解する上で欠かすことのできない視点である。

つまり，中国の歴史上，「一帯」（陸路）と「一路」（海路）が同時に繁栄した経験はこれまでになかったということである。この事実を踏まえれば，今日の「一帯一路」構想はユーラシア大陸からアフリカ大陸，欧州全域に至る「陸」と「海」の国際経済圏を同時に築き，新たな国際経済秩序の構築に向かう「歴史的な大実験」とも言える。

（2）「一帯一路」構想の捉え方の変化

2013年に提唱された当初，「一帯一路」は「One Belt and One Road」（OBOR）に英訳されることが多かったが，これは中国（東側の起点）と欧州

（西側の終点）を結ぶ「陸上と海上の交易網」として捉えられていた。しかし最近では，「一帯一路」は「The Belt and Road Initiative」（BRI）に訳されることが多い。BRIの場合，東南アジア経由でアメリカに向かう交易ルートや北極航路の開発など，どちらの方向の交易網も全て「一帯一路」構想の一部として位置付けられている。

このように，OBORからBRIへの呼称の変化は，「一帯一路」構想が概念としてより広がりをもったことを意味する。すなわち，「一帯一路」構想にかかわる「陸」と「海」の国際経済圏がすべて西側の欧州に向かうとは限らず，東側，南側，北側へと向かう動きもあり，地理的な対象限定は設けられておらず，1つの線（またはルート）では説明できない状況が生まれている。また，「一帯一路」構想は単なる沿線諸国のインフラ整備や貿易・投資といった経済分野での協力体制のほか，文化交流を含むソフト面など分野・領域の拡大という側面も指摘すべき点である。平たく言えば，今や「一帯一路」は明確なルートを辿る1つの概念というより，一種の「イニシアチブ」または「プラットフォーム」として捉えるべきものへと変貌している（朱 2018:65）。

中国と「一帯一路」沿線諸国との2国間・多国間の国際協力のプラットフォームを支える観点から，王義桅（2017）は「『一帯一路』は1つの実態とメカニズムではない。協力を発展させる理念と提唱である」（p.24）と指摘している。したがって，2013年以降のここ数年の動きだけを見て，「一帯一路」構想の長期的な見通しも現時点では極めて困難である。言い換えるならグローバルな広がりを見せている「一帯一路」構想を，一種の流行りとして見るべきか，歴史における1つのピースと見るべきかについては，将来の課題となる。

ただし，経済学的なロジックから見て，「一帯一路」の1つの指標を定めるとすれば，経済性の有無となろう。中国政府が絡んでいるからといって，すべての「一帯一路」関連事業が市場チャンスに繋がると考えるべきではないし，また中国政府が絡むが故に「一帯一路」構想のすべてを否定することも意味がない。「一帯一路」構想の合理性を見るためには，その事業が経済的な合理性・持続性をもつのかどうか，実行可能であるかどうか，という多角的な視点に立って考察することが大切である。

第2章　中国の対外経済戦略と「一帯一路」構想　*39*

（3）「一帯一路」構想の沿線諸国と6つの経済回廊

　中国が進める「一帯一路」構想の目的を理解する上で，2015年3月に公表された「シルクロード経済ベルトと21世紀海上シルクロードの共同建設推進のビジョンと行動」（以下，「ビジョンと行動」）は行動指針の骨子となる。その中で，上海協力機構（SCO）や，中国・ASEAN10＋1，アジア太平洋経済協力（APEC），アジア欧州会合（ASEM），アジア協力対話（ACD），アジア相互協力信頼醸成措置会議（CICA），中国・アラブ諸国協力フォーラム，中国湾岸協力会議（GCC）戦略対話，拡大メコン経済圏（GMS），中央アジア地域経済協力（CAREC）などの既存の多国間協力の枠組み[2]を活用しつつ，「一帯一路」構想の沿線諸国との連携・共同発展を強化する方針が示された。また，「一帯一路」沿線諸国・地域と隣接する貴州省や，雲南省，広西チワン族自治区，新疆ウイグル自治区などに対して，対外開放の窓口としての役割の重要性が提起されている。

　また，「ビジョンと行動」に「一帯一路」構想の2つの目的を垣間見ることができる。すなわち，①周辺諸国に重点を置いた対外経済関係の強化，②沿線諸国との経済・産業協力の拡大を通じた中国国内の地域振興という2つの狙いである（佐野 2017:26）。他方，「一帯一路」沿線諸国の具体的な国名リストが「ビジョンと行動」に示されていない。表2-2は中国発展改革委員会傘下のシンクタンク・国家信息中心“一帯一路”大数据中心が公表した『“一帯一路”大数据報告（2018）』に基づいて，沿線の71カ国[3]（2018年時点）をリストアップしたものである。地域別内訳を見ると，アジア太平洋地域（14カ国），中央アジア地域（5カ国），西アジア地域（18カ国），南アジア地域（8カ国），東欧地域（20カ国），アフリカとラテンアメリカ地域（6カ国）と，中国の周辺国を中心にアジア地域の国・地域が多い。そして，表2-2の下線付き国名は中国との締結済・交渉中・研究中のFTAをもつ国であるが，その多くが「一帯一路」構想の要所である東南アジア地域を含むアジア太平洋地域の国・地域である。

　さらに，「ビジョンと行動」においては，「一帯」の対象地域として6つの経済回廊が特定された（図2-3）。すなわち，①中国・モンゴル・ロシア経済回廊（CMREC），②新ユーラシア・ランドブリッジ（NELBEC），③中国・中

表 2-2 「一帯一路」の沿線諸国（71 カ国）

アジア太平洋地域 （14 カ国）	韓国, ニュージーランド, シンガポール, マレーシア, タイ, インドネシア, フィリピン, ブルネイ, カンボジア, ミャンマー, ラオス, ベトナム, モンゴル, 東ティモール
中央アジア地域 （5 カ国）	カザフスタン, ウズベキスタン, トルクメニスタン, タジキスタン, キルギス
西アジア地域 （18 カ国）	ジョージア, アゼルバイジャン, アルメニア, イラン, イラク, トルコ, シリア, ヨルダン, レバノン, イスラエル, パレスチナ, サウジアラビア, イエメン, オマーン, アラブ首長国連邦, カタール, クウェート, バーレーン
南アジア地域 （8 カ国）	インド, パキスタン, バングラデシュ, スリランカ, アフガニスタン, ネパール, モルディブ, ブータン
東欧地域 （20 カ国）	ロシア, ベラルーシ, ブルガリア, ポーランド, ルーマニア, チェコ, スロバキア, ブルガリア, ハンガリー, ラトビア, リトアニア, スロベニア, エストニア, クロアチア, アルバニア, セルビア, モルドバ, マケドニア, ボスニア・ヘルツェゴビナ, モンテネグロ
アフリカとラテンアメリカ地域（6 カ国）	エジプト, エチオピア, パナマ, マダガスカル, モロッコ, 南アフリカ

注：2018 年時点。
出所：国家信息中心"一帯一路"大数据中心・大連瀚聞資訊有限公司（2018）『"一帯一路"大数据報告（2018）』p.26 より作成。

図 2-3 「一帯一路」構想の 6 つの経済回廊

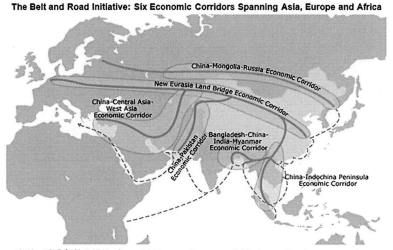

出所：香港貿易発展局（http://china-trade-research.hktdc.com/business-news/article/The-Belt-and-Road-Initiative/The-Belt-and-Road-Initiative/obor/en/1/1X3CGF6L/1X0A36B7.htm, 2019 年 3 月 1 日アクセス）。

央アジア・西アジア経済回廊（CCAWAEC），④ 中国・インドシナ半島経済回廊（CIPEC），⑤ 中国・パキスタン経済回廊（CPEC），⑥ バングラデシュ・中国・インド・ミャンマー経済回廊（BCIMEC）である。

　これら経済回廊① 〜⑥ のいずれも，ロシアやモンゴル，カザフスタン，パキスタン，ミャンマーなど，中国と直接国境を隣接する国が多く含まれていることから，中国から周辺国への積極的なアプローチが目立っている。現状では，国境地帯におけるインフラの未整備区間や国境通過手続きの制約などの課題は多岐にわたるが，まず国境地帯でのハード・ソフト両面のインフラの整備を推進することが必要である。したがって，① 〜⑥ の経済回廊における国際物流（貨物需要の確保と物流網の構築・強化），および市場統合（周辺国・沿線諸国との貿易・投資の促進）は表裏一体の関係にあると言える。

3.「一帯一路」構想の進捗状況と課題

（1）「一帯一路」構想の沿線諸国との貿易・投資関係

　では，2013 年に「一帯一路」構想が打ち出されてから，中国と沿線諸国との経済関係はどのような変化が生じたのであろうか。まず，中国から「一帯一路」構想の沿線諸国への FDI を見ると，2013 年の直接投資額は 126.3 億ドルで中国の対外 FDI 全体の 11.7％ を占めていたが，2017 年には沿線 57 カ国（約 3,000 社）への投資額が 201.7 億ドルに達し，全体に占める割合（12.7％）はまだ小さいものの，投資額とシェアはともに拡大した（図 2-4）。

　そして，国別に投資先を見ると，「一帯一路」沿線 57 カ国ではシンガポール（中国の対外 FDI 全体の 4.0％），カザフスタン（1.3％），マレーシア（1.1％），インドネシア（1.1％），ロシア（1.0％），ラオス（0.8％），タイ（0.7％）が上位を占めた（中国商務部・国家統計局・国家外匯管理局 2018：15）。

　図 2-5 は企業の属性別（国有企業，民営企業，外資企業，その他の企業）から見る中国と「一帯一路」沿線諸国との輸出入状況を示している。2013 年の中国と「一帯一路」沿線諸国との関係は輸入額が輸出額より多く，143.3 億ドルの輸入超過であった。しかし，2014 年以降は輸出超過という逆転が起き，

42　第1部　「一帯一路」構想とその意義

図2-4　中国から「一帯一路」の沿線諸国への直接投資額（2013−2017年）

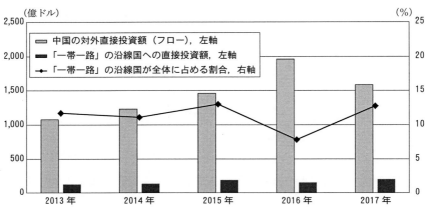

出所：中国商務部・国家統計局・国家外匯管理局（2018）『2017年度中国対外直接投資統計公報』p.7, p.16より作成。

図2-5　中国と「一帯一路」沿線諸国との貿易額の推移（2013−2017年）

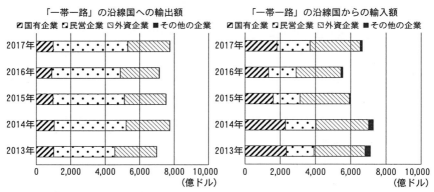

出所：国家信息中心"一帯一路"大数拠中心・大連瀚聞資訊有限公司（2018）『"一帯一路"貿易合作大数拠報告（2018）』p.179より作成。

2017年の輸出超過額は108.2億ドルとなった。

そして，民営企業による「一帯一路」沿線諸国への輸出額は，2013年の3,535.5億ドルから2017年の4,325.4億ドルに拡大し，輸出額全体における民営企業のシェアが2013年の50.7％から2017年の55.9％へ伸ばしている。その一方で，外資企業のシェアが34.7％から31.3％へ，国有企業のシェアが14.5％か

ら12.6％へと低下している。つまり、中国から「一帯一路」沿線諸国への輸出の担い手として、民営企業の役割が強まりつつあると言えよう。他方、中国の「一帯一路」沿線諸国からの輸入額におけるシェアを見ると、国有企業のシェアが2013年の33.0％から2017年の27.3％へと低下する一方で、外資企業のシェアが40.6％から42.7％に、民営企業のシェアが22.0％から28.1％に増えており、国有企業よりも外資企業が重要な役割を果たしている。

（2）「中欧班列」の利用拡大とその課題

「一帯」に関して物流面で大きな進展が見られたのは、中国と欧州の大陸間を結ぶ国際定期貨物列車「中欧班列」（China Railway Express）というブロックトレインの輸送サービスである。2011年3月には最初の中欧班列の路線として、中国内陸部の重慶から新疆ウイグル自治区、カザフスタン、ロシア、ベラルーシ、ポーランドを経由してドイツのデュイスブルクに向けて運行する「渝新欧」（走行距離1万1,179km、所要日数14日）が開通した。その後、鄭州、成都（写真2-1、写真2-2）などの中国内陸発の新規中欧班列の路線と発

写真2-1　成都青白江鉄道港の広報センター
（中欧班列発着駅の電光掲示板）

出所：2019年2月20日筆者撮影。

写真 2-2　中欧班列専用のコンテナヤード（成都）
出所：2019 年 2 月 20 日筆者撮影。

着都市数は急速に増えており，運行の定期化と輸送規模の拡大が急速に進んでいる。

　2018 年末現在，中国はすでにユーラシア大陸 16 カ国の 108 都市と鉄道で繋がっている。「一帯一路」構想が立ち上がる前まで年間で数十便ほどしかなかった中国と欧州を結ぶ鉄道コンテナ輸送（2016 年より「中欧班列」という統一ブランドへ）の累計運行便数は 1 万 3,000 便，コンテナ取扱量は 110 万 TEU となった。中欧班列は中国発で 94％の積載率，中国着で 71％の積載率を達成している（推進"一帯一路"建設工作領導小組弁公室 2019：14）。ただし，ここで留意すべきは，多くの定期貨物列車の運行を維持するために，発着駅所在地の地方政府が例外なくフォワーダーや大手荷主に補助金を出しているという点である（町田 2018：86）。

　一方，これまでの「一帯」にかかわる円滑な国際物流を阻害する要因として，主に国境地帯に存在する 4 種類の「不連続点」が指摘される。すなわち，① 鉄道・道路の未接続による不連続点，② 鉄道軌道幅の相違（たとえば，中国側は標準軌の 1,435mm，ロシア・モンゴル側は広軌の 1,520mm）による不

連続点，③ 国境通過に伴う CIQ（税関・出入国管理・検疫）手続き・検査による不連続点，④ トラック輸送の乗り入れ範囲の制限による不連続点である（Arai, Zhu and Li, 2015:2）。このうち，① と ② の不連続点はハード・インフラ（鉄道，道路など）に起因するものであり，③ と ④ の不連続点は主にソフト・インフラ面（運送事業関連制度，安全規制など）の障壁である。

これらの不連続点・課題に対する対応策として，ハード・インフラ整備のボトルネックとなっている部分の解消はもとより，ソフト・インフラの課題に関しても，ここ数年，中国は「メコン地域の越境交通円滑化に関する多国間協定」（CBTA）をはじめ，「一帯一路」構想の沿線 15 カ国と 18 の 2 国間または多国間国際運送円滑化協定に調印し，制度の充実や改善を図っている（推進"一帯一路"建設工作領導小組弁公室 2019:15）。今後，不連続点にかかわる複雑な制度の簡素化や，制度運用の透明化，各関係国間の情報の共有，国際協力に欠かせない人材育成体系の整備などの協力枠組みの構築および実効性の確保が必要となる。

（3） 海外港湾整備事業への積極的な進出

「一路」の進展に関しては，近年の中国企業が沿線のハブ港湾を中心に急速に港湾の建設，権益の取得を進めている。2016 年 4 月，中国遠洋海運集団（COSCOCS）が地中海の要衝であるギリシャ最大のピレウス港を運営する港湾公社の株式 67％を取得する契約を締結した。ピレウス港は東欧諸国への玄関口であり，中国にとっては欧州貿易での中継拠点となる。さらに同年 5 月には，COSCOCS 傘下の COSCO Pacific が欧州最大の港であるロッテルダム港の埠頭管理会社（Euromax Terminal Rotterdam B.V.）の株式 35％を取得した[4]。

このほか，中国国有資産監督管理委員会が所有する海運・港湾・金融・不動産大手などを手掛ける「招商局集団（CMG）」によるラゴス港（ナイジェリア），コロンボ港（スリランカ），ロメ港（トーゴ），ジブチ港（ジブチ）への港湾投資，そして中国港湾工程（CHEC）によるグワダル港（パキスタン）の運営権取得，中国建築工程総公司（CSCEC）・CHEC によるシェルシェル港（アルジェリア）の整備・運営への参画，中国政府からの資金援助によるハンバントタ港（スリランカ），バガモヨ港（タンザニア）の港湾整備事業の受注

など，中国政府と海運企業はタッグを組んで「海運強国」を目指し，海外港湾事業を積極的に展開している（本図 2016：15）。

　このように，ピレウス港やロッテルダム港を足掛かりに，欧州やアフリカ大陸，南アジア地域への進出を加速し，「一路」における重要な国際海運拠点とする目論見である。しかし，中国輸出入銀行（中国政策銀行の1つ）からの借款返済の目途が立たなくなり港の運用の主導権を長期にわたって失うとともに債務危機に陥ったスリランカのハンバントタ港の事例で見られたように，「中国債務の罠」や中国影響力の拡大への警戒心は一部の「一帯一路」沿線諸国に波及している（佐野 2019：75-76）。

　さらに，ここで留意すべき重要なポイントは，海上航路の拡大，寄港数の増加に伴う持続可能な物流ニーズの有無である。国際競争力の視点から鑑みると，中長期的にはハード・ソフト両面での海上輸送インフラの改善に加え，海上シルクロードの沿線諸国に産業発展がなければ，グローバルバリューチェーンを支える海上輸送網の構築・維持が困難である。したがって，短期的な動向を見るだけではなく，「一路」にかかわる海外事業展開が経済的な合理性・持続性が中長期にわたって確保されているかといった面にも目を向けていくべきである。

おわりに

　本章では，「一帯一路」構想の経済的背景と歴史的意義を分析するとともに，沿線諸国との貿易・投資関係や「一帯」の中欧班列，「一路」の港湾整備事業などの視点から，近年の進捗状況とその課題について考察した。ここまで見てきたように，「一帯一路」構想が提起された背景には，改革・開放以来の経済高成長，とりわけ2000年代以降の「貿易大国化」と「走出去」の加速化，およびFTAネットワークの構築がある。歴史上，初めて「陸」と「海」の国際経済圏を同時に築こうとする壮大な「一帯一路」構想は，グローバルな広がりおよびスケールの大きさを見る限り，様々な困難が予想されるが，イニシアチブまたはプラットフォームの機能を果たしつつ，強力に展開されていくものと

予想される。

　そして，「一帯」ではインフラ整備への投資に加えて国際物流網を張り巡らせる6つの経済回廊が推進され，「一路」では海外港湾整備事業への積極的な進出により「海洋国家」としての一面も強化されている。「一帯一路」構想の沿線諸国との関係でも，経済連携の機運が高まっている。その一方で，図2-4に示したように，2013年以降の沿線諸国への投資額は増加したものの，中国対外投資全体に占める沿線諸国の割合はまだ小さい。また，沿線諸国との輸出入状況を見ると，その主役は国有企業よりも民営企業と外資企業である。今後，政府主導で貿易・投資の拡大を図りインフラ整備を進めるための国際連携も必要だが，より重要なのは市場メカニズムに基づく経済的な合理性・持続性の有無である。さらには，沿線諸国それぞれのカントリー・リスクについても適切に勘案していくことが重要である。

　2017年10月には「一帯一路」構想が中国共産党の規約に編入され，長期にわたる国家戦略の「軸」として位置付けられることとなった。そして，2019年4月には，第2回「一帯一路」国際協力サミットフォーラムが北京で開催され，前回を大幅に上回る37カ国の政府首脳や国家元首，150カ国と92の国際機関の代表を含む各界から6千人以上が出席した[5]。

　そのような隣の経済大国・中国が推進する「一帯一路」構想と，日本はどう向き合っていくべきなのか。「一帯一路」をめぐる日本との経済連携の課題について次の3点に集約できる。第1に，中長期的な戦略のもと，日本は「一帯一路」戦略にかかわる貿易・投資円滑化，インフラ整備や物流分野の協力を通じて第3国での事業の共同展開による共同利益を得ることが期待できる。第2に，多角的な視点に立って「一帯一路」関連事業の経済的な合理性・持続性，カントリー・リスクを見極めることが大事である。第3に，日本政府が民間企業に任せたままでは実現しない便益を実現させるため，地域協力枠組み作りや推進体制の構築へ積極的に関与していくことが重要である。

注
1）明代の宦官・武将である鄭和は，1405-1430年の間，7回にわたる南海遠征の総指揮官として船団を率い，東南アジア，インドからアラビア半島，アフリカにまで航海し，最も遠い地点ではアフリカ東海岸にまで到達していた。
2）中国と中東欧の16カ国の対話・協調を促進するための「16＋1」という枠組は2012年に創設

48 第1部 「一帯一路」構想とその意義

された。「ビジョンと行動」の中で「16＋1」について具体的に言及されていないが，この枠組みは「一帯一路」構想と相関関係があるとの指摘がある（龍 2016:7）。

3）「一帯一路」構想の起点，終点とされる中国と西欧諸国は，このリストに含まれていない。

4）中国遠洋海運集団のホームページ（http://www.coscocs.com/art/2016/4/8/art_6864_47310.html, http://www.coscocs.com/art/2016/5/11/art_6864_48218.html），2018年12月15日アクセス。なお，2016年2月に中国海運業界首位のCOSCOと同2位のCHINA SHIPPINGの経営統合が実現し，COSCOCSが正式に発足した。また同年7月，COSCO Pacificは「中遠海運港口有限公司（COSCO SHIP PORT）」に社名を変更した。

5）中国一帯一路網ホームページ（https://www.yidaiyilu.gov.cn/xwzx/gnxw/88458.htm），2019年4月30日アクセス。

参考文献

（日本語）

石川幸一（2018）「一帯一路の地政学――帯一路を歓迎する国と批判する国」『輸送と経済』Vol78 No.12，交通経済研究所，109-115頁。

江原規由（2017）「2017年から見た一帯一路構想の展開―アジアの視点を中心に」『国際貿易と投資』Vol.29 No.3，国際貿易投資研究所，3-18頁。

王義桅［川村明美訳］（2017）『「一帯一路」詳説―習近平主席が提唱する新しい経済圏構想』日本僑報社。

佐野淳也（2017）「一帯一路の進展で変わる中国と沿線諸国との経済関係」『JRI レビュー』Vol.4 No.43，日本総合研究所，24-39頁。

──（2019）「一帯一路，沿線諸国による見直しの動きをどうとらえるのか」『JRI レビュー』Vol.4，No.65，日本総合研究所，71-91頁。

朱永浩（2016）「中国の膨張を支える対外戦略」平川均・石川幸一・山本博史・矢野修一・小原篤次・小林尚朗編『新・アジア経済論―中国とアジア・コンセンサスの模索』文眞堂，104-118頁。

──（2018）「『一帯一路』の進展と北東アジア」進藤榮一・周瑋生・一帯一路日本研究センター編『一帯一路からユーラシア新世紀への道』日本評論社，63-69頁。

平川均（2016）「中国の『一帯一路』構想とアフロ・ユーラシア経済圏の可能性」『昭和女子大学国際文化研究所紀要』Vol.23，昭和女子大学国際文化研究所，93-113頁。

本図宏子（2016）「『一帯一路構想』下における中国海運業の動向―『海運強国』に向けた政策・企業動向」『運輸政策研究』Vol.19 No.3，運輸総合研究所，14-22頁。

町田一兵（2018）「中国国内の交通・インフラ整備政策の視点から見た『一帯一路』」『輸送と経済』Vol78 No.12，交通経済研究所，78-86頁。

三杉隆敏（2006）『海のシルクロードを調べる事典』芙蓉書房出版。

（外国語）

顧春光・翟崑（2017）「"一帯一路"貿易投資指数：進展，挑戦与展望」『当代亜太』2017年第6期，中国社会科学院亜太与全球戦略研究院，pp.4-23。

国家信息中心"一帯一路"大数据中心・大連瀚聞資訊有限公司（2018）『"一帯一路"貿易合作大数据報告（2018）』。

計金標・梁昊光編（2018）『中国"一帯一路"投資安全研究報告（2018）』社会科学文献出版社。

李向陽（2018）「大国的区域合作倡議与"一帯一路"的発展方向」『財経問題研究』2018年第10期，東北財政大学，pp.9-13。

李暁・李俊久（2015）「"一帯一路"与中国地縁政治経済戦略的重構」『世界経済与政治』2015年第10

期，中国社会科学院世界経済与政治研究所，pp.30-59。

劉再起・張元（2017）「"一帯一路"倡議与中国経済対外開放的再平衡」『湖北社会科学』2017 年第 10 期，湖北省社会科学聯合会，pp.78-84。

龍永図（2016）「"一帯一路"戦略与中国対外開放戦略的新特点」『区域経済評論』2016 年第 5 期，中国区域経済学会，pp.5-8。

推進 "一帯一路" 建設工作領導小組弁公室（2019）『共建 "一帯一路" 倡議進展，貢献与展望』外文出版社。

余虹（2017）『"一帯一路"，中国崛起与国際合作：这对中国和区域意味着什么？』世界知識出版社。

翟崑（2015）「"一帯一路"建設的戦略思考」『国際観察』2015 年第 4 期，上海外国語大学，pp.49-60

中国商務部（2018）『中国対外投資発展報告 2018』。

中国商務部・国家統計局・国家外匯管理局（2018）『2017 年度中国対外直接投資統計公報』。

ARAI Hirofumi, ZHU Yonghao and LI Jinbo（2015）. Toward Expanding Japan-Russia-China Multimodal Transportation, *ERINA REPORT*, No.125, pp.1-19.

IMF（2019a）. *World Economic Outlook Database April 2019*.

IMF（2019b）. *Direction of Trade Statistics（DOTS）*.

World Economic Forum（2016）. *The Global Enabling Trade Report 2016*.

第3章

「一帯一路」構想で進展する
アジア・ユーラシアの物流

町田 一兵

はじめに

　「一帯一路」構想は中国の国策として着々とその知名度を上げてきた。一方，物流の面において，これまで個々の動きとして，例えばチャイナ・ランド・ブリッジ（China Land Bridge；CLB）の運行，海外鉄道プロジェクト建設の請負，北極航路の運航，あるいは中国大手事業者による海外港湾の買収及び操業権の取得など，個別案件として取り上げられることが多かった。

　ただし，これまで中国における交通インフラ整備の視点からみれば，「一帯一路」は極めて一貫性を持つ施策とみることができる。中西部内陸の経済発展を念頭に，国内交通ネットワーク及び拠点（大都市）の整備から始め，現在国境との交通アクセス強化及び国境を越えて隣国までの整備が拡張し続けている。それに合わせ，国際大手フォワーダーの活用，通関手続きの簡素化，自国による燃料精製の強化，周辺国とのアクセスの強化など，一連の動きは中西部地域の経済発展（＝国際貿易の促進）を図るための施策と位置付けることができる。

　本章は「一帯一路」構想のもととなる中西部内陸の経済発展を念頭に実施してきた交通インフラ整備政策及びそれに関連する物流の動き，さらに「一帯一路」構想の将来性について論じたい。

1. 「一帯一路」構想の前提となる国内広域交通幹線の整備

(1) 「西部大開発」による広域幹線道路の整備開始

　中国国家政策の中核となった「一帯一路」（Belt and Road Initiative；BRI）は政治的，金融的，地理的側面で様々な見解が存在する。交通・物流の視点でみた場合，そのルーツは2000年から実施された「西部大開発」政策に遡る。

　1978年から始まった中国の経済改革開放が実施開始から20年あまりが経ち，2000年ごろには，すでに東部沿海地域が著しい経済発展を遂げた。

　一方，多くの労働人口や資源を有しながら，中西部地域の経済発展は停滞したままだった。これまで東部沿海地域で成功した輸出主導型経済発展方式に対し，東部から中西部までの交通インフラが貧弱だったため，東部地域に比べ，生産／流通活動には高い物流コストと長いリードタイムを強いられ，産業育成及び輸出入の拡張に不利だった。

　中央政府は「西部大開発」[1]政策の導入で打開策を図った。初期段階（2008

表 3-1　中西部，東部地域，東北部の一部重要指標の対比

（単位：％）

項目	中西部	東部	東北部
地域面積合	82.1	9.5	8.4
人口分布	53.8	38.4	7.8
石炭生産	90.5	6.2	3.3
石油生産	35.3	39.2	25.5
小麦生産	59.4	40.3	0.3
米生産	62.0	19.5	18.5
豚生産	62.6	27.9	9.5
自動車生産	41.7	45.1	13.2
鉄鉱石貯蔵量	49.8	22.2	28.0

注：鉄鉱石貯蔵量の割合のみ2018年から記載がないため，
　　2017年のデータを使用，その他2018年のデータを使用。
出所：中国統計年鑑2017／2018から作成。

52　第1部　「一帯一路」構想とその意義

表 3-2　2008／2000 年地域別幹線道路総延長の増加倍数

08 年／00 年	鉄道延長	トータル	高速	一級	二級
東部	1.6	2.4	2.9	2.3	1.7
中部	1.4	2.9	5.5	3.6	2.1
西部	1.5	2.7	4.3	3.7	1.9
東北部	1.1	2.6	2.8	3.5	1.8
全国	1.4	2.7	3.7	2.7	1.9

出所：中国統計年鑑 2001/2009 から作成。

年まで）は，東部沿海地域と中西部（内陸）地域における大量労働人口（出稼ぎ労働者）の長距離移動，エネルギー資源，農畜産物の生産地から消費地までの輸送力の不足の解消，東部沿海地域から内陸地域への産業シフトの加速，内陸地域の国際貿易の強化を念頭に，幹線道路の整備を進めた。

　その際，内陸地域に点在する複数の拠点都市（概ね人口 500 万人以上，日本でいう「政令指定都市」に相当する地方中心都市）を結節点とし，諸拠点都市における交通機能の強化並びに拠点都市間道路アクセスの強化を中心に幹線道路の整備が進められた。

　2008 年まで，中西部地域が東部を超える勢いで幹線道路の整備が進み，とりわけ高速道路をはじめとする高規格幹線道路が大量に開通した。よって，東部沿海地域と内陸拠点都市との道路輸送環境を大きく改善し，後の全国交通ネットワーク構想の礎となった。

　一方，幹線道路の整備は主に地方政府のイニシアチブ[2]で推進したのに対し，幹線鉄道の整備・運営は中央政府管轄のため，中央政府の意思決定によるところが大きい。実際 2000－08 年まで，幹線道路の整備が急速に進んだものの，幹線鉄道整備は明らかな中西部シフトがみられなかった。

（2）　幹線鉄道の整備強化及び高速化

　北京オリンピックの開催前から，幹線鉄道の整備も中西部地域に傾斜し始めた。2006 年から，鉄道を含む各輸送モードの整備マスタープラン及び全国交通ネットワーク整備ガイドラインが次々と公表[3]され，中央政府による幹線鉄道の整備強化が中西部にシフトする意志が徐々に強くなった。リーマンショッ

第3章 「一帯一路」構想で進展するアジア・ユーラシアの物流　　*53*

表 3-3　期間別地域別新設幹線鉄道キロ数の比較

00-08年	新設鉄道キロ数	08-17年	新設鉄道キロ数
東部	6,581	東部	11,751
中部	7,838	中部	18,049
西部	6,878	西部	12,070
東北部	1,735	東北部	3,413
全国	23,032	全国	45,283

出所：中国統計年鑑暦年から作成。

クが起こるとそれをきっかけに，公共投資拡大の一環として鉄道産業への投資が大幅に増え[4]，その後も高水準に維持した。

　結果的に2008年以降，幹線鉄道及び関連施設の整備は中央政府のイニシアチブの下で加速し，予算の大半は中西部地域に充てた。

　同じく，2007年から時速200km超の高速鉄道の営業運転が本格的に開始され，2017年の時点で営業キロ数が2万5千キロ超に達し，総鉄道旅客輸送の5割超を担うまでに成長した。それにより，長年続く鉄道輸送力の不足が大きく緩和し，国際鉄道輸送サービスの増強を検討する余裕が徐々に生まれ，中国発着のユーラシア横断鉄道[5]などの（チャイナ・ランド・ブリッジ，CLBと称す）国際長距離鉄道輸送サービス施行の布石となった。

（3）「物流業調整及び振興計画」に基づく交通結節点の整備強化

　中西部地域における幹線鉄道の整備が本格的に開始した2008年以降，交通結節点となる拠点都市の機能強化を図る「物流業調整及び振興計画」（09年）が発表され，道路・鉄道幹線の整備と同時に，交通（物流）分野におけるハブ機能の強化も図られた。

　これまで各地方を中心に進められた拠点都市の交通インフラ整備や結節点機能の強化をベースに，全国交通ネットワークを構成するハブ拠点都市となる北京，天津，瀋陽，大連，青島，済南，上海，南京，寧波，杭州，アモイ，広州，深圳，鄭州，武漢，重慶，成都，南寧，西安，蘭州，ウルムチ（合計21都市），及び広域ハブ拠点都市となるハルビン，長春，包頭，フフホト，石家庄，唐山，太原，合肥，福州，南昌，長沙，昆明，貴陽，海口，西寧，銀川，

ラサ（合計 17 都市）が指定され，上記 38 都市を中心に結節点としての都市交通及び周辺地域との交通アクセス機能を高めるための整備強化が進み，複数の輸送モードによる国内交通幹線ネットワークの輪郭が浮かび上がった。

その後，2015 年のバージョンアップ版として，「全国流通ハブ都市布局計画 2015－20」（以下「中期整備計画」と称す）という新たな整備計画が公表され（図 3-1），下記の目標を盛り込んだ 5 カ年計画が明示された。

・中西部・貧困地域の総合交通インフラの整備
・コンテナによる一貫輸送，トレーラによるシャーシ輸送，陸海一貫輸送の奨励
・都市物流拠点の効率化
・都市部の輸送車両の効率向上
・物流業務のアウトソーシング化
・物流園区機能の向上
・コールドチェーンのレベルアップ
・公共倉庫・都市間物流，共同配送，3PL，住宅地区の配達拠点の整備
・大規模卸・小売業者による物流センターの整備
・農産物の効率的輸送
・保税区における輸出入業務の役割向上

上記内容からみると，2015 年以降，これまで沿海／内陸地域を問わず，中国国内の主要拠点都市をつなぐ交通ネットワークの整備が大幅に進んだ。交通関連の施策は幹線や交通施設の継続的整備拡大を行いながら，拠点都市の交通機能の強化及び効率化，物流サービスレベルの向上，事業者間の連携の強化など，交通ネットワークの有効利用及びそれに関連するアウトプットを重要視する段階に入った。交通インフラ建設は依然として重要な課題としながらも，交通（物流）サービスの高度化にウェイトが置かれるようになっている。

なお，2009 年の計画で指定した結節点たる拠点都市に加え，「中期整備計画」は新たに 65 都市を追加し，合計 103 都市（国家レベル拠点都市 37 箇所，広域レベル拠点都市 66 箇所）が拠点都市となり，結節点を増やすと同時に，上記諸都市の大半をカバーする東西 5 本，南北 3 本の基幹回廊の構築案も提示さ

れた。

　これにより，人口の大半を占める拠点都市並びに所在地域が複数の交通輸送モードで構成される広域交通幹線ネットワークにカバーされ，ヒト及びモノの流れが加速し，各拠点都市を中心に全土を繋げる広域交通ネットワークの骨組みが形成された。

　併せて，物流機能を強化する視点から，拠点都市での物流園区の設置が進められた[6]。「中期整備計画」に指定された国家レベル拠点都市37箇所にはすべて物流園区が設置され，広域レベル拠点都市66箇所でも，うち6割に物流園区の設置が明記された。物流園区の設置により，上記諸結節点たる拠点都市は製造加工能力の向上，産業クラスターの形成及び輸出入の強化を図ろうとしているのである。

　実際，2009年以降の広域交通ネットワークの整備効果はすでに出ている。世界各国を対象に実施したLPI（Logistics Performance Index）調査において，

図3-1　「全国流通ハブ都市布局計画2015－2020」のイメージ

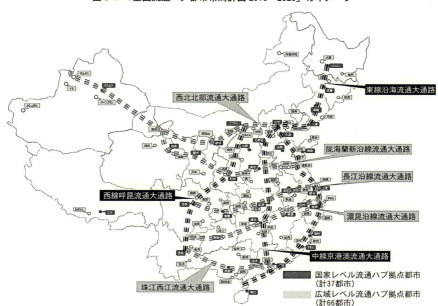

出所：「全国流通ハブ都市布局計画2015－2020」から作成。

56   第1部 「一帯一路」構想とその意義

表 3-4   LPI 指数に関する「インフラの質」の項目のスコア及び順位の変化

中国	インフラの質	
	スコア	世界での順位
2007	3.20	30
2010	3.54	27
2012	3.61	26
2014	3.67	23
2016	3.75	23
2018	3.75	20

出所：世界銀行：Logistics Performance Index.

「インフラの質」項目では，中国のスコア及び世界における順位が徐々に上昇している。

2. 「一帯一路」構想で中西部地域を起点とする国際物流の強化

東部と中西部を繋ぐ広域交通ネットワークの整備が進む中，2013 年に習近平国家主席が提唱した「一帯一路」構想に合わせ，これまでの中西部地域を中心とする広域交通幹線及び拠点都市の整備が国境まで拡張する傾向が顕著となり，これは中西部地域を起点に，周辺国を中心とする国際交通アクセスの強化を意図した動きと見て取れる。

（1） 国境に近い拠点都市との交通アクセス強化及び物流園区の設置

「物流業調整及び振興計画」に比べ，「中期整備計画」では国境付近の拠点都市が多く指定されたことから，周辺国との間のヒト・モノの流れの強化を念頭に，橋頭堡となる国境近辺の拠点都市とのアクセスを強化し，国内交通ネットワークの更なる規模拡大を目指す意図がみられる。それに合わせ，上記拠点都市を起点に国境まで，とりわけベトナム，ラオス，ミャンマー，ネパール，カザフスタン，モンゴル，ロシアなどすでに2国間交流が盛んに行われている近隣諸国まで，道路・鉄道・橋梁を含む交通インフラ整備プロジェクトが数多く

第3章 「一帯一路」構想で進展するアジア・ユーラシアの物流　*57*

進められている。

　加えて，上記国境付近の拠点都市に物流園区を設置したこともこうした意図の現れと認識する。物流園区を持つ国境周辺の拠点都市は欽州（ベトナム），イリ（カザフスタン），延辺（北朝鮮），牡丹江（ロシア），ラサ（ブータン，ネパール，インド）などであり，これらの都市はいずれも隣国とのヒト・モノの流れ強化を狙ったものとみられる。

　さらに，交通インフラ関連の施策のみならず，関連する通関迅速化や AEO 制度の相互認定，国際道路輸送協定締結の加速及び国際道路運送条約（TIR 条約[7]）の加盟など，制度上の改革も同時に施行した。

（2）　進む通関の迅速化と AEO 制度の相互認定

　これまで，通関手続きにかかる時間は，国際物流のリードタイムを長くした大きな要因だった。関税業務を管理する中国税関総署は 42 箇所地方税関局を持つ。これまで各地方税関局における関税徴収目標額が設けられていたため，輸出入貨物が国内での横持ち（登録した関税局以外の関税局で貨物の輸出入を行うこと）に制度上の障害が多かった。また，同じ品目に対し，地方関税局間で異なる認識や見解がしばしば発生し[8]，通関業務の迅速化の障害となっていた。

　また，これまで通関時に物品価格，統計品目番号（HS コード），原産地などに対する厳しい管理体制で運営されてきたため，概ね長い通関時間を要し，通関効率も低かった。

　状況を改善するため，2016 年 11 月に税関総署が「税関総署公告 2016 年第 62 号」を公布し，まず上海税関局[9]において輸入機械類を中心に（統計品目番号第 84, 85, 90 類）通関企業による自主申告・自主納税方式をテスト的に導入した[10]。

　その成功を受け，2017 年 7 月 1 日に税関総署が「全国税関の通関一体化改革公告」[11]を公表し，すべての貨物において，通関業務のシングルウィンドウ化が全国で実施され，企業はいずれの地方税関局の窓口で申告，納税等の税関手続きをワンストップでできるようになった。そのため，税関総署は全国税関のリスクマネジメント及び税金徴収管理業務を集中管理し，リスク管理セン

ター及び税収管理センターを設けた。

　同時に，2016年から税関総局がAEOの認証を受けた企業の国際間相互承認を積極的に推し進めた。AEO（Authorized Economic Operators）制度とはコンプライアンスの体制が整備された輸出入者等を認定する制度，いわゆる輸出入業務を手掛ける優良企業の認定制度である。こうした企業における貿易相手国との相互認証は通関手続きの短縮及び通関コストの節約に有益である。

　2017年11月時点，すでにイギリス，EU27カ国，シンガポール，韓国，スイス，イスラエル，香港，ニュージーランド，オーストラリアなど35カ国・地域と相互認定協定を結び[12]，日本とは2018年10月に締結した[13]。

　中国のWTO加盟以降，長年企業側は通関時間と手続きの削減を求めてきたものの，大きな改善が見られず，国際貿易拡大の阻害要因の1つと言われてきた。2017年に税関総署が行った大掛かりな行政改革は国策の「一帯一路」構想による圧力がなければ，ここまで急速に進まなかったと推測する。「一帯一路」は中国の通関迅速化を大いに促進したのである。

　他方，国境を越えるための国際交通輸送協定の政府間交渉も活発に行われた。

（3）　国際道路輸送協定の締結の活発化

　2012年の輸送モード別国際貿易額構成[14]によると，鉄道がわずか1％弱に対し，貨物自動車による国際貨物輸送は2割弱を占めるなど，中国の国際貿易において，道路貨物輸送は極めて重要な国際輸送モードである。

　1949年の建国以降，歴史の問題で中国は長年周辺国との良好な国境関係を築けず，海外との2国間国際道路輸送協定の締結はかなり遅かった。

　1991年にモンゴルとの2国間国際道路輸送協定の締結が最初であるが，ソビエト連邦の崩壊に伴い結成された「上海協力機構」[15]の構成国との間で中国は先ず国際道路輸送協定を締結し，次いで他の周辺国（ネパール・北朝鮮など）との間にも徐々に2国間国際道路輸送協定を結んでいった。現在ミャンマー，インド，ブータン，アフガニスタンを除き，周辺国との国際道路輸送協定はほぼ締結済みである。ただし，内容は主に限定した輸送ルートによる2国間旅客・貨物輸送である。

第3章　「一帯一路」構想で進展するアジア・ユーラシアの物流　　*59*

表 3-5　2014 年までの中国と周辺国との国際道路輸送協定の締結状況一覧

対象国	締結時期	合意内容	中国との国境
モンゴル	1991 年	指定した輸送ルートによる相手国内の走行	隣接
ロシア	1992 年	指定した輸送ルートによる相手国内の走行	隣接
カザフスタン	1992 年	指定した輸送ルートによる相手国内の走行	隣接
ラオス	1993 年	指定した輸送ルートによる相手国内の走行	隣接
パキスタン	1993 年	指定した輸送ルートによる相手国内の走行	隣接
キルギス	1994 年	指定した輸送ルートによる相手国内の走行	隣接
ネパール	1994 年	指定した輸送ルートによる相手国内の走行	隣接
タジキスタン	1999 年	指定した輸送ルートによる相手国内の走行	隣接
北朝鮮	2008 年	指定した輸送ルートによる相手国内の走行	隣接
ベトナム	2011 年	指定した輸送ルートによる相手国内の走行	隣接
ミャンマー	未		隣接
インド	未		隣接
ブータン	未		隣接
アフガニスタン	未		隣接
大メコン自動車輸送	2003 年	予め決めたルートに 1 国につき年間最大 500 枚のマルチ国際輸送（複数回輸送可）許可の発行	隣接／非隣接
中国・パキスタン・カザフスタン・キルギス 4 国間越境輸送	2004 年	予め決めたルートに 1 国につき年間最大 200 回の越境道路輸送が可能	隣接
上海協力機構加盟国	2014 年	6 加盟国が各自国内の幹線道路一本を指定し，国際道路輸送に相互提供する	隣接／非隣接

出所：各情報サイトから作成。

（4）　国際道路運送条約への加盟による国際道路貨物輸送の自由度の拡大

限定した走行内容の国際道路輸送協定は中国政府の国際道路運送条約（以下 TIR 条約）への加盟によって，新たな進展がみられた。

2016 年 7 月，中国政府は国際道路輸送の活発化を後押しするため，TIR 条約に加盟した。TIR 条約は国際道路輸送連盟（IRU：International Road Transport Union）が加盟国の関連組織を通じて管理する国際道路貨物輸送ネットワークである。中国が加盟したことにより，中国で封印した状態のコンテナ貨物は遠く離れた海外の目的地まで途中で複数の同条約加盟国を通過しても共通の情報システムによる照合だけで目的地まで，同じ貨物自動車によるドア・ツー・ドア輸送が可能となるのである[16]。

60　第1部　「一帯一路」構想とその意義

表 3-6　中国と多国間経由可能な国際道路輸送協定の締結状況（2018）

対象国	締結時期	合意内容	中国との国境
中・ロ・モンゴル3カ国	2018年	不明	隣接
ウズベキスタン	2018年	限定したルートによる相手国内の走行及び経由した第三国への走行	非隣接

出所：各情報サイトから作成。

　現在，中国発 TIR 輸送はテスト的に出入境検査場5箇所（ホルゴス，イルクスタン，ニレンホト，満州里，綏芬河）のみで施行可能[17]だが（2018年4月時点），今後利用実績を見て，さらに増やすことが検討中である。

　また，TIR 条約の加盟をきっかけに，2018年に中国と中央アジア諸国や中国／ロシア／モンゴルとの間に新たな輸送協定が結ばれた。ルート限定という制限はあるものの，2カ国以上の国際道路輸送行為が認められ，中国発着の複数国を経由する国際道路輸送が可能となった。

　また，これまで2国間国際道路輸送協定は限定的内容であったが，2018年6月に中ロ間で交わされた新しい国際道路輸送協定が今後の中国と周辺国との新しい2国間協定のモデルとして期待されている[18]。

　これはすでに承認した相手国の領土を経由した第3国への道路貨物輸送行為を認めた上で，これまで輸送先を限定していた制限を取り外し，輸送先を相手国内全域にし，同時に貨物輸送ルートの限定も撤廃するものである。中ロ間国際道路輸送協定の見直しがきっかけに，今後周辺国を中心により高い自由度の国際道路輸送協定が進むと見込まれる。それに伴う国境を跨ぐヒト・モノの流れが一層加速することが期待できる。

3.　燃料の精製能力の向上による相乗効果

　交通の視点でみた「一帯一路」構想は，これまで中国発着の各輸送モードや交通関連施設の整備に着目したが，燃料の精製能力も「一帯一路」構想の遂行に極めて重要なファクターである。これまで中国の経済成長に伴い，国内での燃料精製能力が格段に上がったことは看過できない。逆説的にいうと，自国の

燃料精製能力が低く，国内需要の一部を輸入に頼らざるを得なかった中国（2008年まで）は「一帯一路」構想を採用したとしても，それは絵に描いた餅にすぎなかったと言っても過言ではない。

(1) 交通産業における燃料消費の拡大

近年，中国の石油消費量が年々増え，交通産業関連で使われている燃料（ガソリン，灯油，ディーゼル・重油）は常に全体消費量の4割弱で推移している。図3-2が示すように交通産業の発達に伴い，燃料消費が劇的に増大していることがわかる。

(2) 燃料製品の輸出拡大と精製品質の向上

拡大する石油の輸入に対し，2012年以降，石油関連製品の輸出が拡大傾向を示している。とりわけガソリン，灯油，ディーゼルの輸出量が増加傾向にある。ガソリンは無論，ディーゼルも，その主な使途は貨物自動車の燃料であり，灯油はほとんど航空燃料と考えられる[19]。中国国内の燃料精製能力が大幅に向上し，すでに国内需要を賄えたことではじめて大量の輸出が可能となった。中国はこの段階にまで成長したのである[20]。

精製能力の増強と同時に，精製品質の向上も看過できない。中国は2019年1月1日から「国六基準」[21]のガソリンとディーゼルの供給に移行した。これは，国内石油製品の精製水準の向上によって実現されたと理解できる。

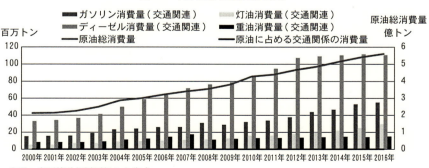

図3-2 中国の燃料消費状況の推移

出所：中国統計年鑑暦年から作成。

図 3-3 燃料製品輸出の推移

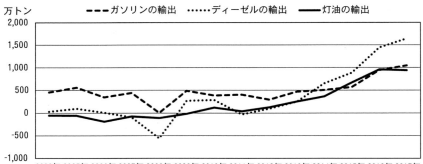

出所：中国統計年鑑暦年から作成。

　中国の大手石油精製会社はほぼ国有企業であり，これまで国家政策による精製能力の拡大及び精製品質の向上をし続けてきた。この経緯を鑑みれば，石油精製能力は国内交通産業に対する燃料の安定供給量を超えて生産力を高め，輸出も増加すると容易に想定できる。それに対し，これまで中国の周辺国ではロシアを除き，産油国であっても自国需要を満たす精製能力を持たない国がほとんどである。

　すでに新疆ウイグル自治区[22]に続き，雲南省昆明[23]，広西自治区北部湾[24]などの西南地域にも大規模な石油精製プラントが稼働し始めている。内陸地域もこうした大規模燃料精製加工が可能となった。今後，中国による燃料輸出の拡大につれ，周辺国の燃料を含む石油加工製品の中国依存が強まるだろう。これも「一帯一路」構想のもう1つの狙いであると考えられる。

4. 各交通モードにおける「一帯一路」構想の動き

　これまで中国の国際貿易で最も大きな役割を果たしてきたのは海上輸送であり，続いて自動車輸送，航空輸送である。それに対し，鉄道の割合は1％弱ほどである。こうした現状を踏まえた上で，「一帯一路」構想の実施以降，各輸送モードの動向及び今後の将来性を検討する。

図 3-4 輸送モード別国際貿易における割合（金額ベース，2012 年）

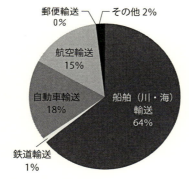

出所：「中国税関統計 2012 年」から作成。

（1） 海上輸送の動き

輸送モードごとに国際貿易額を見た場合，海上輸送がこれまで最も大きな役割を果たしてきた。「一帯一路」構想において，海上輸送関連の動きは「一路」政策として集約され，中国沿海地域から東南アジア，インド，アラビア半島の沿岸部，アフリカ東岸を経由し，ヨーロッパまで結ぶ海上ルートの構築を指すものである。

「一路」の動きに関し，これまで中国のシーレーン確保を念頭に，南アジア及び欧州，オーストラリア，アフリカなど広範囲にわたり，次のように複数の港湾及び関連施設の建設協力や運営権の買収などが確認される。

・2013 年 2 月，パキスタン政府は 2007 年に中国の資金援助で完成したグワダル港の運営権を，これまで運営権を持っていたシンガポール企業（PSA）から中国企業の中国海外港口股東有限公司に委譲した。これにより，中東から輸入される石油がマラッカ海峡を通さずに中国本土まで運ぶ陸上輸送ルートのゲートウェーが確保された[25]。
・2015 年 9 月，チッタゴン港への資金提供と引き換えに，バングラデシュ政府は中国企業による新たな工業園区の建設案を受け入れた[26]。
・2015 年 9 月，コスコ・パシフィックと招商局国際有限公司などの中国企業の合弁会社がトルコ・イスタンブールの Kumport コンテナターミナルの発

行済み株式の65％を買い取り，当該港湾の経営権を握った[27]。

・2015年10月，中国企業「嵐橋集団（LANDBRIDGE）」がオーストラリアのダーウィン港の99年リース権を取得した[28]。

・2016年1月，中国建築工程総公司とアルジェリア政府が同国最大の港湾の共同建設に合意した[29]。

・2016年4月，コスコが3.68億ユーロでギリシャのピレウス港所有権の67％の購入で合意した。港湾の運営も行う[30]。

・2017年6月，コスコ子会社のコスコ・シッピング・ポーツがスペイン・バレンシアのNoatumコンテナターミナルの51％の株式を購入した[31]。

・2017年7月，招商局国際有限公司がスリランカ・ハンバントタ港の運営会社を買収し，99年の使用権を取得した[32]。

・2017年8月，中国港湾連合がカメルーン最大のクリビコンテナターミナルの25年間の経営権を取得した[33]。

・2017年8月，江蘇省の5企業で構成した企業連合がアブダビ港に3億米ドルを投資した[34]。

・2018年1月，コスコがベルギー第2規模の港湾Zeebruggeの所有権をマースクから買い取り，西北欧の主要港湾拠点として運営する[35]。

・2018年2月，招商局港湾ホールディング有限公司がブラジルのパラナグア港運営会社の株式90％を購入した[36]。

　建設案件を別とし，「一路」で報じられた交通関連の動きは，主に大手海運会社及び大手港湾会社による海外港湾の運営権の買収並びに運営である。こうした動きは欧州及びアフリカにおける中国商船の航路増の対応，港湾業務の海外拡張の一環とみられる。国策に合わせた海外進出とも推測されるが，国際貿易額が頭打ちとなりつつある中国にかつてのような国際海上貨物輸送量の急増は考えられない。しかも米中貿易戦争が起こるなか，「一路」の進展が中国発着の国際物流の増加に与える影響は限定的であると認識する。

　しかも2017年に中国初の海外軍事補給基地がジブチに設置されたと報じられた後，こうした海外港湾の買収や運営はアメリカを始め，EU，インドなどから軍事施設の転用を警戒され始めたこともあり，今後継続的に行えるかは不

透明である。

　同様に「一路」の動きとして，北極航路の航行も先行き不透明である。これまで国有大手海運会社コスコがテスト航行を繰り返して行ったが，１年を通じての航路の安定利用ができないうえ，ロシア政府の態度，砕氷船支援の義務付け，割高な造船コスト，付保の難しさなど，商業ベースでの運営は難しい[37]。

　したがって，「一路」で括られる国際海上ルートや結節点の設置について，国有大手海運／港湾事業者を中心に事業買収や運営を断続的に進めているものの，「一帯一路」構想の宣伝効果を除き，あくまでもビジネスとしての可能性を探る試策段階であり，大きな成果を上げるまでに至っていない。

（2）　鉄道輸送の動き

　「一路」の展開に対し，陸上の「一帯」はより活発な動きを見せている。とりわけ国内の拠点都市を発着地とするチャイナ・ランド・ブリッジ（China Land bridge, CLB）と呼ばれる国境を越えたブロックトレーンの運行や，国際自動車貨物輸送の動きは注目に値する。

　鉄道の場合，2013 年以降，「一帯一路」構想の号令の下，多くの拠点都市が CLB を運行するようになり，現在，CLB の始発都市は連雲港市を始め，すでに後述の「西行き」だけで 60 箇所に達し（2018 年 12 月現在），CLB の本数や輸送量も年々増えている。とりわけ中西部の内陸拠点都市が多数を占め，従来の海上・航空輸送以外の選択肢として取扱量を増やしている状況である。

　なお，現在，中国発 CLB のルートは主に西行きと南行きに分かれ，西行きは阿拉山口またはホルゴス（カザフスタン国境），満州里（ロシア国境），ニレンホト（モンゴル国境）の３ルート，南行きは凭祥（ベトナム国境），河口（ベトナム国境）の２ルートである。

　1992 年には連雲港が CLB を運行開始したが，当時は不確実なリードタイム，高コスト及び複雑な通関手続きで利用増に繋がらなかった。海上輸送における船舶の大型化，海上輸送コストの低下，加えて当時中国国内の逼迫した鉄道輸送能力による運行制限や旧ソ連から独立した独立国家共同体（Commonwealth of Independent States, 略称 CIS）諸国との通関調整問題などで利用者に繋がらなかった。CLB がもう一度話題になったのは 2011 年であ

66 第1部 「一帯一路」構想とその意義

る。重慶市政府が電子製品の大量生産体制を整えてヒューレットパッカード，エイサー，アスースなどの外資系 PC メーカーの製造工場の誘致に成功したものの，完成品の輸出は従来通り東部沿海地域経由の船便を利用を想定していた。しかし，この場合 45 日前後のリードタイムが必要なため，CLB によるブロックトレーンの輸送が検討，試験運行された。運行開始は 2011 年 3 月で，2014 年の前半まででほぼ特定の PC メーカーの製品を専用ブロックトレーンで輸送する方式で実績が積み上げられた。

重慶市の成功に続き，中国内陸最大の拠点都市，成都が中国で 3 番目に CLB の定期運行を開始した。成都市は 1,300 万人口を抱え，しかも幅広い分野の製造業を擁し，外資企業も多く進出[38]していたため，国際輸送のニーズが高い。

その後，「一帯一路」構想の定着と同時に，これまで重慶市と成都市の CLB 運行を成功事例として政府系メディアが大きく取り上げた結果，各拠点都市が競って CLB を運行するようになった。ここでもわかるように，CLB は当初「一帯一路」構想の下で計画されたわけではない。

現在，連雲港市，鄭州市，重慶市，成都市，西安市，武漢市を始め，CLB の運行はすでに 60 都市に達し[39]，うち中西部の拠点都市からの発着が最も多い。

ただし，CLB の運行は「一帯一路」構想の代表的な動きのように注目され

表 3-7 地域別 CLB 運行の都市数

CLB 運行開始時期	東部	中西部	東北部
1992 年	1		
2011 年		1	
2013 年	1	3	
2014 年	2	2	1
2015 年	4	5	4
2016 年	8	8	1
2017 年	4	3	2
2018 年	4	6	0
合計	24	28	8

出所：各新聞記事から集計，作成。

たものの，運行し続ける大きな理由は外資系物流企業，とりわけ日欧米の大手フォワーダー企業の積極的な関与と密接にかかわる。

重慶発 CLB は試運転当初からドイツ物流会社 DB シェンカーが関与し，同社はドイツのデュイスブルグに到着した後の配送業務を含み，当該 CLB の定期運行における中心的な役割を果たしてきた。現在重慶以外に，鄭州，瀋陽でも有力フォワーダーとして，集荷及び欧州到着後の配達業務を行っている。

同じく，ドイツの DHL 社が成都発 CLB の運行に開始当初から関わり，同社は成都発国際鉄道貨物をアレンジする最大のフォワーダーである。その他，蘇州，鄭州発 CLB の貨物にも手がけている。また，2014 年 7 月から，アメリカの物流会社の UPS が成都発 CLB のフォワーダー業務に参入し，現在成都と鄭州で業務を展開している。その他にもロシア鉄道が綏芬河，瀋陽，大連，長春など，カザフスタン鉄道が連雲港との協力関係を作り上げている。

2018 年 10 月，マースク[40]がドイツマンハイムから自動車部品を搭載し，ポーランド，ベラルーシ，ロシア，カザフスタンを経由して重慶までブロックトレーンを運行し，そこから北京まで貨物自動車で末端輸送サービスをアレンジした。日本通運[41]も 2018 年 12 月に西安から独デュイスブルクまで自社ブランドのブロックトレーンを初運行した。ドイツ日通が到着後の貨物を末端の荷主まで輸送したことは言うまでもない。

大手外資系物流事業者がこれまで CLB の運行に積極的な協力姿勢をとるのは，中国〜欧州間の鉄道貨物輸送サービスの開拓もさることながら，CLB をベースに，中国の周辺国から中国経由欧州行きのトランジット貨物輸送サービスの開拓も視野に入れているからである。

2016 年 9 月，DHL が新たに神戸から太倉経由でハンブルグ，ハノイから成都経由でハンブルグ，成都からイスタンブールまでの輸送サービスの提供を開始した[42]。

アジア〜ヨーロッパにおいて，従来の海上及び航空輸送以外の新たな輸送モードの利用が可能となったことは，グローバルビジネスを手がける大手物流事業者にとって，荷主に提供する物流サービスの多様化につながる。

一方，海外大手フォワーダー企業の熱心さに比べ，中央政府は冷静である。その証拠は，あたかも「一帯一路」構想のもとで運行を増やしてきた CLB で

あるにも拘わらず，中央政府はブロックトレーンの運行に対する補助金や国内運賃の減免措置などを一切採っていない。そのため，CLBの運行を継続的に維持するため，すべての拠点都市政府が例外なくフォワーダーや大手荷主に補助金を出しているというのが現状である。

これまで国際貿易における鉄道輸送の割合は約1%前後と少ない上，CLBによる国際郵便の輸送業務など，新規国際鉄道貨物の開拓としての実績もあるものの[43]，継続的な運行は補助金によって維持されている部分が大きい。2020年にCLBの運行に対する補助金が撤廃されると囁かれる[44]なか，今後CLBを運行する拠点都市が大幅に絞られ，本数も大幅に減らさせることが予想される。

（3）　自動車輸送の動き

他方，国際貨物鉄道ほど目立たないものの，国際貨物自動車輸送は急速な拡大をみせている。

国際道路貨物輸送は中国の輸出入額に大きな割合を占めるが[45]，歴史問題で長年周辺国との良好な国境関係を築けなかった。そのため，周辺国との2国間国際道路輸送協定の締結はかなり遅れた。これまで国境を越えても国境周辺に留まって，貨物自動車輸送の最大メリットであるドア・ツー・ドアサービスがほとんど展開できなかった。

それまで2国間，例えば中国～ベトナム（12年）間での複数のルートでの走行，中国～CIS諸国（14年）間のテスト走行など，限定的なドア・ツー・ドアの国際道路貨物輸送の試みがあっただけである。しかし，2016年7月に中国の国際道路運送条約（TIR条約）加盟で状況が大きく変わった。

中国・ロシア・モンゴルがTIR条約参加国であるため，3国は天津発モンゴル（ウランバートル）経由ロシア（ウラン・ウデ）のデモ走行を2016年8月に行ない，その後，2017年4月にTIR条約に基づく国際輸送基準の設定に合意した。こうして3カ国を跨ぐ国際道路貨物輸送の可能性が大きく前進した。同時に，ウズベキスタンの首都タシケント発キルギス経由中国カシュガルまでのテスト運行も2017年11月に行われた。

2018年，こうした動きがさらに増え，国境を越えるドア・ツー・ドアサー

ビスの実施を原則とする国際貨物自動車輸送が活発化した。大連発シベリア行き（18年5月），ホルゴス発カザフスタン／ロシア経由ジョージア行き（18年5月），イルケシュタム発キルギス／ウズベキスタン行き（2018年7月），昆明発ベトナムハイフォン行き（18年9月），深圳発凭祥経由ハノイ行き（2018年9月）など，国際自動車貨物輸送はますます熱気を帯びている。

究極的な国際長距離自動車貨物輸送による野心的な試みも行われた。IRUのアレンジの下[46]，2018年11月に中国新疆ホルゴスからカザフスタン，ロシア，ベラルーシを経由し，ポーランドまで自動車による国際貨物輸送のテスト走行が行われた。

国際貨物自動車輸送の潜在性は大きい。ウラジオストック発貨物が大連に到着するまで，これまで海運会社経由で3週間ほどかかったが，貨物自動車によるドア・ツー・ドア輸送なら4日で済む[47]。同じく天津からウランバートルの場合も，鉄道輸送なら10日ほどかかるが，道路輸送では3日で到着する[48]など，貨物自動車をベースとする国際輸送はより商業ベースに適合する形でビジネスに受け入れられる。

国境における国際道路貨物検査場（道路口岸）は67箇所あり[49]，これまで国際道路輸送ルート356本（2017年5月まで）がすでに開通し[50]，うち新疆自治区が111本（旅客路線54本，貨物路線57本，2017年2月まで）[51]で最も多い。国際貨物自動車輸送の活発化に連れ，陸続きの中西部地域を中心に新たな国際貿易ルートの開拓が予想される。

国際貿易に占める自動車貨物輸送の割合は2割弱と大きい。また，補助金なしで最も展開し易い国際輸送方式であることから，今後中国政府と周辺国との相互乗り入れが合意すれば，国際自動車貨物輸送はさらに発達し，中国発着の国際貿易で重要な役割を果たすに違いない。

（4）　航空輸送の動き

「一帯一路」構想における国際航空輸送の動きについて，便数の増加や国際航空旅客・貨物取扱量の増加もさることながら，東部沿海地域のハブ空港に集中したヒト・モノの取扱量の割合が微減し，対照的に中西部主要空港の存在感が高まっていることは注目に値する。

70   第1部 「一帯一路」構想とその意義

　これまで各中西部地方政府の積極的な航空会社の誘致策は，功を奏した。た
とえば最も著しく成長を遂げた鄭州空港では，河南省政府が航空会社の誘致や
航路の新規開設から航空貨物の集荷／配達まで，地元空港の利用拡大のために
補助金の拠出を含む様々な優遇政策が打ち出されている。

　同様な誘致／補助政策は成都，長沙，武漢，重慶などの地方政府も実施し，

表 3-8　中西部と沿海地域四大ハブ空港の全体旅客・貨物取扱量の割合の推移

項目	12 年	13 年	14 年	15 年	16 年	17 年
中西部主要空港が全体に占める割合（旅客）	22.8%	23.2%	23.6%	23.9%	24.0%	23.3%
中西部主要空港が全体に占める割合（貨物）	14.5%	15.2%	15.9%	16.2%	16.6%	16.5%
沿海地域四大ハブ空港が全体に占める割合（旅客）	30.7%	29.0%	27.7%	26.7%	25.6%	23.8%
沿海地域四大ハブ空港が全体に占める割合（貨物）	53.5%	51.8%	51.0%	50.6%	49.4%	49.7%

出所：中国民間航空局資料から作成。

表 3-9　各空港の旅客・貨物取扱量の比較（12 年 /17 年）

（単位：倍）

空港名	旅客取扱増加率（17/12）	貨物取扱増加率（17/12）
鄭州	2.1	3.3
ウルムチ	1.6	1.2
武漢	1.7	1.4
長沙	1.6	1.3
重慶	1.8	1.4
西安	1.8	1.5
昆明	1.9	1.6
成都	1.6	1.3
上記中西部空港合計	1.7	1.5
北京	1.1	1.1
上海浦東	1.3	1.3
上海虹橋	0.9	0.9
広州	1.4	1.4
上記4空港の合計	1.3	1.2
合計	1.7	1.3

出所：中国民間航空局資料から作成。

第3章 「一帯一路」構想で進展するアジア・ユーラシアの物流　*71*

表 3-10　河南省の鄭州空港利用優遇策 （一部抜粋）

実施対象	具体措置
航空会社本部あるいは支店を設置した場合	200－1000 万元の補助金交付
鄭州空港を主な発着空港に指定した場合，航空会社に対し	営業税・企業所得税の地方税部分 3 年免除，その後更に 2 年間半減
鄭州空港を主な発着空港とする航空会社の物流倉庫施設の設置	3 年間 20 元／m² ／月による補助金交付
新規フレーター航路の開設	州際：10-20 万元／便，アジア域内：8-15 万元／便，国内 2 万元／便の補助金交付
鄭州空港に貨物の集荷及び配送を行う道路貨物自動車輸送事業者	距離に応じてトン当たり 300－700 元の補助金交付

出所：「河南省発展航空物流公布 20 条優恵政策支持」2012 年 7 月 20 日　http://photo.dahe.cn/2012/07-20/101425927.html を一部抜粋。

結果として，中西部空港の発展に大きく寄与した。その他，中央政府は一部の空港（西安・鄭州）に限定して以遠権[52]を認め，両空港の活性化を後押ししている[53]。これまで国際貿易に占める航空輸送の割合は，約 15％である。中西部の空港整備や積極的な誘致策の展開により，今後中国の国際貿易における航空輸送の役割は一層高まる見込みである。

5.「一帯一路」構想における将来性について

改革開放以降，鄧小平の沿海地域における優先的経済成長を説いた「先富論」を始め，江沢民政権の「西部大開発」，胡錦濤政権の「中部崛起」など，中国では指導者が変わる度に，政権が独自の交通インフラ整備の重点を示す傾向がある。したがって，習近平政権は改革開放以降，長年の国内交通インフラ整備の積み上げに基づき，交通インフラ整備の重点に「一帯一路」を唱えたことはこれまでの慣例を踏襲したと理解できる。

一方，「一帯一路」において交通インフラの整備の範囲が海外まで拡張するにつれ，莫大なコストの投下や採算性，増幅する不確実性への疑問など，今後継続的な実行の可能性及び将来性についての懸念が付き纏う。それに関し，異

なる見解は多く存在するなか，筆者は中国の歴史からその継続可能性を探求したい。

　中国の歴史を顧みると，秦朝に次ぐ漢朝，隋朝に次ぐ唐朝などの例に見られるように，短命王朝の次に長命王朝が現れることはしばしばである。その際，共通点として，短命王朝は往々にしてこれまで分裂した国を束ね，統一国家の基礎形を作り上げたものの，統治経験の乏しさから，国家の運営に不備が噴出し，民衆からの不満が高まったことで新しい政権にとって代わられることが挙げられる。

　中華民国も近代中国の国家形成に大いに貢献したものの，国家運営の経験不足により民衆の信頼が低下し（もちろん日中戦争や第二次世界大戦などの国際的要因も大きいが），現在の中華人民共和国にとって代わられた。こうした視点で考えれば，中国全土の統治という意味で短命だった中華民国（38年）の次に現れる中華人民共和国（すでに70年）は長命政権となる可能性はある。

　他方，これまで100年以上継続した中国歴代の長命王朝を顧みた場合，中華人民共和国と似た王朝は清朝のみである。その理由は清朝を除く他の王朝[54]において，中国は常に「二元王朝（二元帝国とも言う）」状態であった。「二元王朝」とは，南方を生息地とする農耕民族（主に漢民族）が作り上げた王朝に対し，常に脅威となる北方遊牧民族が立てた王朝が併存する状況を指す。万里長城がほぼ年間降水量400㎜分水界に沿って建てられている[55]ことがその二元王朝の境目とも見て取れる。それは農産物を育つための年間降雨量の限界という視点から，長城より北に農産物が育たないからである。よって，ロシア語の「中国人」の発音のように[56]，中国の王朝がこれまで持つ二元性を改めて認識しなければならない。

　かつて「二元王朝」の状態を唯一うまく融合したのは清朝だった。清朝の統治下，南方農耕民族が築き上げた経済基礎と北方遊牧民族の武力とが融合して，清朝の国力の増強と版土拡大が同時に図られた。とりわけ康熙・雍正・乾隆時代はその黄金期と言われた。そこで清朝の歴史を中華人民共和国と重ね合わせた場合，建国70周年を迎える中華人民共和国は清朝康熙後期に差し掛かり，かつて清朝が最盛期に向け，国力が徐々に上昇している状況を彷彿させる。

第3章 「一帯一路」構想で進展するアジア・ユーラシアの物流　　*73*

　なお，近年習近平政権が国民から最も支持されている官僚の汚職追放キャンペーンの実施は，かつて康熙帝の亡き後，後任の雍正帝が全国範囲で汚職追放を施行し，後世に「名君」と称えられた理由の１つとなったことも偶然の一致ではない。

　よって，清朝の歴史を鑑みれば，現段階の中国はなお国力の増強に向け，拡大態勢の途上にあり，しかも海外との貿易拡大を継続的に望む限り，交通インフラにおける膨大な投資に対する確実性の疑問や採算性の課題などを抱えながらも，海外に向けた交通インフラ整備の拡大は止まない可能性が強い。中国の貿易構造が大きく変わらない限り，中央政府による「一帯一路」コンセプト[57]は堅持されるだろう。

注

1）「国務院関於深入実施西部大開発戦略情況的報告」を参照。

2）統計によれば，道路産業への固定資産投資の約7割超が地方によるものである。なお，その割合は2004年から17年までほぼ変わっていないことも確認した。

3）「全国沿海港湾設置計画」（06年），「総合交通ネットワーク中長期発展計画」（07年），「全国内航航路及び港湾設置計画」（07年），「中長期鉄道ネットワーク計画」（08年調整案），「国家高速道路ネットワーク計画」（08年），「全国民間空港設置計画」（08年）。

4）鉄道産業への投資額が3,694.8億元（08年）から6,059.2億元（09年）に増額。

5）トランス−ユーラシア鉄道（Trans-Eurasian railroad, TER）とも称す。

6）全国物流園区発展規画（2013−2020年）（13年公表）。

7）フランス語 Transport International Routier を語源とし，国際道路輸送を意味する。

8）実際の関税率を算出するためには HS コード10ケタまで必要，上位6桁までは世界共通だが，残りの下4桁部分の分類は中国独自の分類方法になっている。この部分は各国の産業事情（どういった産業が発達しているのか，物量のある貿易品目，何を保護しようとしているのか等）によって変わるため，解釈によって関税率が大きく異なる。

9）上海税関局を選んだ理由は，輸入額は他の地方税関局より圧倒的に多いからである。

10）http://www.customs.gov.cn/publish/portal0/tab49564/info826981.htm　2018年10月7日アクセス。

11）http://www.customs.gov.cn/customs/302249/302266/302267/711020/index.html　2018年10月7日アクセス。

12）https://www.sohu.com/a/207529090_99944558　2018年10月7日アクセス。

13）http://cngm.cqn.com.cn/html/2018-10/29/content_108286.htm?div=-1　2018年12月10日アクセス。

14）中国税関年鑑2012年の統計数値，それ以降公表されなくなったが，筆者は数値的に大きな変化はないと推測している。

15）1996年4月に中国・ロシア・カザフスタン・キルギス・タジキスタンの5カ国首脳会議を前身とする国際協力機構のことを指す。

16）https://www.iru.org/tir　2018年10月08日アクセス。

74   第1部 「一帯一路」構想とその意義

17）税関総署公告 2018 年第 30 号。

18）http://www.sohu.com/a/235172147_355523　2018 年 12 月 17 日アクセス。

19）ディーゼルの交通関連産業での利用率が 65.7％，なお，灯油交通関連産業での利用率が 94.8％（2018 年）を占めることから，ほぼ航空燃料と推定する。

20）ディーゼルの輸出量は日本にほぼ匹敵し，ジェット燃料の輸出量は日本の約半分ほどで急迫している。（いずれも 2015 年データ）。

21）人民日報 2018 年 08 月 04 日，国六基準は，2014 年に導入した米国の Tier3 と EU のユーロ Ⅵを参照して制定し，これまで最も厳しい排気ガス基準。

22）新疆自治区に年産 100 万トンの大型油田があるため，石油精製所も数多く設置されている。香港文匯報 2018 年 5 月 31 日新聞を参考にした。

23）中石油雲南石化有限公司が年間石油精製量 1,000 万トン超となった。雲南日報 2018 年 9 月 2 日。

24）年間 1,000 万トン石油精製能力を持つ中国石油天然ガス股份有限公司広西石化分公司が立地している。http://www.cnpc.com.cn/cnpc/lhqy/201404/d9426c4735f840f79cea15781d0b2798.shtml 2018 年 10 月 9 日アクセス。

25）中国青年報 2013 年 02 月 20 日。

26）http://bd.chineseembassy.org/chn/bzyw/t1303598.htm　2016 年 9 月 14 日アクセス。

27）http://www.port.org.cn/info/201511/189987.htm　2016 年 9 月 14 日アクセス。

28）http://finance.sina.com.cn/chanjing/gsnews/20151014/082423469131.shtml　2016 年 9 月 14 日アクセス。

29）http://www.cscec.com.cn/art/2016/1/20/art_32_255961.html　2016 年 9 月 14 日アクセス。

30）http://business.sohu.com/20160409/n443741539.shtml　2016 年 9 月 14 日アクセス。

31）現代物流報 2017 年 6 月 14 日付。

32）大公報 2017 年 7 月 26 日付。

33）中国水運報 2017 年 8 月 2 日付。

34）中国水運報 2017 年 8 月 2 日付。

35）大公報 2018 年 1 月 24 日付。

36）http://news.sina.com.cn/o/2018-02-24/doc-ifyrvnsw7917504.shtml　2019 年 1 月 1 日アクセス。

37）合田浩之「日本の海運会社からみた北極海航路への期待」第 58 回理論応用力学講演会パネルディスカッション資料，2009 年。

38）自動車産業ではトヨタ，フォルクスワーゲン，電子機器ではフォックスコン，デルコンピュータなどが進出している。

39）筆者が各記事をもとに独自にまとめた 2018 年 12 月末までの結果。一度だけの CLB 試運転も含まれたため，他の公表された統計値と異なる。

40）中国水運報 2018 年 11 月 28 日付。

41）http://www.sohu.com/a/283632849_120064944　2019 年 1 月 4 日アクセス。

42）大公報 2016 年 9 月 30 日付。

43）現在国際郵便貨物を取り扱えるのは重慶，東莞，義烏，鄭州のみ。

44）http://www.landbridge.com/yaowen/2018-11-28/69822.html　2018 年 12 月 17 日アクセス。

45）注 13 を参照。

46）https://baijiahao.baidu.com/s?id=1618276022683950793&wfr=spider&for=pc　2018 年 12 月 17 日アクセス。

47）https://baijiahao.baidu.com/s?id=1617161753463163938&wfr=spider&for=pc　2018 年 12 月 17 日アクセス。

48）https://www.yicai.com/news/5065497.html　2018 年 12 月 17 日アクセス。

第3章 「一帯一路」構想で進展するアジア・ユーラシアの物流   75

49) 中国口岸協会資料。

50) http://news.cm.hc360.com/2017/05/080903671652.shtml 2018年12月17日アクセス。

51) http://w.huanqiu.com/r/MV8wXzEwMTM4OTgyXzkwXzE0ODcyMDg0OTM= 2018年12月17日アクセス。

52) 海外の航空会社に対し，自国から中国を経由し，中国からさらに先にある別の国への区間についても営業運航を行なう権利。

53) 『関於支持自由貿易試験区深化改革創新若干措施的通知』2018年11月。

54) 元朝は清朝同様で一元帝国だが，存続が100年を満たないため，除外した。

55) 張靳著「長城与400毫米等降水線神奇的巧合」，大科技（百科新説）2006年第1期。

56) ロシア語における中国人の発音はキタエであり，一説ではその語源は中国北方にある「契丹族」から由来する。ロシアは北方遊牧民族である契丹人を中国人と見たようだが，農耕を中心とする漢民族は契丹人をあくまでも中原文化を代表できない夷人に過ぎないとみていた。

57) ただし，「一帯一路」の名称が変わることは大いにありうる。

第4章

「一帯一路」構想を巡るファイナンス

真家 陽一

はじめに

　2013年3月に国家主席に就任した習近平氏は「中国の夢」，すなわち「中華民族の偉大な復興」という民族主義的スローガンを掲げた。「中国の夢」における対外政策の一環として打ち出されたのが「一帯一路」構想である。

　「一帯一路」構想は，かつてシルクロードが欧州とアジアをつなぐ重要な交易路だったことに着目して，インフラ整備を中心に沿線各国と巨大経済圏を構築する構想である。インフラ整備に関して，アジア開発銀行（The Asian Development Bank：ADB）が2017年2月に公表した報告書「Meeting Asia's Infrastructure Needs（アジアのインフラ需要に応える）」によれば，アジアの開発途上国・地域が，現在の経済成長を維持し，貧困を撲滅し，さらに気候変動へも対応していくとすれば，必要な投資額（気候変動調整済み予測額：気候変動対応への必要額を考慮した予測額）は，2016年から2030年の間に26兆ドル，年間で1.7兆ドルとされる[1]。

　「一帯一路」構想の推進においては，このように莫大なインフラ投資額に応える意味でも，ファイナンスが極めて重要な役割を担うこととなる。本章はこうした状況を踏まえ，まず「一帯一路」構想をめぐる中国の動向について，ファイナンス分野における成果を中心に整理する。次に，「一帯一路」構想に対する中国の評価について検証する。その上で，ファイナンス面の問題も含めて，中国が一帯一路の推進において直面する課題に焦点を当てつつ，今後の方向性を考察することを目的とする。

1. 「一帯一路」構想をめぐる中国の動向

（1）「一帯一路」構想は走出去戦略のアップグレード版

はじめに，一帯一路が提唱されるまでの流れを確認しておこう。「一帯一路」構想は1999年に公表された「走出去（海外進出）戦略」により，政府が中国企業の対外直接投資を本格的に推進していく中で，その成果も踏まえて打ち出された構想といえる。

走出去戦略を背景に，中国の対外直接投資は2000年代中頃から急増しており，2015年には対内直接投資を上回った（図4-1）。また，中国は近年，価格競争力を背景に，対外工事請負契約額も急速に増加させており，2017年の契約額は2,653億ドル（約29兆円）と，ここ10年で3.4倍に達した（図4-2）。他方，日本の2017年度の海外建設受注額は1兆8,510億円にとどまっている。統計の集計方法が異なることから，単純には比較できないものの，中国は日本の十数倍の受注を獲得していることになる。

一帯一路による政府の支援も受けて，対外直接投資や対外工事請負契約額は

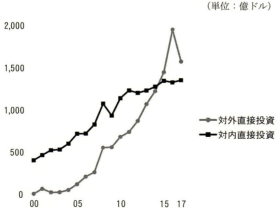

図4-1　中国の対内・対外直接投資の推移
（単位：億ドル）

出所：商務部「中国外資統計公報2018」，商務部・国家統計局・国家外貨管理局「2017年度中国対外直接投資統計公報」を基に作成。

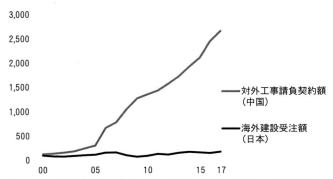

図 4-2　日中の海外での建設工事請負額の推移

（単位：億ドル）

注1：日本は海外建設協会会員（対象 50 社）が海外で受注した建設工事（1件 1,000 万円以上）の合計額（海外法人受注を含む）。
注2：為替レートは 1 ドル＝110 円で算出。
出所：中国は「中国商務年鑑」各年版，日本は海外建設協会資料を基に作成。

今後もさらなる拡大が見込まれている。そういう意味で，「一帯一路」構想は「走出去戦略のアップグレード版」と見ることもできる。

(2)　「一帯一路」構想におけるファイナンスの位置付け

「一帯一路」構想は 2014 年 12 月に開催された「中央経済工作会議」[2]において，正式に中国の発展戦略として認定された。そして，2015 年 3 月の全国人民代表大会（全人代，国会に相当）に提出された「政府活動報告」[3]において，全方位の対外開放の新たな枠組みを構築すべく，「一帯一路共同建設を推進する」という方針が掲げられた。さらに，同月には，「一帯一路」構想のガイドラインともいえる政策文書「シルクロード経済帯と 21 世紀海上シルクロードの共同建設推進のビジョンと行動」（以下，ビジョンと行動）[4]が国家発展改革委員会・外交部・商務部から共同で公表された。

ビジョンと行動を策定した政府 3 部門は「一帯一路」構想の推進において中心的な役割を果たしている。この中で，経済政策全般を担う国家発展改革委員会には，活動の事務局となる「一帯一路建設推進工作指導小組弁公室」がおかれている。また，日本の外務省に相当する外交部が対外援助政策を統括する。

商務部は日本の経済産業省に相当する官庁であるが，対外援助も所管しており，その実施と監督などを担当している。なお，2018年4月には，国家機構改革により，商務部・外交部の対外援助の職責等を統合した国務院直属特設機関として「国家国際発展協力署」が設立された。

ビジョンと行動では，基本理念として，①平和協力，②開放と包摂，③相互学習，④相互利益とウィンウィンが挙げられた。また，「五通」と呼ばれる協力の重点分野として，①政策協調，②インフラ接続，③貿易円滑化，④民心の通じ合いと並んで掲げられたのが「資金融通（ファイナンス）」である。「一帯一路の重要な支え」と位置付けられ，①アジアインフラ投資銀行（Asian Infrastructure Investment Bank：AIIB），新開発銀行（New Development Bank：NDB，通称BRICS銀行）設立の推進，シルクロード基金の運営の加速，②沿線国家政府，信用の高い企業や金融機関による中国国内での人民元建て債券の発行の支持，③条件に合致する国内金融機関や企業による海外での人民元・外貨建て債券の発行，といった方針が打ち出された。

（3）「一帯一路」構想に関わるファイナンス部門の担い手

資金融通において謳われたアジアインフラ投資銀行，新開発銀行，シルクロード基金は，インフラ投資の資金需要に応えるべく，中国の主導により設立された国際開発金融機関および政府系投資ファンドである（表4-1）。中国はこれらの機関の設立により，「一帯一路」沿線国に対するファイナンス機能の強化を図ろうとしている。各機関の概要を見てみよう。

1）アジアインフラ投資銀行（AIIB）

中国が主導する形で発足した国際開発金融機関。2013年10月，アジア太平洋経済協力（Asia Pacific Economic Cooperation：APEC）首脳会議（インドネシア・バリ島）において，習主席が創設を提唱した。目的はアジア各国のインフラ投資等を支援することにより，アジア地域の経済発展と域内経済協力を促進することとされた。

提唱から1年後の2014年10月，参画意向のある21カ国が北京で設立に関わる覚書（Memorandum of Understanding：MOU）を締結。その後，2015年3月末までに加盟の意思を表明した57カ国が創設メンバーとなり，6月に設立

80　第1部　「一帯一路」構想とその意義

表 4-1　一帯一路に関わるファイナンス部門の概要

	アジアインフラ投資銀行 （AIIB）	新開発銀行 （NDB）	シルクロード基金
設立	2015 年	2014 年	2014 年
本部	北京	上海	北京
設立目的	アジア各国のインフラ施設およびその他生産性分野への投資を支援することにより，アジア地域の経済発展と域内経済協力を促進。	BRICS およびその他新興国・途上国のインフラおよび持続的開発関連プロジェクトに資金を動員し，既存の多国間・地域金融機関の取り組みを補完。	一帯一路の枠組みの下で経済貿易協力および多国間の連携に対して投資・ファイナンスを提供して支援し，沿線国・地域との共同発展・繁栄を促進。
代表者	金立群総裁	K・V・カマート総裁	金琦董事長
資本金	1,000 億ドル	500 億ドル	400 億ドル

出所：各種資料を基に作成。

協定を調印し，12 月 25 日に発足，翌 2016 年 1 月 16 日に正式に開業した。資本金は 1,000 億ドル，本部は北京に置かれた。中国は 298 億ドルを出資し，約 3 割の議決権を保有する最大の出資国となったため，75% 以上の賛成が必要となる重要案件では事実上の拒否権を持つ。初代総裁となった金立群・元財政部副部長（次官に相当）はアジア開発銀行の副総裁を経験しており，国際金融の専門家として知られている。

　開業から 3 年を迎えた 2019 年 1 月 16 日現在，加盟国は 93 カ国・地域に増加し，日本と米国の主導により 1966 年に設立されたアジア開発銀行（67 カ国・地域）を上回っている。なお，現時点で日米両国は参加を見送っている。

2）新開発銀行（NDB）

　BRICS[5] 5 カ国が運営する国際開発金融機関で，2013 年 3 月に南アフリカ共和国・ダーバンで開催された第 5 回 BRICS 首脳会合において設立検討が合意された。その後，各国による協議を経て，2014 年 7 月，ブラジル・フォルタレザで開催された第 6 回 BRICS 首脳会合において，資本金 500 億ドルで設立された。

　BRICS 各国およびその他の新興国・途上国のインフラ・プロジェクト等への投融資により，既存の多国間・地域金融機関の取り組みを補完することを目的としている。本部は上海に設置され，初代総裁にはインドの K・V・カマー

ト・元 ICICI 銀行（インド第 2 位の民間銀行）会長が就任した。

3）シルクロード基金

　中国が「一帯一路」構想を支援する目的で設立した政府系投資ファンド。中国投資有限公司，国家開発銀行，中国輸出入銀行等の共同出資により，2014年 12 月に資本金 400 億ドルで北京を本部に創業した。AIIB や NDB のような国際開発金融機関ではないため，中国独自の政策判断で投資先を決定することが可能である。董事長には金琦・元中国人民銀行副頭取が就任した。

　これらの機関に加えて，中国の走出去戦略において，ファイナンス面で重要な役割を担い，「一帯一路」構想に関わるインフラプロジェクトでも同様の役割を果たしているのが国家開発銀行と中国輸出入銀行という政策性金融機関である。国家開発銀行は国内外のインフラプロジェクトへの投融資，中国輸出入銀行は対外援助と輸出信用の供与に携わっている。両行はこれまで，中国の走出去戦略の下で，投融資を急速に拡大させてきた。日本の政策性金融機関である日本政策投資銀行や国際協力銀行と比較しても両行の投融資の規模の大きさがわかる（表 4-2）。

表 4-2　日中の政策性金融機関の比較

	国家開発銀行	中国輸出入銀行	日本政策投資銀行	国際協力銀行
設立	1994 年	1994 年	1951 年	1950 年
総資産	2,470,868	574,499	165,704	185,716
投融資残高（注 1）	1,777,808	433,180	130,395	146,574
純資産（注 1）	200,333	54,136	29,862	25,076
純利益（注 2）	18,901	792	876	416
従業員数	8,939	3,036	1,546	575
国外拠点数	12	5	4	16

単位：億円（国家開発銀行と中国輸出入銀行は 1 人民元＝17.23 円で換算（2018 年 4 月末 TTM
　レート）。
注 1：国家開発銀行と中国輸出入銀行は 2016 年末，日本政策投資銀行と国際協力銀行は 2017 年 3
　　　月末。
注 2：国家開発銀行と中国輸出入銀行は 2016 年暦年，日本政策投資銀行と国際協力銀行は 2016 年
　　　度実績。
出所：各種資料を基に作成。

82　第1部　「一帯一路」構想とその意義

（4）　第13次5カ年計画におけるファイナンスの方向性

　ガイドラインとなるビジョンと行動が策定され，ファイナンス機能を担う
AIIB等の金融機関が設立されたことで，「一帯一路」構想は事実上，構想段階
から実施段階に入った。その上で，「一帯一路」構想の今後5年間の方向性を
示したのが，2016年3月の全人代において採択された「中華人民共和国国民
経済・社会発展第13次5カ年計画要綱（2016〜2020年）」（以下，第13次5カ
年計画）である[6]。

　第13次5カ年計画において，「一帯一路」構想は第11編「全方位開放の新
局面の構築」の第51章「一帯一路建設の推進」に掲げられている。同章は①
「一帯一路」に関する協力メカニズムの整備，②「一帯一路」経済回廊の開通，
③開放的で包摂的な人材・文化交流に関する新局面の共同での構築の3節か
ら構成されている。

　ファイナンスについては，第1節において，①企業を主体，プロジェクト
を基盤とし，さまざまな基金の誘導により，企業および機関が参加する多角的
な融資モデルの構築，②国際機関および金融機関との協力強化，アジアイン
フラ投資銀行，新開発銀行の建設の積極的な推進，シルクロード基金の役割の
発揮による国際資金を利用した開放的，多角的，互恵的な金融協力プラット
フォームの共同構築といった方向性が示されている。

（5）　国際協力サミットフォーラムにみるファイナンスの成果

　一帯一路の成果を具体的に示したのが，2017年5月14〜15日に130カ国以
上が参加して北京で開催された「一帯一路国際協力サミットフォーラム」で
あった。同フォーラムの開催に先立って，一帯一路建設推進工作指導小組弁公
室は5月10日，「一帯一路共同建設：理念，実践と中国の貢献」と題する文書
を発表した。

　本文書は，①時代の呼びかけ，②協力の枠組み，③協力分野，④協力の仕
組み，⑤ビジョン・展望の5部から構成される。ファイナンスに関しては，
③協力分野の中で「中国は一帯一路沿線諸国やその関係機関とさまざまな形
式の金融協力を繰り広げ，金融機関と金融サービスのネットワーク化を図り，
ファイナンス・メカニズムの刷新によって一帯一路建設を支援している」と強

第4章 「一帯一路」構想を巡るファイナンス　*83*

調している。具体的な実績は表4-3の通りである。

　また，一帯一路国際協力サミットフォーラムの終了後には，サミットフォーラムの成果リストが公表された。リストは主に政策協調，インフラ接続，貿易円滑化，資金融通，民心の通じ合いの5大分類をカバーし，大型プロジェクトが76件，具体的成果が270件余りとなっている。このうち，資金融通における成果は表4-4の通りである。

表4-3　一帯一路におけるファイナンス分野の実績

項目	概要
①金融協力メカニズムの結合強化	中国とASEANの金融協力は日増しに緊密化し，ロシア，中央アジアとの金融協力は絶えず深化し，欧州連合（EU）との金融協力のレベルは上昇を続けている。 ASEANと日中韓金融協力メカニズム，上海協力機構財務相・中央銀行総裁会議，中国〜ASEAN銀行連合体および中央アジア・黒海・バルカン地域中央銀行委員会会議などのメカニズムの役割を生かし，金融政策の意思疎通を強めた。 チェンマイ・イニシアチブのマルチ化を推進し，2,400億ドルの地域外貨幣準備を設立し，地域の金融情勢の安定を促した。 中国は2016年1月，欧州復興開発銀行に正式加盟し，ハイレベル往来，協議融資，貿易・投資協力および政策面のコミュニケーションなどの方式を通じて，交流・協力を深めた。
②新しい型の協力プラットホーム構築とファイナンスメカニズムのイノベーション	2015年12月25日，中国の提唱によるアジアインフラ投資銀行（AIIB）が正式に発足した。法定資本1,000億ドルで，地域の相互接続（コネクティビティー）と産業振興を重点的に支援する。2016年末までに，AIIBは9つの案件に17億ドルの貸し付けを行った。対象事業はインドネシア，タジキスタン，パキスタン，バングラデシュなどのエネルギー，交通，都市開発などである。 中国は400億ドルを拠出してシルクロード基金を設立した。初期資本金は100億ドルで，エクイティーを中心にしたさまざまな方式で，一帯一路共同建設のための資金支援を行う。2016年末までに，15案件の契約が結ばれた。契約投資総額累計は約60億ドルで，事業はロシア，モンゴルおよび中央アジア，南アジア，東南アジアなどの地域に及び，インフラ，資源利用，生産能力協力，金融協力などの分野をカバーしている。シルクロード基金はまた，20億ドルを拠出して，中国カザフ生産能力協力基金を設立した。 中国は中国〜中・東欧協同投融資枠組みを提起し，100億ドルのローン，中・東欧投資協力基金を含むさまざまなファイナンスメカニズムが共に力を発揮して，中・東欧地域を支援している。中国工商銀行は先頭に立って中国〜中・東欧金融控股有限公司を設立するとともに，中国〜中・東欧基金を設置した。

項目	概要
③金融機関および金融市場の協力深化	中国政府は開発・政策金融機関が一帯一路金融協力に積極的に参加することを奨励している。 中国の国家開発銀行は一帯一路沿線国と100余りの案件に調印し，総額は400億ドルを超え，融資実行は300億ドルを超えている。 中国輸出入銀行は一帯一路沿線国と1,100余りの案件に調印し，総額は1,000億ドルを超え，融資実行は800億ドルを超えている。 中国輸出信用保険公司は一帯一路沿線国の輸出・投資保険3,200億ドル余りを引き受けている。 2016年末までに，中国資本銀行9行は一帯一路沿線の26カ国に62の出先機関を設置し，一帯一路沿線の20カ国の銀行54行は中国に6現地法人，20支店，40駐在員事務所を設けた。 2017年1月，中国金融先物取引所などがパキスタンのパートナーと協力し，パキスタン証券取引所の株式の30％を取得した。 上海金取引所とドバイ金商品取引所（DGCX）は取り決めに調印し，国際金融市場で初めて「上海金」（上海金値決め価格）を適用した。
④通貨スワップと越境決済の拡大	中国は一帯一路沿線22カ国・地域と総額9,822億元に達する通貨スワップ取り決めに調印した。 ベトナム，モンゴル，ラオス，キルギスと国境貿易自国通貨決済協定を結び，ロシア，カザフスタン，ベラルーシ，ネパールと通常貿易・投資自国通貨決済協定を結んだ。 人民元越境支払システム（CIPS）を設立して，人民元業務に従事する国・地域内外の金融機関にサービスを提供した。
⑤金融監督管理（規制）協力の強化	中国は監督管理能力の了解覚書調印を働きかけ，地域内で高効率な監督管理調整メカニズムをつくり，金融危機の管理と処理のための枠組みを整え，金融リスク共同対応能力を高めた。 2016年末までに，中国人民銀行は42の海外反資金洗浄機関と協力了解覚書に調印し，中国銀行監督管理委員会は29の一帯一路沿線国の金融監督管理当局と2国間監督管理協力了解覚書または協力交換公文に調印し，中国保険監督管理委員会は一帯一路沿線国と監督管理能力了解覚書に調印するとともに，アジア保険監督者フォーラム（AFIR）を立ち上げた。

出所：一帯一路建設推進工作指導小組弁公室「一帯一路共同建設：理念，実践と中国の貢献」を基に作成（2017年5月）。

第4章 「一帯一路」構想を巡るファイナンス　*85*

表4-4　国際協力サミットフォーラムにおけるファイナンス分野の成果リスト

① シルクロード基金の資金を1,000億元増やす。
② 中国は金融機関の海外人民元ファンド業務を奨励するため，約3,000億元を投入し，一帯一路に資金支援を提供する。
③ 国家発展改革委員会は，総資産規模1,000億元，初期投資額100億元の中ロ地域協力発展投資基金を設立し，中国東北地区とロシア極東の開発協力を押し進める。
④ 中国財務省はアジア開発銀行（ADB），アジアインフラ投資銀行（AIIB），欧州復興開発銀行（EBRD），欧州投資銀行（EIB），新開発銀行（NDB），世界銀行グループの6国際開発機関と一帯一路イニシアチブ下での関係分野の協力強化に関する了解覚書に調印した。
⑤ 財政部は国際開発銀行と共に国際開発金融協力センターを設立する。
⑥ 中国・カザフスタン生産能力協力基金が実際に運用され，中国の通信企業の「デジタル・カザフスタン2020」計画参入を支持する協力枠組み合意に調印した。
⑦ シルクロード基金は上海協力機構銀行連合会とパートナーシップの基礎についての覚書調印に同意した。シルクロード基金はウズベキスタン対外経済活動銀行と協力取り決めに調印した。
⑧ 国家開発銀行は一帯一路インフラ特別貸出（1,000億元相当），一帯一路生産能力協力特別貸出（1,000億元相当），一帯一路金融協力特別貸出（500億元相当）を設けた。
⑨ 中国輸出入銀行は一帯一路特別貸出枠（1,000億元相当），一帯一路インフラ特別貸出枠（300億元相当）を設けた。
⑩ 国家開発銀行はフランス公的投資銀行（Bpifrance）と共に中仏中小企業基金に投資するとともに，「株式引き受け取り決め」に調印した。イタリアの預託貸付公庫（CDP）と「中伊合同投資基金了解覚書」に調印した。イランのテジャラット銀行，エジプトのミスル銀行，ハンガリー開発銀行（MFB），フィリピンのメトロポリタン銀行，トルコのジラアト銀行，オーストリアのライファイゼン国際銀行，カンボジアのカナディア銀行，マレーシアのメインバンクと融資，債券引き受けなどの分野の実務協力を行う。
⑪ 中国輸出入銀行はマレーシア輸出入銀行，タイ輸出入銀行など「アジア輸出入銀行フォーラム」のメンバー機関と与信枠についての枠組み合意に調印し，転貸，貿易融資などの分野の実務協力を行う。
⑫ 中国輸出信用保険公司はベラルーシ，セルビア，ポーランド，スリランカ，エジプトなどの同業機関と協力取り決め，エジプト投資・国際協力省，ラオス財政省，カンボジア財政省，インドネシア投資調整庁，ポーランド投資・貿易庁，ケニア財政省，イラン中央銀行，イラン経済財務省など関係国の政府省庁およびサウジアラビア開発基金，トルコのイシュバンク，ガランティ銀行，パキスタンの連合銀行など関係国の金融機関と枠組み協力取り決めに調印した。
⑬ 中国人民銀行は国際通貨基金（IMF）と協力して基金，中国能力建設センターを創設し，一帯一路沿線国に職業訓練サービスを提供する。
⑭ 中国輸出入銀行は国連工業開発機関（UNIDO）と一帯一路沿線国の持続可能な工業発展促進に関する協力についての共同声明に調印した。
⑮ アジア金融協力協会が正式に設立された。
⑯ 中国工商銀行はパキスタン，ウズベキスタン，オーストリアなどの主要銀行と一帯一路銀行協力行動計画を共同発起し，一帯一路の銀行の常態化協力・交流の仕組みをつくった。

出所：一帯一路国際協力サミットフォーラムの成果リストを基に作成。

2. 「一帯一路」構想に対する中国の評価

　ここまで，「一帯一路」構想をめぐる中国の動きについて，ファイナンス面を中心に整理してきた。さまざまな進展がみられる「一帯一路」構想だが，中国側はどのように評価しているのであろうか。構想の公表から5年余りが経過した2018年に開催された全人代の政府活動報告および一帯一路建設推進工作5周年座談会での発言などを基に検証してみよう。

（1）　全人代・政府活動報告における評価

　政府活動報告では，「過去5年の活動の回顧」のパートにおいて「一帯一路建設の成果が顕著に現れ，対外貿易と外資利用の構造最適化が進み，規模で世界の上位を維持した」と強調されている。

　また，「対外開放の基本国策を堅持し，協力・ウィンウィンの実現に力を入れたことで，開放型経済のレベルが顕著に向上した」とも指摘。具体的には，一帯一路共同建設を提唱・推進し，AIIB の創設を主導し，シルクロード基金を設立し，インフラ相互連結や経済貿易協力で一連の重要プロジェクトをスタートさせたことや，第1回一帯一路国際協力サミットフォーラムなどの重要なホームグラウンド外交行事を成功裏に開催したことを挙げている。

　さらに，「2018年の政府活動案」のパートにおいては，「全面的開放の新たな形態の形成推進」の中で「一帯一路国際協力の推進」を掲げ，以下の5点が基本方針として謳われている。

①ともに討議・建設・享受することを堅持し，「一帯一路」国際協力サミットフォーラムの成果（合意事項）をしっかりと実行する。

②国際的大動脈の建設を推進し，沿線諸国との大通関（通関業務効率化）協力を深化する。

③生産能力をめぐる国際協力を拡大し，中国製造・中国サービスの海外進出を促進する。

④対外投資の構造を適正化する。

⑤西部地区・内陸部・国境地域の開放を強化し，経済協力における新境地を開
拓する。

（2）　一帯一路建設推進工作 5 周年座談会における評価

習主席は 2108 年 8 月 27 日，「一帯一路建設推進工作 5 周年座談会」に出席
し重要講話を行った[7]。本講話は，「一帯一路」構想に関する習主席の評価を
最も総括した内容となっている。ポイントと思われる点は以下の通りである。

1）「一帯一路」構想の成果と意義

貿易と投資の自由化・円滑化水準を大幅に引き上げた。関係国の貿易額は累
計で 5 兆ドルを超え，対外直接投資は 600 億ドルを超え，地元のために 20 万
人余りの雇用を創出した。

一帯一路は経済協力だけでなく，グローバルな発展モデルとガバナンスを整
備し，経済グローバル化の健全な発展を推進するための重要な方途でもある。

また，一帯一路は地政学的連盟や軍事同盟ではない。開放・包摂を進めるも
ので，扉を閉じた小さなグループや「中国クラブ」をつくるものではない。イ
デオロギーで分けるものでも，ゼロサムゲームをやるものでもなく，いずれの
国も意思があるなら，われわれはみな歓迎する。

2）「一帯一路」構想の今後の方向性

5 年間の基礎固めと骨格づくりを経て，一帯一路共同建設は着地・定着し，
持続的発展の段階に向かって突き進んでいる。

新しい発展理論を貫き，力を集中し，資源を整理統合し，インフラなどの重
大プロジェクト建設と生産能力協力を重点として，重大プロジェクト，金融サ
ポート，投資環境，リスク管理制御，安全保障などのカギとなる問題をきちん
と解決し，この活動を深く推進し，実効あるものにしなければならない。

3）「一帯一路」構想の問題点・課題

過去数年の一帯一路共同建設で全体のレイアウトが完成し，「素描画」が出
来上がった。今後は精巧できめ細かな「細密画」を作り上げなければならな
い。以下の 3 つの面で工夫を凝らすことが必要である。

①プロジェクト建設：活動の仕組みを確立し，付帯支援を充実させ，プロジェ
クトで積極的進展が得られるよう全力を挙げて後押しし，地元の民衆が利益

88 第1部 「一帯一路」構想とその意義

を受ける民生プロジェクトを実施することに留意する。

②市場開拓：より多くの貿易促進プラットフォームを構築し，有力企業が沿線国で投資協力を行うよう誘導し，越境電子商取引など貿易の新業態，新モデルを発展させ，貿易均衡を重んじる。

③金融保障：「一帯一路」共同建設を金融で支えるための政策体系の構築を急ぎ，人民元の国際化を秩序よく推進する。

加えて，海外リスク防止を高度に重視し，安全リスク防止体系を整備し，海外安全保障・リスク対応能力を全面的に高めなければならない。

（3）　国務院新聞弁公室の記者会見における評価

習主席の座談会当日に，国務院新聞弁公室は一帯一路共同建設の5年間の進捗状況と今後の展望に関する記者会見を関連部門と共同で開催した[8]。

会見において，国家発展改革委員会の寧吉喆副主任（一帯一路建設推進工作指導小組弁公室副主任も兼務）は，「提起から5年，一帯一路建設は理念・ビジョンから現実の行動に転換し，大きな進歩を遂げた」と指摘。5年間の実績について，ファイナンス分野では，中国は17カ国と「一帯一路融資指導原則」を合意し，金融機関の海外展開が加速され，11行の中資系銀行が71カ所に拠点を設立したことや，アフリカ開発銀行，米州開発銀行，欧州復興開発銀行等の国際開発銀行と協調融資協力を展開したことなどを挙げた。

その上で，寧副主任は「5年間の実践は，一帯一路共同建設が時代の潮流と発展の方向に適応し，国際的な認識も日増しに強まり，協力パートナーもさらに多くなり，影響力も持続的に拡大したことを示している」と評価した。

他方，寧副主任は「現在の世界経済の発展には多くの不確実性と不安定要因があり，国際環境も刻々と変化しており，一帯一路共同建設も多くのリスクに直面している」と強調。具体的には「個々の国が個々の面で一帯一路構想を疑問視しており，中国企業の海外投資や経営もいくつかの困難な問題に直面している」と指摘した。

加えて，寧副主任は「我々は，客観的・理性的に，取得した成果と直面する困難を判断し，発展と協力によって問題を解決し，保障体系と国際競争メカニズムを絶えず整備し，一帯一路共同建設をさらに推進していく」と表明した。

第4章 「一帯一路」構想を巡るファイナンス　*89*

3. 「一帯一路」構想の今後の展望

　ここまで，ファイナンス面を中心に，「一帯一路」構想をめぐる中国の動向を整理しつつ，その評価について検証してきた。中国は「一帯一路」構想について，一定の評価を行っているものの，いくつかの問題点や課題にも直面している。本章の締め括りとして，関係者へのヒアリング結果も踏まえながら，「一帯一路」構想の今後の方向性を考察する。

（1）　見直し段階を迎える「一帯一路」構想

　「一帯一路」構想については，数量的な目標があるわけではないので，これまでの成果については客観的に評価しにくいところはあるが，現在，中国政府内では，カントリーリスクも含めて全面的な見直しが行われている模様である。「一帯一路」構想の政策策定に関わる政府関係者へのヒアリングによると，積極的に推進するというステージは2017年で完全に終わり，2018年以降は「一帯一路をそろそろ見直そう」という雰囲気が感じられるという。ある関係者は「沿線国において安全保障の懸念が顕在化している。インフラ建設を推進する中で，国ごとに建設ルールが異なるケースも少なくない。金融リスクをいかに防ぐかも重要な課題である」と述べている。

　こうした見直し機運の背景にあるのが，「一帯一路」構想に対する国内外からのさまざまな批判である。中国は「一帯一路」構想の下，これまでカントリーリスクが比較的高い国・地域でもプロジェクトを実施してきた（それ故に歓迎されていた面もある）。しかし，様々なリスクに直面し，プロジェクトが円滑に運営されない事例も散見されている。例えば，パキスタンの道路建設プロジェクトでは汚職を理由に中国側がファイナンス供与を一時停止した。また，インドネシアの高速鉄道プロジェクトでは当局による土地収用が進まず，工事が大幅に遅延した。

　このため，中国国内からは「援助も含めて資金は投入しているが，収益性の問題等，経済合理性に欠けるプロジェクトを推進することはいかがなものか」

という懸念の声が表面化しつつある。その1つが，無計画な対外債権の拡大に対する警戒である。中国のあるシンクタンクが，すでにコミットした対外債権がすべて不良債権化した場合，国家の金融システムにかかる負担を計算したところ，これ以上対外債権を増やすべきではないという結論になったとされており，そういう主張をする有識者は決して少なくないという。

また，国内にまだ相当の貧困者を抱える中で，対外的な不良債権の増加に対する批判もかなりあるとされる。さらに，中国企業がプロジェクトを獲得した裏には賄賂があり，儲かっているのは相手国の政治家だけなのが実態ではないか，という指摘もあるという。

（2）　中国債務のわなに対する批判

他方，対外的には，「一帯一路」構想の覇権主義に対する警戒感が沿線国および欧米諸国から高まりつつある。「一帯一路」構想は政治的には沿線国に資金を提供するという上からの指示もあって，下が「実績」ありきで動いてプロジェクト案件を推進したもので，必ずしも体系的・戦略的なものではなかったと指摘されている。すなわち，統一的な指揮の下で推進されたものではなかったため，個々のプロジェクトによっては，権益確保が中国の狙いと指摘されるような案件が散見されることとなった。

中国側はプロジェクトの契約時にリスクヘッジで権益を担保に取っていたが，返済が滞った際に，権益を取らないとプロジェクトの投資が回収できないことになり，担保に取得したことで，各方面から批判を浴びる結果となった。こうした案件は，先に国有企業がプロジェクトに参画して失敗し，政府が介入せざるを得なくなり，収拾方法を模索するうちにこのような結果になったのが実情のようだ。

例えば，スリランカのハンバントタ港の開発では，債務返済の代わりに港湾権益を長期租借したことが，いわゆる「中国債務のわな」であると批判された。しかし，本案件にはスリランカの内政問題も絡んでいる。同国は政権交代後，当初は前政権を批判し，いったんプロジェクトを中止するとした。とはいえ，投資を受け入れ，施設は完成し，債務も発生している中で，結局はどうやってその債務を返済するかという結論にならざるを得なかった。そうなった

時に外交部が交渉し，担保として港湾権益を租借するという話に落ち着いて，現政権もそれを受け入れたということになっている。中国は必ずしも当初から，中国債務のわなを狙ってプロジェクトを実施したわけではなかった。

スリランカは前大統領が実績づくりのために投資を受け入れ，中国も返済能力も考慮せずに，プロジェクトを実施したことで，結果的に経済植民地化のような形になり，中国側にも受け入れ国側にも問題がある案件となった。とはいえ，沿線国および欧米諸国が相当反発している中で，関係を決定的に悪化させてまでプロジェクトを進めるかというと，そこまでの外交リスクは中国としては取れないし，取りたくないというところである。そういう国内外の批判の声がある中で，これまでのように積極的にプロジェクトを推進していくことは困難になっているのが現状である。

（3）　ファイナンスをめぐる問題点

中国は経済協力開発機構（Organization for Economic Co-operation and Development：OECD）の開発援助委員会（Development Assistance Committee：DAC）に加盟しておらず，主要先進ドナー国間で設けられた国際的な枠組みに依拠せずに，独自の対外援助政策を実施してきた。中国の政策性金融機関が海外インフラプロジェクトで供与しているファイナンスには，タイドローン（ひも付き融資）で中国企業の工事受注等が条件になっているケースが少なくないとされる。

他方，援助受入国側にとっては，中国が政府開発援助（Official Development Assistance：ODA）供与に当たってさまざまな条件を付けないこと，中国企業によるインフラ投資コストが比較的安価だったことで，容易に受け入れることが可能だった。こうした背景もあり，中国企業はコスト競争力に加え，政策性金融機関によるファイナンスのサポートも得て，インフラ受注を急拡大してきた。

問題は，商業借款より利率は低いとはいえ，政策性金融機関がODAにおける有償資金協力を上回る金利を取っており，これが借入国の返済を困難にしていることである。こうした状況からの転換も狙って，中国はAIIBを設立したわけだが，同行は当初の予想ほどプレゼンスを示せていない。

92 第1部 「一帯一路」構想とその意義

　AIIBによれば，2018年末までに同行が承諾した投融資案件は13カ国・34件で，総額は75億ドルとなっている（表4-5）。そのうち単独融資は12件，金額は32億ドルにとどまっている。案件の発掘・審査に関わる体制がまだ十分に整備されていないことがうかがわれる。

表4-5　AIIBの投融資承諾案件リスト

（単位：100万ドル）

	承諾日	国名	プロジェクトの内容	金額	うちAIIB分	協調融資
1	2016/6/24	タジキスタン	道路補修	106	28	欧州復興開発銀行（63）
2	2016/6/24	バングラデシュ	配電設備改修・拡充	262	165	単独融資
3	2016/6/24	パキスタン	高速道路	273	100	アジア開発銀行（100）
4	2016/6/24	インドネシア	国家スラム改善	1,743	217	世界銀行（217）
5	2016/9/27	パキスタン	水力発電所拡張	824	300	世界銀行（390）
6	2016/9/27	ミャンマー	ガス火力発電所	349	20	国際金融公社，アジア開発銀行
7	2016/12/8	オマーン	商業ターミナル・操業ゾーン開発	353	265	単独融資
8	2016/12/21	アゼルバイジャン	天然ガスパイプライン	8,600	600	世界銀行（800），EIB（1,300），EBRD（500）
9	2017/3/22	インドネシア	地方インフラ開発基金	406	100	世界銀行（100）
10	2017/3/22	インドネシア	ダム改修・安全性向上	300	125	世界銀行（125）
11	2017/3/22	バングラデシュ	天然ガス・インフラ効率化改善	453	60	アジア開発銀行（167）
12	2017/5/2	インド	電力システム改造	571	160	世界銀行（240）
13	2017/6/15	ジョージア	道路拡張	315	114	アジア開発銀行（114）
14	2017/6/15	インド	インフラ開発ファンド	750	150	民間投資家
15	2017/6/15	タジキスタン	水力発電所改良	350	60	世界銀行（226），ユーラシア開発銀行（40）
16	2017/7/4	インド	道路建設	658	329	単独融資
17	2017/9/4	エジプト	太陽光発電所建設（計11件）	755	210	国際金融公社等
18	2017/9/27	インド	電力網改造	303	100	アジア開発銀行（50）
19	2017/9/27	IFC	IFC・エマージングアジア基金	640	150	国際金融公社（150）
20	2017/9/27	フィリピン	洪水対策	500	208	世界銀行（208）

第4章 「一帯一路」構想を巡るファイナンス　93

	承諾日	国名	プロジェクトの内容	金額	うち AIIB分	協調融資
21	2017/12/8	インド	地下鉄	1,785	335	欧州投資銀行（583）
22	2017/12/8	オマーン	ブロードバンドインフラ	467	239	単独融資
23	2017/12/8	中国	大気汚染改善	761	250	単独融資
24	2018/2/9	バングラデシュ	ボーラ IPP	271	60	単独融資
25	2018/4/11	インド	道路接続	502	140	世界銀行（210）
26	2018/6/24	インド	国家投資インフラ基金	600	100	単独融資
27	2018/6/24	トルコ	ガス貯蔵拡張	2,735	600	世界銀行（600），イスラム開発銀行（350），商業ローン（450）
28	2018/6/24	インドネシア	灌漑現代化および緊急修復	578	250	世界銀行（250）
29	2018/9/28	インド	農村道路	666	455	単独融資
30	2018/9/28	エジプト	農村衛生サービス	694	300	世界銀行（300）
31	2018/9/28	トルコ	持続可能エネルギー・インフラローン・ファシリティー	200	200	単独融資
32	2018/12/7	インドネシア	都市・観光インフラ	317	248	単独融資
33	2018/12/7	インド	都市給水および漏水管理の改善	570	400	単独融資
34	2018/12/18	アジア	アジア ESG 強化クレジット管理ポートフォリオ	500	500	単独融資
	合計			29,157	7,537	

出所：AIIB ウェブサイト（https://www.aiib.org/en/projects/approved/index.html）を基に作成。

　他方，AIIB は当初，世界銀行やアジア開発銀行等，従来の国際金融機関と対抗しつつ，中国の外交を側面から支える動きをとるのではないか，という懸念もあったが，そうした懸念は今のところ顕在化していない。この背景には，国際的な注目が集まったことで，融資審査における説明責任や透明性が増したこともあると考えられる。現状では，国際金融機関として，グローバルスタンダードに配慮した融資が実行されていると見られる。従って，AIIB などの国際金融機関による融資を活用できれば，国際スタンダードで融資することから批判も起きにくいし，返済も円滑に行われることが期待できるといえよう。

（4） 中国企業に対するコントロール

「一帯一路」構想では，政府が関わる分野以外では，通常の商行為が展開されているとされる。中国の民間企業の見解の代表例は「海外進出に対して政府が支援を提供してくれることはない」というものであり，同分野では，ビジネス基準で企業活動が進められているとみて間違いない。

中国企業による投資はいまだに続いており，それなりにプロジェクトの採算性は考えられている。とはいえ，「一帯一路」構想の沿線国はカントリーリスクが高い国が少なくないだけに，プロジェクトが具体化していく中で，さまざまな問題が顕在化してきたことも事実である。企業の独立性という問題はあるものの，中国企業の動向をいかにコントロールしていくかも今後の課題とされている。

むすびに代えて

中国は一帯一路を3つのステップを踏んで進めてきた。第1に関連国・地域とMOU等を締結する，第2に協力メカニズムの構築・計画策定を行う，第3に具体的なプロジェクトを実施する，である。こうしたプロセスを進める中で，一帯一路は現在，まさに「転換期」を迎えており，1つの大きなターニングポイントに直面している。

中国政府は一帯一路の見直しに着手しており，商務部・外交部の対外援助の職責等を統合した国家国際発展協力署の設立をはじめとする行政改革に取り組んだり，資金の流れを整理する中で，運用自体の正常化を図ろうとしている。しかし，新設された国家国際発展協力署は，現状では全体の方向性を決めるだけで，調整能力がなく，政策性金融機関に対する指揮権もない。そういった問題も解決しつつ，今後どのような見直しが行われるのか，が注目される。

こうした中，2019年4月26～27日に開催された第2回「一帯一路国際協力サミットフォーラム」において，習主席は「われわれは各方面に広く支持される国際ルール・基準に従い，同時に各国の法律・法規を尊重する」と表明。「中国債務のわな」などの批判に応える意向を示した。

第4章　「一帯一路」構想を巡るファイナンス　　*95*

　中国の政策策定は，日本のように最初から細部を詰めつつ精緻なものを作り上げようとするのではなく，大きな理念や目標を掲げ，まずはやってみて，必要があればその都度修正するという思考回路で進められてきた。「一帯一路」構想についても，中国はさまざまな要素を取り入れつつ，その内容を修正してきたし，今後も変化させていくものと見られる。そうした中で，中国が国際社会の批判を踏まえつつ，国際スタンダードに合致したプロジェクトの推進に転換していくことが期待される。

注
1）報告書はアジア開発銀行のウェブサイト（https://www.adb.org/ja/publications/asia-infrastructure-needs）で閲覧可能。
2）中国共産党と国務院（内閣）が毎年12月頃，翌年の経済政策運営の基本方針を決定するために開催する重要会議。
3）全人代初日に国務院総理が読み上げる文書。所信表明演説に相当し，当該年度の経済・社会政策の基本方針を決定する文書として重視される。
4）原文については国家発展改革委員会のウェブサイト（http://www.ndrc.gov.cn/gzdt/201503/t20150328_669091.html）で閲覧可能。
5）ブラジル，ロシア，インド，中国，南アフリカ共和国の5カ国の英語の国名をつなぎ合わせた造語。著しい経済発展を遂げ，21世紀に大きな成長が期待される国々として，米国の投資銀行，ゴールドマン・サックスのエコノミストであるジム・オニール氏によって2001年11月に書かれた投資家向けレポート「Building Better Global Economic BRICs」で初めて用いられ，世界中に広まった。
6）中国の経済・社会に関する様々な政策領域における国家目標を定める総合計画で，5年間の経済・社会政策の基本方針を示す。なお，計画の本文については中国網のウェブサイト（http://www.china.com.cn/lianghui/news/2016-03/17/content_38053101.htm）で閲覧可能。
7）「新華社」2018年8月27日付（http://www.gov.cn/xinwen/2018-08/27/content_5316913.htm）。
8）詳細は中華人民共和国中央人民政府のウェブサイト（http://www.gov.cn/xinwen/2018-08/27/content_5316921.htm#1）で閲覧可能。

参考文献
（日本語）
アジア開発銀行（2017）「Meeting Asia's Infrastructure Needs」2017年2月。
科学技術振興機構中国総合研究交流センター（2016）「中国『一帯一路』構想および交通インフラ計画について」2016年3月。
経済産業省（2016）「平成27年度インフラシステム海外展開促進調査等事業（新興国におけるインフラ投資推進に向けたニーズ調査事業）」2016年3月。
日本貿易振興機構アジア経済研究所（2018）「中国『一帯一路』構想の展開と日本」2018年3月。

（外国語）
国家発展改革委員会・外交部・商務部（2015）「シルクロード経済帯と21世紀海上シルクロードの共同建設推進のビジョンと行動」2015年3月。

第2部

「一帯一路」構想と世界

第5章

「一帯一路」構想と ASEAN 連結性
—ASEAN としての取り組みと中国への期待—

春日　尚雄

はじめに

　2013 年に中国によって打ち出された「一帯一路」構想（Belt and Road Initiative：BRI）において，インド，中国に挟まれた東南アジア地域の占める地政学的，戦略的意味あいは大きい。同構想はユーラシア大陸の広域インフラ整備などを含めて目指しているが，ASEAN 加盟国の中ではベトナム，ラオス，ミャンマーが中国と国境で接し，また中国の国家戦略上の概念である第一列島線および南シナ海における動向でもフィリピン，ベトナムなどが直接影響を受ける状況にもある。BRI のもつ経済協力の側面について ASEAN 加盟国は概ね BRI に期待しており，2017 年 5 月の北京における一帯一路国際協力サミットフォーラムにおいても，高速道路・鉄道，工業団地，港湾，電力，空港拡張あるいは製造業のプロジェクトについて中国と ASEAN 各国との間で署名がおこなわれた。こうした ASEAN 域内における BRI 各案件の展開については，進展しているケース，停滞しているケース，政権交代で見直されているケースなど様々である。

　一方，ASEAN 地域統合の流れの中では ASEAN 経済共同体（AEC）が 2015 年 12 月に創設されたが AEC の重要な要素として，交通運輸を中心とした ASEAN 連結性（connectivity）の強化があげられてきた。具体化にあたっては 2010 年の ASEAN 連結性マスタープランおよびブルネイ行動計画において，連結性を分類，定義し，交通インフラに関する優先プロジェクト・課題や，陸上輸送，航空，海上輸送，交通円滑化，の 4 セクターにおける具体的な

100　第2部　「一帯一路」構想と世界

目標などを示しさまざまな推進がなされた。さらに AEC 形成後 10 年後の
2025 年を目指す AEC2025 ブループリントが出され，クアラルンプール交通戦
略計画（KLTSP），ASEAN 連結性マスタープラン 2025（MPAC2025）が次
期計画の具体化に向けて示された。また陸の ASEAN ともいえるメコン地域
においては，アジア開発銀行（ADB）が推進したサブリージョナルなプロジェ
クトである GMS 経済回廊整備計画が開始から 25 年以上を経過し，主たる目
標である陸路クロスボーダー（越境）交通インフラ整備が，企業物流の求める
レベルで一部機能し始めている段階である。

　本章においては，こうした ASEAN の枠組みあるいはメコン地域における
交通インフラ整備による連結性強化への取り組みについて論じ，その上で事例
として，ミャンマーにおける近年の交通インフラ整備と中国との連結性強化，
加えてヤンゴン郊外で稼働が始まっているティラワ工業団地の状況を現地調査
に基づいて紹介し，改善しつつある各種インフラとミャンマーの周辺国とのサ
プライチェーン構築と外国資本を中心とした企業進出の可能性について論じる
ことにする。

1.　ASEAN 地域経済統合と ASEAN 連結性への取り組み

（1）　分野が拡大する AEC2025 における連結性

　AEC ブループリントにおける戦略目標を比較すると，AEC2015 が 4 つの戦
略目標として，A. 単一の市場と生産基地，B. 競争力のある経済地域，C. 公平
な経済発展，D. グローバル経済への統合，であったのに対して，AEC2025 で
は 5 つの戦略目標として，A. 高度に統合され結合した経済，B. 競争力のある
革新的でダイナミックな ASEAN，C. 高度化した連結性と分野別協力，D. 強
靱で包摂的，人間本位・人間中心の ASEAN，E. グローバル ASEAN，となっ
ている。このように戦略目標レベルでも ASEAN 域内における連結性を強化
することを強調しており，AEC2025 ブループリントと統合戦略的行動計画
（Consolidated Strategic Action Plan：CSAP）で示されている「C. 高度化した
連結性と分野別協力（Enhanced Connectivity and Sectoral Cooperation）」（主

要9分野，戦略的措置51項目，主要行動計画223）は，AEC2015に比べて連結性については大幅に概念を拡大し，交通運輸に限らず含む広い分野となっている。具体的にはC.にあげられている分野（コア・エレメント）として，C1 交通運輸（77），C2 情報通信技術（28），C3 電子商取引（8），C4 エネルギー（32），C5 食糧・農業・林業（20），C6 観光（12），C7 ヘルスケア（18），C8 鉱物資源（13），C9 科学技術（15），（カッコ内はCSAPの主要行動計画数）となっている（ASEAN Secretariat 2017:23-38）。

　分野拡大が示されている一方，これまで連結性の主要分野となっている交通・運輸分野に焦点を絞れば，主に「物理的連結性」と「制度的連結性」がある。2010年の連結性マスタープラン（MPAC2010）と2015年のAEC2025ブループリントによれば，対象となる協力は交通・輸送インフラ（ハードインフラ）と，それに関連する交通や貿易の手続きなどの円滑化（ソフトインフラ）が中心となっている。ASEANにおいての連結性強化の概念は，AECの成否にも直結するものとして重要視されるようになった。これは2010年にはほぼ完成されたAFTAの関税削減・撤廃の成果と共に，インフラ整備を主とする連結性の強化が密度の高い生産ネットワークの構築を通じてASEANへの外国投資を担保する競争力強化の柱として考えられたことでもある。物理的連結性が主に道路，港湾などハードインフラの整備であり，制度的連結性が交通協定や手続き簡素化などによる貿易円滑化・自由化のためのソフトインフラ整備として進められてきている。

（2）　MPAC2025などにおける連結性の変質

　ASEAN2025の交通分野に関する主要な目標や計画の概要については，AECブループリント2025の後に発出された2015年12月のクアラルンプールASEAN交通戦略計画（Kuala Lumpur Transport Strategic Plan-ASEAN Transport Strategic Plan 2016-2025:KLTSP）で，① 陸上輸送，② 航空，③ 海上輸送，④ 交通円滑化，に加えて⑤ 持続可能な交通，が追加された。2016年9月の連結性マスタープラン2025（MPAC2025）では従前のMPAC2015に5つの戦略目標が追加されている。

　MPAC2025の5つの戦略目標としては，第1は「持続可能なインフラ」で

あり，上記にも示したように特に物的な整備についてはPPP（官民連携）やインフラ・ファイナンスの効率性や環境配慮などが求められる点である。第2は「デジタル・イノベーション」で，中小企業のデータ・ネットワークなどの整備を想定している。第3は「シームレスなロジスティクス」で，取引のルートやロジスティクスを検証して改善することでコスト削減などにつなげるとしている。第4は「規制の優越（regulatory excellence）」であり，以前から問題となっていた円滑化の阻害要因である各種の非関税措置を取り除くことなどを法的に実施することを想定している。第5は「人の移動」であり，（域外外国人を含む）旅行者の域内移動の簡素化，あるいは熟練労働者・留学生の増加などを目指したものである。またMPAC2010において125あったイニシアティブのうち，52が完了されておらずMPAC2025において引き次がれることが明記されている。さらに2017年2月のAEC2025統合戦略的行動計画（CSAP）で，C1交通運輸の内容をさらにみると① 陸上輸送（23），② 航空輸送（10），③ 海上輸送（22），④ 輸送円滑化（12），⑤ 持続可能な輸送（10）（カッコ内はCSAPの主要行動計画数）となっている。

（3）　ASEAN交通円滑化協定の進展とASEAN税関貨物通過システム

「陸のASEAN」を中心とした陸上交通に関しては，道路整備のようなハードインフラに比べてソフトインフラが相対的に遅れているとされており，越境道路網を整備した際の国境における通関，トランジット手続きや貨物の積み替えの必要など，円滑な越境交通を阻害する課題がある。ASEAN交通円滑化協定は長い経緯があり，「通過貨物円滑化に関する枠組み協定（ASEAN Framework Agreement on the Facilitation of Goods in Transit：AFAFGIT）」は1998年12月に署名され，2000年10月には全加盟国で批准され発効している。但し越境交通路の指定など，その実施に必要な事項の詳細は9つの附属議定書（Protocol）においてそれぞれ定めるとされている（表5-1）。

　長らく最終化が遅れていたトランジット協定であるAFAFGITの9つの附属議定書であるが，この2年ほどで進展したのは，① Protocol 1（越境交通路の指定と施設）について全加盟国が批准し発効した，② Protocol 2（国境交易所・事務所）について2018年5月に加盟国の署名がされた，③ Protocol 7（ト

第 5 章 「一帯一路」構想と ASEAN 連結性　　*103*

表 5-1　ASEAN 交通円滑化協定の署名・批准状況

附属議定書		署名	批准・発効
AFAFGIT（通過貨物円滑化に関する枠組み協定）		1998 年 12 月署名	2000 年 10 月発効
Protocol 1	Designation of Transit Transport Routes and Facilities（越境交通路の指定と施設）（輸送）	2007 年 2 月署名	全加盟国が批准 2018 年発効
Protocol 2	Designation of Frontier Posts（国境交易所・事務所）（通関）	2018 年 5 月署名	――
Protocol 3	Types and Quantity of Road Vehicles（道路運送車両の種別及び数）（輸送）	1999 年 5 月署名	全加盟国が批准 2010 年 4 月発効
Protocol 4	Technical Requirements of Vehicles（車両の技術的要件）（輸送）	1999 年 5 月署名	全加盟国が批准 2010 年 4 月発効
Protocol 5	ASEAN Scheme of Compulsory Motor Vehicle Insurance（強制車両保険）（輸送）	2001 年 4 月署名	全加盟国が批准 2003 年 10 月発効
Protocol 6	Railways Border and Interchange Stations（鉄道の国境駅・積替え駅）（ACTS パイロット除外）	2011 年 4 月署名	ブルネイ，インドネシア，ラオス，マレーシア，フィリピンが未批准
Protocol 7	Customs Transit System（トランジット通関）（輸送）	2015 年 2 月署名	9 カ国が批准
Protocol 8	Sanitary and Phyto-sanitary Measures（衛生植物検疫措置）（ACTS パイロット除外）	2000 年 10 月署名	全加盟国が批准 2011 年 1 月発効
Protocol 9	Dangerous Goods（危険物）（ACTS パイロット除外）	2002 年 9 月署名	マレーシアが未批准
AFAMT（マルチモード輸送に関する枠組み協定）		2005 年 11 月署名	ブルネイ，マレーシア，シンガポールが未批准 2008 年 8 月発効
AFAFIST（国際輸送円滑化に関する枠組み協定）		2009 年 12 月署名	マレーシアなど 4 カ国が未批准　2011 年 12 月発効

注：2018 年 5 月現在。ACTS パイロットフェーズはタイ，マレーシア，シンガポールの間で 2016 年 11 月～2017 年 4 月まで実施。
出所：ASEAN 事務局などを基に作成。

ランジット通関）について批准国が 8 カ国となった，ことである。Protocol 2 は，AFAFGIT 第 7 章において隣国との国境交易所・事務所が隣り合うことで，貨物検査などを合理的，円滑に行えるよう努めることとしている。Protocol 3 は，AFAFGIT 第 9 章において自国内で越境運送を行うことを認めるべきことが定められており，その際に使用できる道路運送車両の種別及び数

を定めている。Protocol 7 は，AFAFGIT 第 18 条でトランジット越境時の税関システムを定めるとしている。これによって，AFAFGIT の基本的な輸送に関する附属議定書（Protocol 1, 3, 4, 5）がすべて署名，批准，発効が完了したことになる。

　こうした AFAFGIT に代表される ASEAN 交通円滑化協定の進展を受けて，ASEAN はこれまで準備されてきた ASEAN 税関貨物通過システム（ASEAN Customs Transit System：ACTS）の具体的な構築段階に入っている。EU の支援を受けた ACTS 開発計画は，フェーズ 1，フェーズ 2 に分かれており，フェーズ 1 は南北経済回廊を延伸したタイ，マレーシア，シンガポールのルートであり，フェーズ 2 は東西経済回廊を延伸したベトナム，カンボジア，ラオス，ミャンマーのルートにおける実施が想定されている。試験運用を兼ねてパイロットフェーズが 2016 年 11 月から 2017 年 4 月の 6 カ月間であるが，タイ，マレーシア，シンガポールの 3 カ国間で実施された。但し，パイロットフェーズでは Protocol 6, 8, 9 は運用の対象外とされた [1]。

2. ASEAN 連結性とサブリージョナル枠組み

（1） GMS プログラムと経済回廊構想のアップグレード

　現在では「陸の ASEAN」とも呼ばれるメコン川流域地帯・国であるが，大メコン圏（Greater Mekong Sub-region：GMS）における経済協力を目的とした GMS プログラムは，比較的早く 1992 年タイ，カンボジア，ラオス，ミャンマー，ベトナム，中国（雲南省のちに広西チワン自治区も参加）の地域 6 カ国でスタートした。アジア開発銀行（ADB）のイニシアティブが大きく，ADB は多くの開発資金の投入と事務局としての役割を果たした。GMS プログラムにおける主要プロジェクトは予算の約 80％を投入してきた道路インフラ整備であり，沿海部の開発も含まれてはいるが基本的に内陸部の開発に主眼をおいている。そして参加国の積み出し港につながる 3 大経済回廊が中心となって整備されてきた。こうした GMS 経済回廊による道路開発と地域へのインパクトについては，藤村（2016），石田（2019）において詳述されている。

第5章 「一帯一路」構想とASEAN連結性　*105*

図 5-1　新 GMS 経済回廊ネットワーク路線図

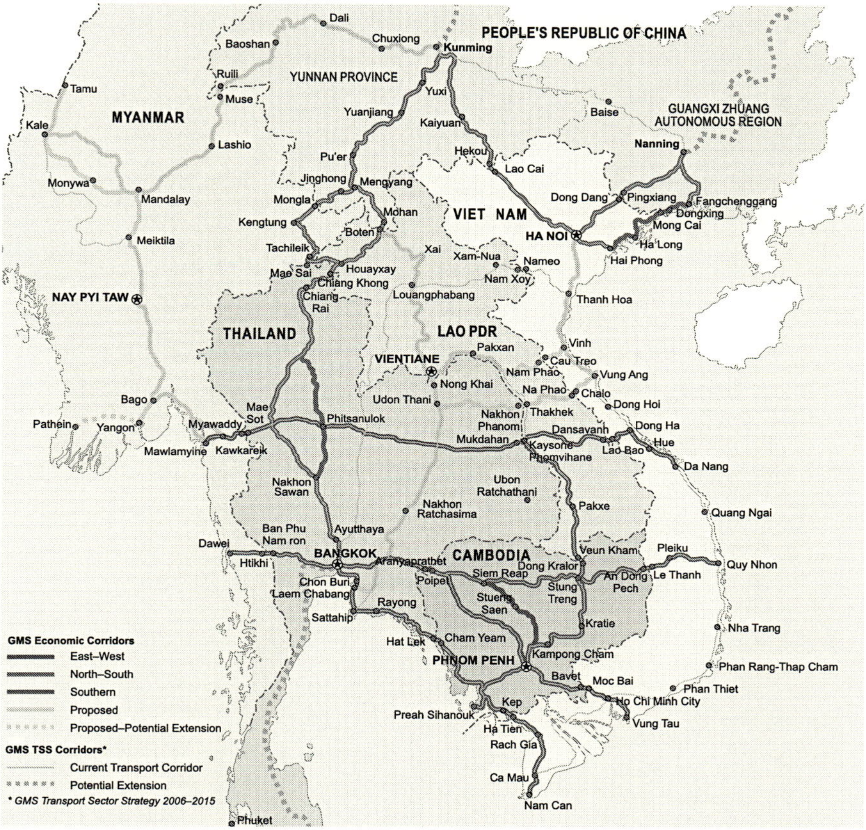

出所：ADB（2018）。

　サブリージョナル・経済協力イニシアティブである GMS プログラムと，地域経済統合を目指す ASEAN の枠組みとの関係では，GMS 第 1 回首脳会議が 2002 年 11 月にプノンペンで開催されたが，同会合の直前に開かれた ASEAN 首脳会合，ASEAN ＋日中韓（ASEAN ＋ 3）首脳会合においては，「ASEAN 統合のための GMS 計画との協調」が表明された。これによって GMS プログラムで進められてきたインフラ整備が，ASEAN 統合のための要素として融合される流れとなり，これ以降 AEC の交通・運輸に関する目標・計画において

も包含されることになる。近年においては，2017年9月のGMS閣僚会議で採択されたハノイ行動計画（Hanoi Action Plan：HAP）（対象期間2018－2022年）において，2018年以降の主要な取り組みの方向性を再定義したが，ASEANとの連携強化などをめざし，総額635億ドル，222事業からなるGMS地域投資枠組み（RIF2022）が定められた[2]。ここではAEC2025に向けて進められている統合措置と連携を深めつつ，個別案件を実施する事務局機能を強化するとされている。

　これまで道路ネットワーク網となったGMS経済回廊の路線は，数次に渡って見直されており，ADBの当初計画に比べると支線の増加と延伸が反映されてきている。直近では2018年3月のハノイで開催された第6回GMSサミットを経て，これまで名称を含めて複雑化していた路線の見直しがGMS経済回廊CBTA指定ルートの呼称変更と拡大として承認された。（表5-2）

　GMS経済回廊には，これまでの「南北経済回廊」と「南部経済回廊」以外の支線についてもさまざまな名称が付けられていたが，それらを整理しナンバ

表5-2　南北経済回廊（NSEC）および南部経済回廊（SEC）ルートの見直し

	新名称	ルート
1	NSEC 1	昆明－ラオスおよびミャンマールート－チェンライ－バンコク
2	NSEC 2	昆明－ボーテン－ルアンパバン－バンビエン－ビエンチャン－ノンカイ－ウドンタニー－ナコンラチャシマ－レムチャバン
3	NSEC 3	昆明－ハノイ－ハイフォン
4	NSEC 4	南寧－ハノイ
5	NSEC 5	昆明－ムセ－マンダレー－ヤンゴン－ティラワ
6	NSEC 6	マンダレー－タムー
7	NSEC 7	レムチャンバン－バンコク－ナコンラチャシマ－ウドンタニー－ナコンパノム－ターケーク－ナーパオ－ヴンアン－ハノイ
8	NSEC 8	ビエンチャン－パクサン－ヴィン－ハノイ
9	SEC 1	ダウェイ－バンコク－プノンペン－ホーチミン－ヴンタウ
10	SEC 2	バンコク－シエムリアプ－ストゥントレン－プレイクー－クイニョン
11	SEC 3	バンコク－トーラート－カムポット－ハーティエン－ナムカン
12	SEC 4	シハヌークビル－プノンペン－ストゥントレン－パクセー－サワナケート

注：下線は新たに設定された区間。
出所：ADB（2018）。

リングしたのが特徴である。南北経済回廊（NSEC）では，中国国境からの延伸が主なものになっている。雲南省昆明からラオスに入る R3A ルートがあるが，これをビエンチャンからタイ・ノンカイに渡り，レムチャバン港までに至るルートを NSEC2 号線として設定するなど，ルートを整理し再構築している。

また GMS 経済回廊で，フラッグシップ路線とされてきた東西経済回廊（EWEC）についてはミャンマー区間において延伸されている。これまで EWEC の西端であった港町であるモーラミャインから，モーラミャイン－バゴー－ヤンゴン－パテイン区間が追加された。この状況は，後述の現地調査でも一部紹介したい。

（2） GMS 越境協定の見直しと CBTA アーリーハーベスト措置

GMS の越境交通協定（CBTA）は，サブリージョナルな枠組みにおいて 1999 年 11 月にタイ・ラオス・ベトナム 3 カ国で結ばれた越境交通協定がベースとなり，その後 GMS 参加 6 カ国すべての多国間合意まで拡大され，2015 年にタイ，ミャンマーが批准したことで効力をもつことになった。2007 年 3 月に署名されたこの CBTA は，欧州の交通協定をベースとした条文に添付資料が加わった膨大な協定書となっている。これによって ASEAN でも GMS 域内においては，同様の目的のための 2 つの越境交通協定が併存することになった。両協定を比較すると以下のようになる。

ASEAN 交通円滑化協定類は，基本的に決定に参加しない国に対しては合意の効力は適用されない「ASEAN マイナス X」方式を採用している。これに対して CBTA は，国境措置の詳細について国境ごとに基本的に 2 国間の覚書（MoU）が結ばれ，デンサワン（ラオス）＝ラオバオ（ベトナム）国境，サバナケット（ラオス）＝ムクダハン（タイ）国境，河口（中国）＝ラオチャイ（ベトナム）国境で現在 MoU が結ばれている。これによって CBTA 実現における課題の 1 つである越境手続きの簡素化の取り組みについて，出国時・入国時と 2 回必要であった手続きを 2 カ国が共同で検査を行うことで入国側での 1 回の手続き，すなわちシングルストップで通過すること，さらに出入国・税関・検疫（CIQ）の手続きを複数の窓口から 1 つの窓口に集約するシングルウィンドウ化，相互の貨物，乗用車の乗り入れ台数などについて定めることに

なっている。

　近年 CBTA の内容の一部が古くなり，実態に合わなくなり始めているということからオーストラリア国際開発庁（AusAID）の支援を得て，現状の CBTA を CBTA2.0 への全面的な改定作業を進めており 2019 年実施を目標としている。現状の CBTA に基づく国境円滑化措置の実施は大幅に遅れており，通関の大幅な簡素化につながるシングルストップ検査（SSI）に基づく共同検査場（CCA）の稼働は，前述の国境のうちムクダハン＝サバナケット国境およびデンサワン＝ラオバオ国境の 2 カ所にとどまっている。

　現状 GMS 域内の交通権の交換は 2 国間，3 国間協定で実施されているが，関係国の交通権交換によるライセンス発給数が複雑で，いわば「スパゲティボウル」状態とも言える。また中国との 2 国間協定は中国に一方的に有利になっているケースが多い。そのためその状況を緩和する暫定的な CBTA のアーリーハーベスト措置の導入がはかられた。このアーリーハーベスト措置は，2016 年 12 月に開催された第 5 回越境交通協定合同委員会で採択され，車両の一時的進入措置については，各国 500 台を上限に，ミャンマーを除く加盟国間で，「一時許可書類（Temporary Admission Document：TAD」と呼ばれる書類を携行することで車両の一時輸入という形で相互通行が可能となるというものである[3]。ミャンマーのみ暫定的に 100 台で合意している。また既存の 2 国間，3 国間の交通権交換協定は有効であり，アーリーハーベスト措置の効果は

表 5-3　GMS 域内の主な交通権交換の状況

当事国	年間のライセンス発給数
中国・ベトナム	国境 15,000 台，国境以外 500 台
中国・ラオス	中国からトラック 20,000 台，バス 17,500 台，ラオスから 1 年目 100 台，4 年目 500 台
ベトナム・ラオス	ベトナムから上限なし，ラオスから 300 台（2009 年）
ベトナム・カンボジア	ベトナムから 500 台，カンボジアから 150 台（2013 年）
タイ・カンボジア	双方 500 台（2016 年）
ベトナム・ラオス・カンボジア	それぞれ 150 台（2013 年）
タイ・ラオス・カンボジア	それぞれ 300 台（2009 年）
中国・ラオス・タイ（未締結）	1 年目 100 台，4 年目 500 台

出所：青山学院大学藤村学教授資料および各種資料を基に作成。

第5章 「一帯一路」構想と ASEAN 連結性　*109*

限定的なものであろう。

3. ミャンマーの道路インフラ整備と日系企業の動向

（1）　ミャンマーの道路インフラ改善と周辺国との連結性強化

　ミャンマーにおける道路インフラ整備の遅れが長らく指摘されてきた。前述の GMS 東西経済回廊（EWEC）の延伸部を含む，ミャワディーヤンゴンーマンダレータムーのルートで，道路インフラを中心に 2018 年 8 月に現地調査をおこなった。モーラミャイン以遠の延伸によりヤンゴンに到達し，ミャンマーとタイの間で連結性がより強化されつつあると考えられる。

1）ミャワディーモーラミャイン区間

　ミャワディはミャンマーとタイとの国境であり，両国間の国境貿易では最大となっている[4]。モエイ川をはさんだメーソット＝ミャワディ国境は 1 つの経済圏を形成している。タイ政府によってターク経済特区が SEZ 指定されており，ミャンマーからの出稼ぎ労働者は経済特区内で一定期間働くことができる。ムスリム人口も多く，メーソットのタイ人の公式人口 12 万人に対して，ミャンマー人の定住者は非合法滞在者を加えて 30 万人に達すると言われている。

　モエイ川にかかる 420m の第 1 友好橋が国境となるが，この橋は老朽化し重量制限のため大型トラックが通過できない。しかしながら同地点がタイーミャンマー間の最大の国境であり[5]，その 5km 北に，タイ政府によって貨物専用の第 2 友好橋が建設されている。すでにアクセス道路とタイ側国境ゲート，第 2 友好橋の主要橋脚がほぼ完成している。ミャンマー側の工事が遅れている模様であるが，計画では 2019 年に完成し，貨物の通過が分離される予定となっている。

　ミャワディから 85 号線で西に向かうと，約 18km の地点にドーナ山脈を越えるため片側交互通行を余儀なくされた山岳の難所があったが，これを避けるための 28km のコーカレイ・バイパスが 2015 年にタイ政府によって完成し，1 つボトルネックが解消されている。しかしながら，当初計画で建設が予定され

ていたトンネルはなく，すべて急峻な地形を切り通しで道路を通しているため，すでに法面からの土砂や石の落下が見られており，このバイパス道路のメンテナンスについては懸念がある。

ミャワディから約 90 km 地点でジャイン・コーカレイ橋があるが，老朽化による重量制限のため，この橋と平行して仮設の浮き橋が設置されており，貨物車などは 1 車線のみの浮き橋を交互に通過しなくてはならない。コーカレイ問題が解消された現在では，この橋の通過がこの路線で最大のボトルネックであろう[6]。

発表された GMS 東西経済回廊延伸ルートによれば，85 号線からパアンに向かい 8 号線の通っているタトンに達する計画であり，これまで東西経済回廊の西端であったモーラミャインをショートカットする形になる（図 5-2 参照）。しかしながら，今回の走行調査時は雨期のため特にひどい冠水であったこともあり，本来の道路でパアンに向けて北に向かえず川沿いの迂回路を通った。モーラミャインに向かうが，ジャイン・ザタピエン橋とアトラン橋を通過す

図 5-2 ミャワディー（パアン）－モーラミャイン区間と東西経済回廊延伸ルート

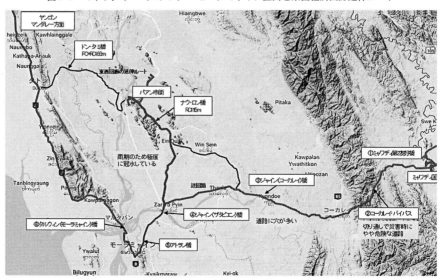

出所：2018 年 8 月筆者走行調査より。

る[7]。どちらの橋も老朽化が進んでおり，通過速度が制限されている。

2）モーラミャイン－ヤンゴン区間

　モーラミャインから北に向かうと，2005年完成のタルウィン（モーラミャイン）橋を渡る。この橋はミャンマー最長の橋で全長3,529m，重量制限は60tとなっており，鉄道橋が併設されている。この橋ができたことによって8号線の南北の連結性が大きく向上した。新しい東西経済回廊延伸ルートが8号線と合流するのは，85号線との分岐点でもあるタトンである。この地域の道路状況は比較的良好であり，タトンから北へ向かうと道路の舗装状況はさらに良くなる。

　図5-3のように，国道8号線は北上しながら回り込むようにヤンゴンに向かう。ミャンマー3大河川のシッタン川に架かるシッタン橋を通過するが，

図5-3　モーラミャイン－ヤンゴン区間の道路状況

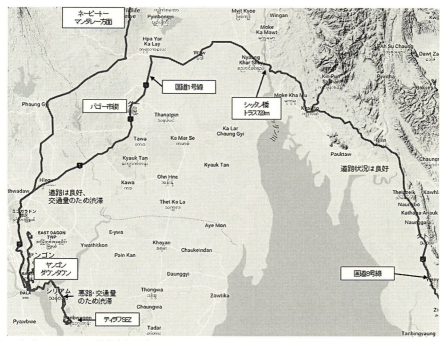

出所：2018年8月筆者走行調査より。

112　第2部　「一帯一路」構想と世界

JICA によれば新シッタン橋の建設を支援する予定である[8]。ヤンゴンから120km の地点から国道1号線になり道路は大幅に広くなる。それにともない交通量が多くなり，バゴー市街を通過すると片側3車線となる。バゴーにはハンタワディ新空港計画があり，現在ヤンゴン市街に近い現空港の移転が構想されていたが，現時点ではこの計画は棚上げされている。国道1号線をヤンゴン方面へ南下すると，ネーピードー・マンダレー方面への高速道路との分岐がある。ヤンゴン市内に入ると，幹線道路の高架化（フライ・オーバーの設置）で市街の渋滞は若干緩和されているが，基本的に道路インフラと公共交通機関の整備は自動車の増加に追いついていない。

3）中国・ミャンマー経済回廊建設による連結性強化の動き

　中国とミャンマーの貿易額は相対的に比率が高い。ミャンマーの国境貿易は同国の全貿易額の約27％（2016 年）であるが，これまでミャンマーと中国の主要国境はムセ＝瑞麗国境であるが，ミャンマーの国境貿易全体の約三分の二を占めている。ミャンマーとタイあるいはインドとの国境貿易に比較して圧倒的に大きくなっている。（表5-4）

　ミャンマー・中国の連結性強化について，2018 年9月に中国およびミャンマーは，両国間の高速道路の整備，鉄道・電力網整備などを盛りこんだ「中国・ミャンマー経済回廊（CMEC）」に関する覚書を締結した。ミャンマーは中国内陸部とインド洋を連結する「ランドブリッジ」としての戦略的な位置に

表5-4　ミャンマーの国境別貿易額（2015，2016 年）

（単位：百万ドル）

越境都市名	国境を接する国	2015 年度			2016 年度			構成比（2016 年度）		
		輸出	輸入	輸出入計	輸出	輸入	輸出入計	輸出	輸入	輸出入計
ムセ	中国	3,810	1,568	5,378	3,446	1,639	5,085	70.2	57.2	65.4
ミャワディー	タイ	44	682	726	60	868	929	1.2	30.3	11.9
タムー	インド	33	13	46	38	10	48	0.8	0.3	0.6
リー	インド	20	6	26	25	15	40	0.5	0.5	0.5
合計（その他の越境拠点含む）		4,549	4,910	9,459	4,910	2,867	7,777	100.0	100.0	100.0

出所：ジェトロ「海外ビジネス情報」2018 年1月15 日。

あり，中国の一帯一路構想（BRI）のASEANとの連結性においても重要なプロジェクトになると思われる。CMECは2017年11月に中国によって提案され，CMECはBRIの「6大経済回廊」の東南アジア方面のルートの1つである，「バングラデシュ・中国・インド・ミャンマー経済回廊（BCIM）」の陸路および海路による経済回廊の一部を形成している（畢 2018:36）[9]。

BCIMはインドのコルコタ～ダッカ・マンダレーを経由して昆明に達する2,800kmのルートである。その中には海路として，マンダレーから内陸水路を経てシットウェイーを結び，ベンガル湾に出てコルコタまで伸びているルートを含んでいる。CMECの主要なルートは，雲南省昆明からムセを経てミャンマー西部のチャオピューおよび中央部のマンダレー，最大都市のヤンゴンを結ぶものである。ラカイン州チャオピューの経済特別区（SEZ）はBRIのフラグシップPJでもある。チャオピューは，元来貧困地域であるが，同地域の沖合は天然ガスが豊富であり，2009年から経済特区構想が持ち上がり，2014年の改正経済特区法で経済特区に指定されている。現在ミャンマーにおいてSEZ法により管理されているのは，ティラワSEZ，ダウェーSEZ，チェオピューSEZの3カ所と指定されている。（石川 2019:68-69）

2015年に中国中信集団（CITICグループ）が中心となる6社のコンソーシアムが落札し開発権を得たチャオピューSEZは，工業団地，深海港，住宅地域を含む当初総額100億ドルのプロジェクトであり，700万TEUの能力を持つ深海港，工業団地のほか石油化学も計画されている。しかしながらプロジェクトの経済性について需要を過大評価している問題や対中債務拡大の懸念から，2018年11月の深海港の建設計画の基本合意書ではミャンマー側からの要請で事業費を当初の五分の一以下と大幅に縮小され，権益比率は当初のミャンマー側15%が30%に引き上げられている[10]。中国ミャンマー石油天然ガスパイプライン（中国石油天然気集団，チャオピューと重慶を結ぶ），中国ミャンマー鉄道（中国の大理・臨滄間建設中），ミャンマー・天然ガスコンバインドサイクル発電所（建設中）についてもBRIプロジェクトであるが，石油天然ガスパイプラインを除くとBRIの大型プロジェクトの進捗が遅れているとされる。最近では2019年3月に，ミャンマー政府はミャンマー・中国経済回廊事業の一環として推進すべき9つの優先分野を発表した。優先分野として指定

されたのは，電力，道路，橋梁，通信，基礎工事，農業，輸送，研究，テクノロジーの9分野であるとされている[11]。

（2） ティラワ経済特区に見られる外国投資拡大の兆し

ティラワ経済特区（SEZ）は日本が官民をあげて開発支援し完成した。ヤンゴン市街から南東約25kmに位置し，2014年1月設立のMyanmar Japan Thilawa Development Ltd.（MJTD社）が運営している。同社の出資比率は日本連合49%，ミャンマー側51%（SEZ法による）であるが，日本側出資明細としては民間出資が39%（丸紅，住友商事，三菱商事，みずほ銀行，三井住友銀行，三菱東京UFJ銀行），政府出資が10%（JICA）となっている。

同SEZに指定された総面積約2,400haのうち，Zone-A（405ha）が完売，開発済みであり，Zone-B（262ha）が造成中となっている。2018年9月時点の企業進出状況として，契約締結済94社，操業開始済55社，輸出志向型35社，国内市場型58社。国籍別では日系48社，タイ14社，韓国6社，台湾5社などとなっている（その後2019年1月時点として予約含む契約締結済み101社との発表あり）。

1）ティラワSEZ周辺のインフラ整備状況

ティラワSEZはヤンゴン市街（ダウンタウン）から20km程度と距離的には非常に近接している。しかしながらアクセスの道路インフラ整備が遅れており，既存の中国支援による1993年完成のタンリン橋は片側1車線であり老朽化し重量制限がある。2018年時点で，タンリン地区の渋滞，悪路もあり，時間帯にもよるがヤンゴンから1時間では到達できない。このためタンリン橋の125m下流に，片側2車線の新バゴー橋が円借款を利用し2021年完成予定で建設をおこなっており，これによって最大75tの車両が通過可能になるとされる。またSEZに通じるアクセス道路も片側1車線から2車線に拡張される。

電力はSEZ内に50MWのガス火力発電所と変電所が建設され，23万V送電網，33KV配電網が整備されている。水はヤンゴン市内では地下水汲み上げのため地盤沈下が問題となっており，約40km北のラグンビンダム（ヤンゴン管区南ダゴン郡区）浄水場からダゴン橋経由でSEZまで給水ラインが確保された。

港湾は SEZ 西側の河川港のコンテナターミナル港整備がおこなわれており，2018 年 12 月に新たなコンテナターミナルの第 1 期が円借款により完成し，住友商事と豊田通商が運営に参画すると報道されている[12]。同ターミナルは，2019 年 4 月からの運営開始を予定しており，2 万載貨重量トン（DWT）の船舶が接岸可能で，取扱能力は年間約 20 万〜24 万 TEU（20 フィートコンテナ換算）とされる。さらに拡張を進め第 2，3 期が完成すれば，現在のミャンマー全体の貨物取扱量に相当する 100 万 TEU に達する見通しとされる。この背景として，ミャンマーはコンテナ貨物取扱量が年率 20％ペースで伸びているが，現時点で約 90％の貨物量を取り扱うヤンゴン港は，拡張余地が限られ水深も浅いため，水深がより深く大型船の着岸可能なティラワ港へのシフトが必要となっている。

2）ティラワ SEZ（およびヤンゴン）に操業する日系企業事例

現時点でティラワ SEZ へ進出をした日系企業は約 50 社に達しているが，ASEAN 各国の発展段階で見られた輸出志向型企業が先行するパターンではなく，ミャンマー国内市場（内需）を優先するビジネスモデルが多くなっているのが特徴である。このうちスズキはティラワ SEZ においてミャンマーで 2 カ所目になる現地生産をおこなっている。2012 年に 20 万㎡の敷地を取得，2018 年から軽トラック（Carry），ミニ SUV（Eltiga），セダン（Ciaz）の 3 車種のセミノックダウン（SKD）生産を開始した。主要部品はタイ，インドの自社工場からほぼ全量輸入していると考えられる。中古車輸入制限政策もあり，ノックダウンではあるが現地生産が有利になり，ミャンマーにおける 2018 年1−12 月のスズキの販売は 1 万 0,330 台を記録し，新車総販売台数 1 万 7,500台に占めるシェアは 60％近い驚異的な数字になった[13]。スズキのティラワSEZ の工場はすでにフル生産が続いており，この状況を受けてスズキは工場の拡張を表明し，タイから自動車部品メーカーの誘致を促しているとされる。

おわりに

中国による「一帯一路」構想（BRI）においては，中国とインドシナ半島・

ASEAN（およびインド）との連結性を重視しており，この方面の経済回廊建設構想については「バングラデシュ・中国・インド・ミャンマー経済回廊（BCIM）」と「中国・インドシナ半島経済回廊（CIPEC）」の2つのルートに集約できるだろう。このルートに沿って大型プロジェクトを含むBRIプロジェクトが合意され着工しているものも多い。しかし本書第6章にまとめられているように，BRIの巨大プロジェクトと考えられるものについては期待とともに経済性が懸念されるものや，中国による融資や建設に関する条件が非援助国にとって不利であることから建設の停滞や見直しを余儀なくされているケースもみられる。

　ASEANの枠組みでは，AEC2025においてはASEAN連結性の分野がAEC2015より拡大され，そうした状況の元で遅れていたASEAN交通円滑化協定の中核であるAFAFGITに進展がみられトランジット輸送が実用に近づいている。サブリージョナルな枠組みとの融合という点からは，GMS越境交通協定であるCBTAがCBTA2.0へのアップグレードを目指している。ASEAN各国の中では，交通インフラの整備が最も遅れているとされているミャンマーであるが，東西経済回廊がヤンゴン以西まで延伸された。筆者による走行調査によれば，未だに道路あるいは橋のハードインフラの問題から重量貨物輸送には厳しい複数のボトルネックが見られるが，同国境における国境貿易が急増していることから中国－ミャンマーと共にタイ－ミャンマーの連結性が漸増的に強化されていくことは間違いないと考えられる。

　ミャンマーでは日本の官民が総力を挙げて支援したティラワSEZが本格的な稼働を始めており，日本のインフラODAを活用し日系を中心にミャンマー国内市場をターゲットとした進出企業が多いのが特徴となっている。自動車産業もスズキの成功が誘因になって，自動車部品含めたミャンマーへの企業進出が本格化する可能性がある。この際，タイ・バンコク圏とのサプライチェーンが，片荷問題を抱える陸路を主要モードとして構築されるのは未だに中期的課題と言えるだろう

注
1）ASEAN Customs Transit System（ACTS）https://acts.asean.org/ を参照。
2）JETROビジネス短信2017年10月5日。RIFとは「GMS地域投資枠組み」（Regional

第5章 「一帯一路」構想とASEAN連結性　　*117*

Investment Framework：RIF）。

3）JETRO ビジネス短信 2017 年 9 月 26 日。

4）直近の報道では，2018 年 10 月 1 日〜19 年 1 月 18 日の同国境における貿易額が 10 億ドルを超え，前年同期 4 億 5,590 万ドルから倍増している。（NNA 2019 年 2 月 5 日）。

5）タイ−ミャンマーは 1,800km にわたって国境を接し，税関事務所を置いているのは 10 カ所。

6）ジャイン・コーカレイ橋は完成 1999 年，重量制限 30t，全長 400m，方式は吊橋。

7）ジャイン（ザタピエン）橋は，完成 1999 年，重量制限 30t，全長 884m，方式は吊橋。アトラン橋は完成 1998 年，重量制限 30t，全長 433m，方式は斜長橋。

8）JICA ミャンマー事務所，2018 年 8 月。

9）もう 1 つの BRI の東南アジア方面の経済回廊としては「中国・インドシナ半島経済回廊（CIPEC）」であり，昆明からラオスを縦断する高速道路，あるいはジャカルターバンドン間の高速鉄道建設も含まれる。

10）NNA2018 年 11 月 9 日。

11）NNA 2019 年 3 月 11 日。

12）NNA 2019 年 1 月 31 日。

13）NNA 2019 年 1 月 24 日。

参考文献

（日本語）

石川幸一（2017）「AEC2025 と ASEAN の新たな挑戦」ITI 調査研究シリーズ No.61，国際貿易投資研究所（ITI）。

――（2019）「ASEAN における一帯一路の現状と課題」『アジア研究所紀要』第 45 号，亜細亜大学アジア研究所。

石川幸一・清水一史・助川成也（2016）『ASEAN 経済共同体の創設と日本』文眞堂。

石田正美（2019）「メコン地域 3 つの経済回廊の道路インフラ」トラン・ヴァン・トゥ／刈込俊二（2019）『メコン地域開発とアジアダイナミズム』文眞堂。

春日尚雄（2014）『ASEAN シフトが進む日系企業―統合一体化するメコン地域』文眞堂。

――（2018）「ティラワ SEZ の現状と課題」ITI ミャンマー研究会現地出張報告（5），国際貿易投資研究所，フラッシュ：399。http://www.iti.or.jp/flash399.htm

トラン・ヴァン・トゥ／刈込俊二（2019）『メコン地域開発とアジアダイナミズム』文眞堂。

JETRO（2012）「タイ東西経済回廊と周辺開発の現状と課題」JETRO 海外調査部アジア大洋州課。

JICA（2014）「ミャンマー国 全国運輸交通プログラム形成準備調査 東西経済回廊関連道路事業ファイナルレポート」JICA。

――（2018）「ミャンマー国連結性強化に係る情報収集・確認調査ファイナルレポート」JICA。

畢世鴻（2018）「「一帯一路」イニシアティブと東南アジア」雲南大学国際関係研究院プレゼンテーション資料。

藤村学（2016）「メコン地域における経済回廊と日系企業の展開」『季刊国際貿易と投資』2016 年春号，国際貿易投資研究所（ITI）。

（外国語）

Asian Development Bank（ADB）(2018), "Review of Configuration of the GMS Economic Corridors" Manila. https://www.adb.org/documents/review-configuration-gms-corridors

ASEAN Secretariat (2010), *Master Plan on ASEAN Connectivity,* ASEAN Secretariat.

ASEAN Secretariat (2015a), *ASEAN2025: Forging ahead Together,* Jakarta.

118　第2部　「一帯一路」構想と世界

ASEAN Secretariat (2015b), *Kuala Lumpur Transport Strategic Plan (ASEAN Transport Strategic Plan 2016-2025)*, Jakarta.

ASEAN Secretariat (2016), *Master Plan on ASEAN Connectivity2025*, ASEAN Secretariat.

ASEAN Secretariat (2017), *ASEAN Economic Community 2025 Consolidated Strategic Action Plan*.

第6章

ASEANにおける「一帯一路」構想の現況と課題

石川 幸一

はじめに

　ASEANは21世紀海上シルクロードの優先的な対象地域であり，中国イン
ドシナ半島経済回廊は「一帯一路」構想（Belt and Road Initiative：BRI）の主
要経済回廊の1つである。2017年5月に北京で開催された一帯一路国際協力
サミットフォーラムには，インドネシア，マレーシア，フィリピン，ベトナ
ム，カンボジア，ラオス，ミャンマーのASEAN 7カ国から首脳が出席し，首
脳以外が出席したシンガポール，タイ，ブルネイを含めるとASEAN全加盟
国の代表が出席している。同会議では，マレーシア，シンガポール，ミャン
マーが一帯一路協力覚書を交わし，「経済貿易協力取り決め」はフィリピン，
インドネシア，ベトナム，カンボジア，ラオス，ミャンマーが調印するなど多
くの取決めを交わしている。フォーラムへの参加状況はASEAN加盟国が
BRIに大きな期待を寄せていることを如実に示している。
　ASEANと中国は，2016年9月の第16回ASEAN中国サミットでBRIと
ASEAN連結性マスタープランの相乗効果を高めることによりASEANと中
国の連結性を改善するための協力を約束している。ASEAN各国は「一帯一
路」構想を支持しているが，プロジェクト受け入れには温度差があり，政権交
代などで方針が変わった国もある[1]。ASEAN各国におけるBRIプロジェクト
の実施状況については情報が制約されているが，いくつかの事例を紹介すると
ともに課題を指摘したい[2]。

1. インフラ整備が遅れる ASEAN

ASEAN は 2015 年に ASEAN 経済共同体を創設し，現在は 2025 年を目標年次とする ASEAN 経済共同体 2025 の構築を進めている。その大きな課題は域内の連結性の向上による経済統合の推進と域内格差の是正であり，2010 年から ASEAN 連結性マスタープラン（Master Plan on ASEAN Connectivity：MPAC2010）を実施している。MPAC は，① 物的連結性，② 制度的連結性，③ 人と人の連結性の 3 つの分野で 19 のプロジェクトを掲げていた。物的連結性はハードインフラの建設・整備が主な内容で，ASEAN 高速道路網（AHN）とシンガポール昆明鉄道（SKRL）が 2 大プロジェクトである。制度的連結性は越境輸送円滑化のための協定などソフトインフラの整備を行う。MPAC2010 は 2015 年に終了し，現在は MPAC2025 を実施中である。

MPAC の実施は大幅に遅れている。ASEAN 事務局によると MPAC2010 の実行率（全措置に対する完了した措置の比率：2016 年 10 月）は 31.2％，2015 年までの措置の実行率は 34.0％だった（ASEAN Secretariat 2017a）。ASEAN 経済共同体の実行率（優先措置を対象）は 9 割を超えており，MPAC の実行率がいかに低いかがわかる。2020 年を目標年次としているプロジェクトが多いことや実施中の措置が多いためである。

物的連結性の全体の実行率は 32.7％であるが，2 大プロジェクトの AHN は 18.2％，SKRL は 9.1％と低くなっている（表 6-1）。とくに，SKRL は実施未定と優先されない措置を合計すると 63.7％となり，3 分の 2 のプロジェクトが実現の見通しがない状況である。実施率が高いのは ICT で 85.7％となっており，続いてエネルギーが 38.5％である。

遅れの原因として，① 資金調達不足と効果的な資金動員戦略の欠如，② 複数部門が係るプロジェクトにおける主導する機関の欠如と関係機関の責任と役割が明確でなかったことによる当事者意識（ownership）と部門間の調整の欠如，③ インフラ建設および国内制度構築の障害となる国内規制の存在，が指摘されている（ASEAN Secretariat 2017a）。資金調達は物的連結性で極めて

表 6-1　ASEAN 連結性マスタープラン 2010 の物的連結性の実施状況（2016 年 10 月時点）

	完了		実施中		実現未定		優先されない措置		合計	
AHN	2	(18.2%)	6	(54.5%)	3	(27.3%)	0	(0.0%)	11	(100.0%)
SKRL	1	(9.1%)	3	(27.3%)	5	(45.5%)	2	(18.2%)	11	(100.0%)
内陸水運	0	(0.0%)	1	(100.0%)	0	(0.0%)	0	(0.0%)	1	(100.0%)
海運	1	(25.0%)	1	(25.0%)	2	(50.0%)	0	(0.0%)	4	(100.0%)
マルチモダル輸送システム	3	(37.5%)	4	(50.0%)	1	(12.5%)	0	(0.0%)	8	(100.0%)
ICT	6	(85.7%)	1	(14.3%)	0	(0.0%)	0	(0.0%)	7	(100.0%)
エネルギー	5	(38.5%)	6	(46.2%)	2	(15.4%)	0	(0.0%)	13	(100.0%)
合計	18	(32.7%)	22	(40.0%)	13	(23.6%)	2	(3.6%)	55	(100.0%)

注：完了は 2016 年 10 月時点で完了，実施中は実施計画により実施中，実現未定は
　　フィージビリティ調査は実施されているが資金調達が未定など。優先されない措置は
　　採算性の低さなどの問題がある。
出所：ASEAN Secretariat (2017), Assessment of the Implementation of the Master
　　Plan on ASEAN Connectivity.

重要である。MPAC による ASEAN の枠組みでのインフラ整備に加えて加盟各国のインフラ整備の資金ニーズも大きい。

　アジア開発銀行によると，ASEAN の 2016 年から 2030 年までのインフラ需要予測額（気候変動調整済）は，3 兆 1,470 億ドルで年平均 2,098 億ドルである（ADB2017）[3]。一方，ASEAN インフラ基金（ASEAN Infrastructure Fund：AIF）の出資額は 4 億 8,520 万ドルで年間融資額は 2 億ドル程度に過ぎない。ASEAN は，MPAC の資金調達先を加盟国，対話国および官民連携（PPP）による調達としているが，ASEAN および加盟国からの資金動員は規模が小さく，域外（対話国）の資金供与に依存せざるを得ない。対話国とは協議メカニズム（日本，中国，EU，韓国，インド）および協力プロジェクト（豪州，カナダ，ニュージーランド，ロシア，米国）により進めることになっている。ASEAN の BRI への期待は連結性強化のためのインフラ資金の提供である。ASEAN は，MPAC と BRI の相乗効果を期待しており，2016 年の第 19 回 ASEAN 中国首脳会議で MPAC と BRI の相乗効果により連結性を改善していくことを含めて連結性での協力強化を続けることを約束している（ASEAN Secretariat 2017b）。ただし，ASEAN での BRI の協力は 2 国間ベー

スで行われており，BRI による協力が直接 ASEAN に対して行われているわけではない。

2. インドネシア，マレーシア，タイ，フィリピンにおける「一帯一路」構想の事例

（1）インドネシア：遅れる高速鉄道プロジェクト

1）高速鉄道

インドネシアでの BRI 旗艦プロジェクトであるジャカルターバンドン高速鉄道（全長 142 キロ）は工事が大幅に遅れている。同プロジェクトに対しインドネシア政府は国家予算からの支出も政府保証もしないとしているが，国家戦略プロジェクトとして重視している（川村 2018：128）。工費 55 億ドルの大型プロジェクトは日本の新幹線方式が有力視されていたが，2015 年 9 月に政府の保証と財政負担を必要としない条件を示した中国案を財政負担を嫌う政府が採用した。2016 年 1 月に起工式を行い，8 月に工事が始まったものの工事は大幅に遅れている。遅れの要因は土地収用の遅れであり，2017 年 9 月時点で 600 ヘクタールのうち 55％が収用できたのみである。土地収用の遅れは中国開発銀行（CDB）の借款供与の隘路となっている。CDB は土地の 100％収容を借款の条件としているためだ。2017 年の BRI 国際サミットフォーラムで CDB が譲歩し 60 億ドルの建設費の 75％についての借款契約が締結された。

計画は見直され，駅は 8 から 4 に減らされ，最高速度は 350−380 キロから 250 キロに減速され，開通は 2019 年から 2020 年に延期された。建設費は 60 億ドルとなり，建設運営に当たるインドネシア中国高速鉄道コンソーシアム（PT KCIC）出資比率は中国側が 40％から 90％に増加している（表 6-2）。同プロジェクトは，インドネシアの国有企業の費用負担が発生すること，旅客需要見通しが 2019 年 1 日 6 万 1,000 人，2050 年 13 万 5,000 人と非現実的であり採算に疑問があると批判されるなど課題は山積している（Dharma Negara, Siwage and Suryadinata 2018：5-6）。

表6-2　ジャカルターバンドン高速鉄道計画

	全長	駅数	最高速度	工事期間 運用開始	出資比率	工事費
原案	150.5km	8	350－380km/h	2016－18 2019	中国40%，インドネシア60%	55億ドル
見直し案	142.3km	4	250km/h	2017－19 2020	中国90%，インドネシア10%	60億ドル

出所：Dharma Negara, Siwage and Leo Suryadinata (2018), Jakarta-Bandung High Speed Rail Project: Little Progress, Many Challenges. Perspective No.2 2018, ISEAS Yusuf Ishak Institute, p.6.

2）その他

　インドネシアは，2018年4月に中国と233億ドルの5件のBRI協力プロジェクトに調印している（Antara News）。北カリマンタンのカヤンの水力発電所2件（20億ドルと178億ドル），石炭ガス化プロジェクト（7億ドル），バリの発電所（16億ドル），製鉄所（12億ドル）の5つである。さらに，電気自動車と2輪車開発，北カリマンタンのタナ・クニン・マンクパディ工業団地開発の覚書に調印した。インドネシアは北スマトラ，北カリマンタン，北スラヴェシとバリを含むインドネシアの経済回廊開発に中国の協力を求めることをルフット海洋担当調整大臣が表明している。インドネシアへの外国投資はジャワ島に偏りがちであり，これらの外島地域開発への資金を獲得できたことは，BRIとジョコウィ政権の目指す地域開発が一致することを示している（川村2018：130）。工業団地では，西ジャワ州ブカシの中国インドネシア経済貿易合作区，中スラヴェシ州の中国インドネシア総合産業園区青山園区が稼働中で，中国インドネシア聚龍農業産業合作区がカリマンタンおよびランプンで建設中である（ジェトロ　2017）。

（2）　マレーシア：政権交代で高速鉄道建設を凍結

　マレーシアにおけるBRIについては，小野澤純拓殖大名誉教授が詳細に報告をしている（小野澤2017：49-71）。それによると，ナジブ前政権は積極的に中国に接近し，ASEANの中で最初にBRIが展開された。2017年10月現在で鉄道，港湾，電力，工業団地，製造業など広範な分野で32件のBRIプロジェ

クトが計画中を含め動いていた。BRI プロジェクトは，外国との経済協力を担当する経済企画庁ではなく総理府が主導している。ナジブ前首相が BRI に積極的だった理由として，同首相が立ち上げた政府系投資ファンド 1MDB の救済がある。420 億リンギの巨額負債を抱えた 1MBD 参加のエドラ社の全株式 98.3 億リンギを中国広核集団に売却し，同集団は負債 60 億リンギも引き取り総額 158 億の IMBD 救済となった。小野澤教授は，「発電所への出資比率は外資 49％」という外資政策を無視して中国企業に 100％の出資を認可したのは 1MBD 救済のためであり，発電のような安全保障にかかわる資産を外資企業に掌握させたことについて疑問を呈している。

1）高速鉄道

　東海岸鉄道（ECRL）は，クラン港からクアラルンプールを経由してクランタン州トゥパットまで 660 キロを結んでおり，2024 年完工予定で 2017 年 8 月に着工した。しかし，2018 年 5 月に発足したマハティール新政権は東海岸鉄道の工事凍結を決定した。なお，同時に 2 件のパイプライン建設工事（53.5 億リンギと 40.6 億リンギ）も凍結された。ECRL は工費 550 億リンギット，85％が中国輸出入銀行からの借款（金利 3.25％），公開入札なしで中国交通建設が主体となって工事を請負い，大半の資材と人材は中国から調達している。マレーシアの貨物輸送実績 621 万トン（2015 年）に対し，ECRL は 2030 年に 8.5 倍の 5,300 万トンを見込んでおり，非現実的で赤字は必至という見方が多かった（小野澤 2018a）。また，マラッカ海峡のクラン港から南シナ海のクアンタン港を結ぶことによりマラッカ・ジレンマを解消する中国の安全保障上の国益にかなう戦略的鉄道である。東海岸の鉄道建設は，「第 11 次マレーシア計画」に掲載されていない。凍結されていた ECRL は，2019 年 4 月 13 日に建設費用を 215 億リンギに圧縮し再開することで合意した。総距離を 40 キロ短縮し，工事の再委託会社の 4 割をマレーシア企業が占め，中国企業が工事を独占するとの批判にも応え，地元に利益が落ちるとしている（日本経済新聞 2019年）。

2）マラッカ・ゲートウェイ

　マラッカ港の沖合に深水港と人工島を建設する 430 億リンギの大型総合開発で中国国有企業との合弁事業であり，2025 年完成を目指して着工している。

ほかにも，マラッカ州のクアリンギ国際港のコンテナ・ターミナルと燃料備蓄基地（29.2億ドル）も中国企業が中心になって工事を行っている。

3）フォレスト・シティ

ジョホール海峡に4つの人工島を建設し，70万人が居住する高級住宅街，オフィス，教育施設などを建設する総合都市開発で総工費は1,050億リンギであり，買い手の80-90％が中国人（中国本土の）となっている。中国企業による不動産開発は，高級住宅街ダイヤモンドシティ，コタキナバルの多目的商業ハブ開発，国際金融地区での452メートルの超高層ビル建設（35億リンギ）など9件ある。

4）その他

マレーシア・中国クアンタン工業団地を2012年から中マ合弁で建設しており，同団地への中国企業の投資は16年までに200億リンギに達している。製造業への投資では，2017年5月に吉利自動車が国民車製造のプロトン社の株式49.9％を獲得した。吉利が業績不振のプロトン社の経営再建を行うことになる。

（3） タイ：高速鉄道は6年越しの協議を経て着工

1）高速鉄道

タイと中国は，2010年から高速鉄道建設の協議を行なっており，2011年，12年，13年に覚書が締結されたが，タイの政変や憲法裁判所の判断などで計画は進展しなかった。プラユット現政権は，2014年12月に新たに覚書を締結，当初はノンカーイからバンコクを経由してラヨーン県マプタプットに至る870キロの路線を中国の借款で建設し，返済は米，ゴムなどの農産物による現物で行うことになっていた。その後，出資比率（タイは中国が70％出資を要求，中国は60％を主張）と借款の金利（2.5％）を巡り交渉が続き，2015年12月の着工は延期された（Busbarat 2017:5-6，ジェトロ・バンコク 2017）。

2016年の首脳会談でタイ側の出資とし，車両および運行システム，橋梁建設とトンネル工事を含めた経費の60％を中国が負担することで合意した。建設区間はバンコク－ナコンラチャシマ，最高速度250キロの高速鉄道計画に変更し，2017年末に一部区間が着工された。ナコンラチャシマとラオス国境の

126 第2部 「一帯一路」構想と世界

ノンカーイの区間は未定であり，昆明とバンコク間はつながっていない。なお，2017年5月の一帯一路国際協力サミットフォーラムにタイのプラユット首相が招待されなかったのは，高速鉄道計画の遅れに対する中国の不快感によると言われている（Busbarat 2017：1-2）。

2）東部経済回廊（Eastern Economic Corridor：EEC）

2016年にタイ国家社会経済開発庁（NESDB）が提案したEECは，ラヨーン，チャチュンサオ，チョンブリーの3県にまたがる東部臨海地域の広範なインフラ整備，次世代産業の育成，観光振興などを含む総合的開発計画である（表6-3）。2017年から21年までの5年間で470億ドル（1兆6,000億バーツ）の投資を行い，10万人の雇用創出を計画している。タイは，中所得の罠を克服するために，「タイランド4.0」イニシアティブを進めておりEECはその実現のための中心的なプロジェクトである（大泉 2017：99-109）。10のターゲット産業（次世代自動車，スマート・エレクトロニクス，医療・健康ツーリズム，農業・バイオテクノロジー，未来食品，ロボット産業，航空・ロジスティクス，バイオ燃料と化学，デジタル産業，医療ハブ）の育成を計画し外資誘致を進めようとしている。

2017年5月の一帯一路国際協力サミットフォーラムで，タイのドーン外務大臣が，「タイはBRIを全面支持しており，EECをBRIの中国インドシナ半島経済回廊に繋げることを計画している。タイランド4.0とデジタルインフラの整備はBRIと補完する」と述べている。ウッタマ工業大臣も「EECとBRIを繋げることは自然かつ合理的であり相互利益になる」と2017年に発言するなどタイ政府は，EEC開発とBRIを連携させて進める姿勢を強めている。EECのインフラ整備，工業団地開発，投資などBRIによる事業推進が期待で

表6-3　EECの投資プロジェクト

①ウタパオ空港（57億ドル），②サッタヒープ商業港再開発，③レムチャバン港フェーズ3（25億ドル），④マプタプット港フェーズ3（3億ドル），⑤高速鉄道（3国際空港連結）（45億ドル），⑥鉄道複線化事業（18億ドル），⑦高速道路（10億ドル），⑧次世代産業（140億ドル），⑨新都市開発（115億ドル），⑩観光（57億ドル）

出所：末廣昭「「Thailand 4.0」東部経済回廊　一帯一路イニシアチブ」アジア経済研究所，中国一帯一路研究会資料，2017年10月により作成。

きる分野は多い。華立集団とアマタ・コーポレーションが開発したラヨーンの タイ中国工業団地には86社の中国企業が20億ドルを超える投資を行ってお り，EECへの中国の投資は2016年末までで300億ドルに達している （ASEAN Today）。2018年11月に3空港と連結する高速鉄道の入札が行わ れ，CPグループと高架鉄道を運営するBTSグループが応札した（春日 2018）。CPグループには中国鉄建（CRCC）が参加しており，優先交渉権を得 ている。CPグループとの交渉が不調の場合，BTSグループとの交渉が行われ る。日本企業は厳しい需要見通しなどから入札を見送った（高橋 2018）。デジ タル分野では，中国企業アリババ集団が2016年にタイ政府とデジタル人材な どの協力覚書を締結しEEC内にスマートシティハブ，越境ECの物流拠点を 設置する意向である（酒向 2018）。

（4） フィリピン：BRIに前のめりになる新政権

1）インフラの積極的建設に向け3B計画を推進

フィリピンはインフラ整備がASEAN5の中でも遅れており，電力，港湾， 空港，道路，鉄道などの経済発展のための基礎的なインフラ整備が急務となっ ている。2016年に就任したドゥテルテ大統領は貧困率を2015年の21.6％から 2022年に15％に削減する10項目の社会経済政策を打ち出した。中でもインフ ラ整備を重視し，インフラの黄金時代を実現するために3B計画と呼ばれるイ ンフラ推進計画（Build, Build, Build:3B program）を進めている。6年間で 8－9兆ペソを支出する計画であり，2017年予算ではGDPの5.3％に相当する 8,472億ペソをインフラ整備に充てている。フィリピン開発計画2017－2022で は，輸送，水資源，エネルギー，ICTと社会インフラを優先するとしている （Estrada 2018）。ドゥテルテ大統領は南シナ海での領域問題で中国と鋭く対立 していた前アキノ大統領と異なり，中国重視政策（pivot to China）を2016年 10月の中国訪問で打ち出している。BRIによるインフラ開発に極めて積極的 であり，ナジブ前マレーシア首相に代わるBRIの旗振り役になっている。

2）95億ドルのBRI案件に調印

2018年のボアオ・アジア・フォーラムでフィリピンは中国と6つのインフ ラ整備プロジェクトの調印および都市開発，観光，工業団地など合計95億ド

ルの投資案件の調印を行った。最初の BRI プロジェクトとなるルソン島のチコ川ポンプ灌漑プロジェクト（6,200 万ドル）は，8,700 ヘクタールに農業用水を供給する計画で 21 村，4,350 家族を対象としている。109 億ペソのカリワ水資源ダムプロジェクト，1,513 億ペソの国鉄南通勤路線などが含まれる。マニラのパシグ川に全長 734 メートルと 506 メートルの 2 本の橋梁を中国の援助で建設する計画も 2018 年に始まっている。

　鉄道では，マニラと南部のマトノグ 610 キロを結ぶ路線（南部長距離プロジェクト：South Long Haul project）の建設が 3B の旗艦プロジェクトとして BRI の資金援助で進められている。総工費は 30 億ドルであり 2022 年までの完成を目指している。同路線は港湾，経済特別区（SEZ）などを結び，マニラと Bicol の輸送時間を 11 時間から 6 時間に短縮することにより，連結性を改善し，農業，製造業に加え観光を振興することが期待されている。政権交代後，中国の直接投資は 2016 年の 1,077 万ドルから 2017 年には 2,879 万ドルにほぼ 3 倍に増加した。

　2018 年 11 月の習近平主席のフィリピン訪問時の首脳会談では，BRI 協力に関する覚書など BRI 実施を中心とする 29 の協定，覚書を締結した（Xinhua Net）。10 年間のインフラ協力プログラムは，2018 年 11 月から 2019 年 11 月を対象とし，BRI とフィリピンの長期計画の連携を強化することを目的としている。中国側は，ファイナンス，コンサルテーション，設計，エンジニアリング，契約，プロジェクトマネジメントなどで経験と資源をフィリピンと共有し投下すると書かれている。対象分野は，輸送，農業，電力，水系管理，ICT/通信である。鉄道では，国営鉄道の南部長距離プロジェクト，スービック－クラーク鉄道プロジェクト，ミンダナオ鉄道プロジェクトなどが含まれている。

3. CLMV における「一帯一路」構想の事例

（1） ベトナム：BRI を支持するも実施には慎重
1）過度の中国依存を警戒
　ベトナムは BRI を支持しているが，BRI プロジェクトの実施には慎重な姿

勢を取っている（Hiep 2018）。ベトナムのインフラ整備ニーズは大きいが，2009年に中所得国と認定されてから，ODAの流入は減少傾向にある。2016年から2030年までのベトナムのインフラ投資資金需要は6,050億ドルとなっているが，1,020億ドルが不足するという試算がある（Global Infrastructure Hub 2017）。1,020億ドルの資金ギャップは国外から調達する必要があり，BRIおよびAIIB（アジアインフラ投資銀行）への期待が大きい。一方でベトナムはBRIに対して慎重な姿勢を取っている。2017年5月の一帯一路国際協力フォーラムで「BRIはコンセンサス，平等，自主性，透明性，開放性，相互尊重と利益，国連憲章と国際法への準拠という原則を踏まえねばならない」と強調している。その背景には，南シナ海の西沙諸島をめぐる領域問題と国民の反中感情があり，中国への経済的依存が深まることへの警戒感がある。専門家からは，中国からの借款は金利が高く，中国企業がコントラクターとなり，中国の設備，技術を使わねばならないなど問題が多いと指摘されている。

2）大型プロジェクトは未実施

　ベトナムでは，2011年から工事が始まったカットリン─ハドン間13キロの都市交通（メトロ2A号線）がBRIプロジェクトとされており，総工費5億5,200万ドルのうち4億1,900万ドルが中国輸出入銀行のローンである。工費は8億9,100万ドルに増加し中国は2億5,000万ドルを追加支出することに同意したが，追加分はBRIと認められていない。同線は2018年内に営業運転を開始する見込みである。ジェトロの一帯一路プロジェクトリストによると，ビントゥアン省で建設中に石炭火力発電所（17億5,500万ドル），ティエンザンで稼働しているベトナム龍江工業園がBRIプロジェクトであるが，他のASEAN加盟国のような大型の旗艦プロジェクトはない。ベトナムはBRIを評価するために1─2のパイロットプロジェクトを試行することを考えているといわれる。政府債務の増大への懸念から政府間での借款ではなく，民間企業がAIIBなどBRIのローンを借り入れ，BOT方式により進めることを考えているとも指摘されている。

　一方，2017年に習近平主席がベトナムを訪問した際に，「二回廊一経済圏（両廊一圏，Two Corridors One Belt：TCOB）」をBRIと連携させることを提案し覚書が結ばれている。二回廊は，南寧・ランソン・ハノイ・ハイフォン・

クアンニンを結ぶ経済回廊と昆明・ラオカイ・ハノイ・ハイフォン・クアンニンを結ぶ経済回廊であり，一経済圏は北部湾経済圏である（細川 2011:115-160）。TCOB は 2003 年にベトナムが提案した構想で，2004 年に両国間で覚書が結ばれている。

（2）　カンボジア：BRI を熱心に支持
1）産業開発政策と BRI を連携

カンボジアは ASEAN の親中国家であり，BRI を熱心に支持している。フンセン首相は 2017 年 5 月の訪中の際に中国から BRI の枠組みで 2 億 4,000 万ドルの無償資金協力を取り付け，13 の協定に署名した（Chheang 2017）。カンボジアは，道路，電力，灌漑などのインフラ整備に毎年 7 億ドルの資金が必要としている。アグロ・インダストリー，軽工業，IT などの育成のためにカンボジア産業開発政策（IDP）と BRI を連携させ，投資を増加させる必要があるとしている。カンボジアは，① 7％の GDP 成長率，② 雇用創出，③ 制度的能力強化，④ ガバナンス強化という 4 つの目標を達成するために長方形戦略（Rectangular Strategy）を実施しており，中でも基礎的なインフラ整備に焦点を当てている。BRI はカンボジアの国家物流マスタープランに組み込まれている。

2）最大の援助国となる中国

中国は 2010 年以降カンボジアへの最大の援助国となっている。カンボジアでの BRI 協力は，インフラ，農業，能力醸成，経済特別区（SEZ）開発，文化と観光，金融，環境保護の 7 分野を重視している。9 億ドルのセサン下流第 2 水力発電所（稼働），プノンペンとシハヌークビル間の最初の高速道路（16 億ドル）は BRI プロジェクトである。新シエムリアップ国際空港，シハヌークビルのコンテナおよび鉄道ターミナルに修復も BRI プロジェクトとして実施されている。カンボジアは，プノンペン－プレア・シハヌーク州，プノンペン－ポイペト－タイ，プノンペン－スノール－ベトナム，プノンペン－プノンペン自治港などの鉄道補修建設プロジェクト，SEZ におけるドライポート整備を BRI として実施することを提案している。カンボジアでは，2008 年に中国企業 3 社により開発されたシハヌークビル特別経済区があり，528 ヘクター

ルの規模で中国企業など 100 社以上が入居している。今後，入居企業を 300 社に拡大し，住宅建設，生活施設の整備により 10 万人規模の都市を作るとしている。

（3） ラオス：高速鉄道の総工費は GDP の約 5 割
1） 高速鉄道が旗艦プロジェクト

　ラオスとカンボジアは中国インドシナ半島経済回廊の重要な結節点である。ラオスは，内陸国から陸で接続された国（Land-locked country to Land-linked country）への転換を開発戦略として進めており，BRI はそのための恰好なプロジェクトだった。2016 年 9 月の李克強首相のラオス訪問時に BRI 建設の共同推進計画覚書が調印され，2017 年 11 月の習近平主席の訪問では，BRI とラオスの開発戦略の連携を加速させることが合意された。ラオスにおける主な BRI プロジェクトは，中国－ラオス高速鉄道，通信衛星打ち上げと運用（Lao-Sat-1），水力発電，北部ラオス送電網，都市開発と工業団地（SEZ）などである（China Economic Information Service 2018：12-17）。

　ラオスにおける BRI の旗艦プロジェクトは高速鉄道である。中国は 2005 年に雲南省昆明とシンガポールを結ぶ汎アジア鉄道計画を発表している（町田 2016：95）。これは ASEAN の SKRL と起点と終点は同じであるが，SKRL はビエンチャン，ホーチミン経由であり別の構想である。この構想の一環として，昆明からラオスのビエンチャンを経てバンコクを結ぶ鉄道の一部としてラオスにおける建設が動き出している。中国－ラオス高速鉄道計画は中国との国境のボーテンからビエンチャン（タナレン駅）428 キロを結ぶもので 32 駅が設けられ，154 の橋梁と 76 のトンネルを建設する。2010 年に交渉が始まり，総工費 70 億ドル（金利 2％，30 年）で 2013 年に合意した。総工費はラオスの GDP（90 億ドル）の 77％の規模である。

　その後再交渉となり，2015 年 12 月に総工費 58 億ドルとし両国政府出資（中国 70％，ラオス 30％）の合弁企業が実施することになり，2016 年 12 月 25 日に着工され，2021 年に完成予定である（China Economic Information Service 2018，山田 2018，榎本 2017：95，河口 2017：69-70）。時速 160 キロで走行し，モーハンとビエンチャン間は 3 時間で結ばれる。合弁企業には中国輸出入銀行

が4億6,500万ドルの出資（金利2.3%，償還期間25年，5年据置）を行った。建設は中国企業が請け負い，資材は大半が中国から輸入され，労働者の多くは中国人やベトナム人である。建設は順調に進展しており，完成すれば中国人観光客の増加，輸送コスト低下による物流の増大などの効果が期待できるが，市場価格より低い土地収用に対する補償，政府の大きな財政負担，中国への依存の一層の深まりなどの問題がある（山田 2018）。

2）その他のプロジェクト

①　通信衛星（Lao-Sat-1）

Lao-Sat-1 打ち上げプロジェクトは，中国航天科技集団（China Aerospace Science and Technology）が請け負い，中国輸出入銀行が2億5,800万ドルをラオス政府に融資する契約が結ばれ，2012年12月に開始された。衛星は2015年に打ち上げに成功し，2016年3月にラオスに引き渡された。ハイビジョンテレビ放送，遠隔教育や遠隔医療などへの利用が計画されており，2017年10月からサービスを開始した（China Economic Information Service 2018:13-14）。

②　発電プロジェクトと送電網

Nam Ou 川水力発電所，Namu Ngum 第3，同第5，Pak Lay 水力発電所などの水力発電プロジェクトが進行中である。合計投資額は27億3,500万ドル，発電能力は1,272メガワットであり，2016年に発電を開始し，2020年にはプロジェクト第2ステージによる発電が始まる。北部ラオスでの送電網プロジェクトは，中国南部送電（SCG）の雲南国際社がコントラクターとなり，2014年に工事が開始された。契約額は3億ドルであり，北部をラオスの送電網に接続し，ラオス全土が送電網で繋がった（China Economic Information Service 2018:14-15）。

③　都市開発と工業団地

ラオスでは13の経済特別区（Special and Specific Economic Zone）が建設されており，ラオス政府，タイ資本，マレーシア資本によるものもあるが，中国資本によるものが6つと最も多い。ビエンチャンのサイセッタ開発区は，中国政府と両国の民間企業が参加しており，投資額1億2,800万ドル，総面積1,000ヘクタールで2010年に開始された。開発区は，ニュータウンと工業団地

から構成され，完成後は 150 社の入居企業（投資額 60 億ドル），3 万人の雇用
創出を計画している。第 1 ステージは完成しており，食品加工，クリーンエネ
ルギー，物流，貿易，機械製造，電機電子など 36 社の入居が決まっている
（China Economic Information Service 2018：15-16）。

　ビエンチャンのタートルアン湿地帯でタートルアン経済特区（SEZ）が
2011 年より開発中である（榎本 2017：77）。同 SEZ は，蘇州工業園区をモデ
ルに市街地（600ha）と工業団地（1,600ha）からなり，ラオス政府は土地を提
供するのみで資金負担はせず，ラオス側 5%，中国側 95% 出資の合弁企業が建
設・運営し，運営期間 50 年（75 年まで延長可能）後ラオス政府に引き渡され
る。投資額は 16 億ドルで Shanghai Wanfeng Group が出資している。整備が
終わり，大規模開発が始まる 2011 年に立ち退き料に関して住民と紛争が発生
し，さらに中国人移民 30 万人受け入れという風説が広まったことから反感が
高まり，規模を大幅に縮小した。2015 年 3 月にショッピング・モールが完成
し，一部のコンドミニアムが販売されている。

（4）　ミャンマー：中国ミャンマー経済回廊に合意

1）中国ミャンマー経済回廊を推進

　中国はミャンマーを中国とインド洋をつなぐランドブリッジと位置付けてい
る（Yhome 2018）。ミャンマーはマラッカ・ジレンマを避けるという意味で
中国の安全保障からみて地政学的に極めて重要であり，BRI の中国インドシナ
半島経済回廊（CIPEC）とバングラデシュ・中国・インド・ミャンマー経済
回廊（BCIM）の対象地域となるなど重要な拠点国である。BCIM は，インド
のコルコタからダッカとマンダレーを経由して昆明を結ぶ全長 2,800 キロの陸
上ルートである。陸上ルートには，コルコタ昆明（K2K）高速道路，鉄道，水
路，通信ネットワークなどが含まれる。海上ルートは，マンダレーから内陸水
路を経てシットウェイーを結び，ベンガル湾に出てコルコタまで伸びている。

　中国は 2017 年 11 月にミャンマーに中国ミャンマー経済回廊（CMEC）を提
案している。CMEC は，雲南省からマンダレーを経てヤンゴンとチャオ
ピューを結ぶ人字型回廊であり，2018 年 7 月に基礎的インフラ，建設，農業，
製造業，輸送，金融，人的資源開発，通信，R ＆ D など 15 項目の覚書を締結

した。2018年3月には，マンダレー・ムセとチャオピュー・ネピドー間の2つの高速道路のフィージビリティ・スタディ実施の覚書を結んでいる。

2018年12月にはCMECを進展するための委員会が開催され，CMECプロジェクトの一貫としてPatheinでの衣料品工場の建設契約が結ばれ，チャオピュー昆明高速鉄道の調査を開始することを決定した（The Diplomat）。

2）チャオピュー経済特区が旗艦プロジェクト

ミャンマーのBRI旗艦プロジェクトは，西部ラカイン州チャオピューの経済特別区（SEZ）である（ICJ 2017）。チャオピューは，人口は16万5,000人，主要産業は農業と漁業，住民の多くは，タイ，マレーシア（男性），ヤンゴン（女性）に出稼ぎにでているという貧困地域である。しかし，同地域の沖合は天然ガスが豊富であり，2009年から経済特区構想が持ち上がり，2014年の改正経済特区法で経済特区に指定されている。

2011年に国有企業中国中信集団（CITICグループ）によるフィージビリティ・スタディが実施され，2015年に同集団が中心となる6社のコンソーシアムが落札し開発権を得た。チャオピューSEZは，面積1,736ヘクタールで工業団地が990ヘクタール，深海港が246ヘクタール，住宅地域が500ヘクタールとなっている。工費は，深海港建設が75億ドル，工業団地が25億ドルでその他を含め100億ドルのプロジェクトであり，10万人の雇用創出が見込まれている。深海港は20フィートコンテナ換算で年間700万個の処理能力を持ち，工業団地は繊維工業団地，ロジスティックスサービス，機械工業，食品工業を含む建設工業団地が計画され，石油化学も計画されている。工業団地は3フェーズで2038年，深海港は4フェーズで2035年までに完成させる。

しかし，チャオピューがヤンゴンから遠いため，ミャンマー側はプロジェクトの経済性に疑問を持っているといわれる。2017年には，出資比率が中国85％，ミャンマー15％は不公平であるとして，中国70％，ミャンマー30％に変更された。ミャンマーのソー・ウィン計画財政大臣は「コストが過大であり規模の縮小を求める」と発言したと報じられ，2018年9月には総経費を72億ドルから13億ドルに規模を縮小することで中国側と合意したと報じられている（日本経済新聞 2018a, 2018b）。

4. 期待の一方で多くの問題が発生

BRIプロジェクトは，輸送インフラ整備を中心に建設資金が不足している
ASEAN各国の資金ギャップを埋め，輸送インフラの整備，都市開発，工業団
地の開発などによりASEAN各国の開発およびASEANの連結性強化に貢献
することが期待されている。ASEANは連結性マスタープランとBRIの相乗
効果に期待を表明しているし，ASEAN各国は，タイの東部経済回廊，インド
ネシアの6大経済回廊，フィリピンのBBB計画など自国の開発計画とBRIを
連携させることを目指している。ベトナムでは中国と合意した「二回廊一経済
圏（両廊一圏，Two Corridors One Belt：TCOB）」とBRIを連携させること
を中国側が表明している。2017年の一帯一路国際協力サミットフォーラム以
降，多くの国で大型プロジェクトを含むBRIプロジェクトが合意・着工して
おり，2018年以降もBRIを拡大・加速化しようとしている国もフィリピンな
ど少なくない。

　一方で債務の増加など様々な問題をもたらすことが懸念され，一部では次の
ような問題が表面化している。そのため，協議が長引き，工事が遅れあるい
は，プロジェクトが中止されている。

　①　経済性の評価への疑問が指摘されている。インドネシアの高速鉄道，マ
レーシアの東海岸鉄道，ミャンマーのチャオピューSEZについては需要予測
が過大であり，採算性に疑問があると指摘されている。チャオピューSEZは
FS調査と受注者が同じ中国企業であり，客観的なFSが実施されたのか疑問
が出てもおかしくない。FSの客観性や正確性，透明性などの問題があると推
測される。こうしたプロジェクトが各国に期待された経済的な効果をもたらす
かどうかも疑問である。

　②　メガプロジェクトと呼ばれる巨大プロジェクトが実施されている。経済
規模からみてリスクが大きいと思われるプロジェクトもあり，たとえば，ラオ
スの高速鉄道の総工費はラオスの名目GDPの5割に匹敵する。その他の鉄道
プロジェクトも極めて規模が大きいし，チャオピューSEZは当初100億ドル

プロジェクトであった。

③ 相手国の経済発展にとっての必要性に疑問があるプロジェクトがある一方で，中国の安全保障など中国の利益になるプロジェクトがある。必要性の判断は難しいが，中国企業が提案したといわれるラオスのボーテンSEZ，マレーシアの東海岸鉄道などがその例としてあげられよう。中国の安全保障のために重要なプロジェクトには，マラッカ・ジレンマを解決できるミャンマーでのチャオピューSEZ，石油天然ガスパイプライン，マレーシアの東海岸鉄道などがある。

④ BRIで中国から貸付を受けるときの金利が高いとの批判が出ている。金利の情報は少ないが，ラオスの高速鉄道のラオス政府への中国輸出入銀行の借款は金利2.3％，償還期間35年，据え置き10年，マレーシアの東海岸鉄道は金利3.25％である（Nikkei Asian Weekly）。優遇金利は2－2.5％といわれているが，パキスタンは8％，スリランカは6.3％と高い金利が適用されているといわれる（Global Risk Insight）。なお，日本の円借款金利はLDCかつ最貧国は0.1％，低中所得国（GNI 1,006ドル～3,955ドル）は質の高いインフラを推進するときに認められるハイスペック（基準）が0.5％，30年（据置期間10年），STEP（本邦技術活用条件）は0.10％，40年（据置期間12年）である。

⑤ プロジェクト工事の各国の経済への貢献が小さい。BRIプロジェクトは中国企業が受注し，資材などは中国から持ち込み，中国人労働者が工事現場で就労し，中国人労働者には住居，食事が中国企業により提供され，賃金も人民元で支払われる（榎本2017：78）。これらは，融資の条件といわれ，典型的な「ひも付き援助」である。米国のシンクタンクの調査では，受注企業は89％が中国企業，地元企業が7.6％，3.4％が外資となっている（Hillman 2018）。世界銀行やアジア開発銀行の場合は，40.8％が地元企業，29％が中国企業，30.2％が外資となっている（Vineles 2019）。下請け業務や技術移転など地元企業に恩恵がなく，コミュニティにも金が落ちないなど経済的なメリットがない。

⑥ プロジェクトの実施に伴い，多数の中国人労働者が入国し，一部は不法滞在をしている。ラオスの高速鉄道では中国側は5万人の中国人労働者の移入を計画している（Pang, Edgar 2017）。多数の中国人労働者が不法滞在する

ケースも多いといわれている。ベトナムは，国内での外国人の単純労働を認めていないが，外国人不法就労が増加しており，2008年には5万人に達している（細川 2011:152-155)。その多くは中国人であり，多くは観光目的で入国し労働許可証を持っていない。インフラ建設や資源開発を落札するのは中国企業が多く，ベトナム人を雇用せずに多くの中国人労働者を連れてくるためである。

⑦　プロジェクトの規模の大きさ，経済性の疑問，金利の高さから対外債務の増加（対中債務の罠）が懸念されている。ラオスとインドネシアの高速鉄道建設の資金規模は60億ドル，マレーシアの高速鉄道は550億リンギット（135億ドル）だった。巨額の投資を行う一方で採算性に疑問が出されており，完成後は赤字に陥る可能性がある。中国からの巨額の借款は対外債務を増加させる。とくに経済規模の小さいカンボジアとラオスはGNI（国民総所得）に対する対外債務の比率が2015年時点ですでに高くなっている（表6-4)。カンボジアとラオスの対外債務の5割は中国に対する債務といわれており（Bas Das 2018)，BRIの推進により対中債務がさらに増加し返済が滞った場合，スリランカのハンバントタ港で起きたような中国による資産の租借の発生，なども懸念される。スリランカの事例はASEAN各国がBRIのリスクとして認識している。

⑧　BRIプロジェクトは，プロジェクト決定の経緯や中国企業の受注などに

表6-4　ASEAN各国の対外債務額とGNIに対する比率（2015年）

	対外債務額（100万ドル）	GNIに対する比率（％）
カンボジア	9,319	54.6
インドネシア	308,540	37.0
ラオス	11,645	99.6
マレーシア	190,951	66.3
ミャンマー	6,401	
フィリピン	77,725	22.0
タイ	129,653	35.2
ベトナム	77,798	42.5

出所：Asian Development Bank (2017), Key Indicators for Asia and the Pacific 2017.

ついて透明性が低いことが指摘されている。たとえば，マレーシアの東海岸鉄道は，① マレーシアの開発計画である第11次マレーシア開発に含まれておらず，首脳会談で決定した，② 公開入札なしで中国企業が決定した，③ 政権交代後，再査定をしたところ，総工費が810億リンギに増加した，④ 工事が始まったばかりなのに196.8億リンギという多額の資金が中国企業に支払われた，など多くの問題が出てきている（小野澤 2018b）。

⑨　BRIにより中国の影響がさらに強まる可能性が大きい。中国を最大の貿易相手国とする国は多く，中国の影響力はすでに大きいが，BRIによりさらに中国の影響力は増すことは確実である。たとえば，中国から投資と経済協力を積極的に受け入れているカンボジアは2012年と2016年のASEAN外相会議での南シナ海問題を巡る協議で中国の主張，立場を支持しているなど中国寄りの姿勢を鮮明にしている。こうした事態は，ASEANの団結，ASEAN中心性にネガティブな影響を及ぼす。

おわりに

欧米諸国や国際機関の経済協力が貧困削減や環境などを重視し，中長期的に貧困削減に効果があるインフラ開発や産業育成支援を行ってこなかったことから，BRIは途上国のニーズに合致し多くの国から支持され期待されている。BRIは対象各国の経済発展に寄与することが期待される。

一方で，前節でみたように現状のBRIは受け入れ各国で問題や懸念を生み出していることは否定できない事実である。BRIは，中国と相手国双方に利益があり（ウィンウィン），国際公共財であるとの説明されている。しかし，個別案件をみていくと，マレーシアの東海岸鉄道，チャオピューSEZのように中国側のメリットが明らかあるいは戦略的な利益があるプロジェクトが多い。また，債務の罠のリスクも認識されてきており，スリランカの教訓をASEAN各国は学んでいる。ASEANでは，BRIへの期待は依然として大きく積極的に推進している国も多いが，実施に向けて慎重になっている国も増えてきている。

ASEAN 各国は正確かつ客観的な FS の実施，融資条件の厳しい交渉，公開入札など「ひも付き」の廃止と国内企業，資材，労働力などの利用の要求などを行うなどガバナンスを強化するべきである。そのためには，BRI の代替案となる選択肢の提供が必要であり，日本をはじめとする中国以外の対話国および国際機関の経済協力が重要となる。「自由で開かれたインド太平洋戦略」の枠組みでのインフラ整備支援は戦略的重要性を持つ。

BRI により問題が生じた場合，中国のみを批判する論調が多いが，受入国の責任も大きい。BRI による恩恵を享受しつつ，対中債務国化や過度の中国依存を避け，自国の自律性をいかに維持するのかが BRI に対応する ASEAN 各国の課題となっている。ASEAN としても特定国への中国の影響が極めて強くなることで ASEAN のまとまりが弱体化すると ASEAN が主張している ASEAN 中心性にも影響することは避けられない。ASEAN 中心性をいかに維持するかが ASEAN の課題である。

BRI は，極めて多様なプロジェクトや政策を含んでいるが，中心になっているのはインフラ整備であり工業団地を含む産業の育成支援である。これは，日本がアジアに行ってきた経済協力と同様であり，日本型の経済協力といってよい。アジアへの日本型の経済協力はアジアの産業発展を支援し経済成長に貢献した。

しかし，日本の経済協力は初期の時期には日本企業への利益を優先するひも付き援助と批判された。また，日本のアジアへの投資は，日本から資本財中間財を輸入し，現地の人材を登用せず，技術移転を行わないため，受入国に利益をもたらさないと批判された歴史がある（鶴見 1974）。1973 年，74 年には，タイとインドネシアで激しい反日運動が起きている。BRI への批判は，こうした半世紀前のアジアでの日本批判を思い出させる。日本は，その後，経済協力，企業進出とも受入国の経済社会への貢献と共存共栄に官民で地道に努力してきた結果，現在は ASEAN では経済発展と現地社会への貢献が高く評価されている。中国の BRI の進め方は見直しと改善が進められており（第 1 章，第 4 章参照），日本の経験が役に立つと考えられる。

（付記）本論文は，亜細亜大学アジア研究所紀要第 45 号に掲載した論文の一部に加筆・修正したものである。

140　第2部　「一帯一路」構想と世界

注

1）勝間田・永田（2018）は，ASEAN は一帯一路にコミットしながら深入りは避け，したたかに米国との関係も強化していると指摘している。ただし，後述のとおり一帯一路へのコミットは国により違いが大きい。

2）筆者の専門分野は ASEAN であり，ASEAN 加盟各国についての知識は多くはないため思わぬ誤りがあるかと思われる。各国の専門家および読者諸賢のご指摘・ご意見を頂ければ幸甚である。

3）Asian Development Bank（2017），'Meeting Asia's Infrastructure Needs'　これは，電力，交通・運輸，通信，水・衛生4分野が対象であり，基本予測値に気候変動の緩和と適応のためのコスト（温室効果ガス排出軽減など）を上乗せしている。

参考文献

（日本語）

伊藤亜聖（2018）「中国・新興国ネクサスと「一帯一路」構想」末廣昭・田島敏雄・丸川知雄『中国・新興国ネクサス』東京大学出版会。

榎本俊一（2017）「中国の一帯一路構想は「相互繁栄」をもたらす新世界秩序か？」RIETI Policy Discussion Paper Series 17-P-021，独立行政法人経済産業研究所。

大泉啓一郎（2017）「タイランド4.0とは何か（後編）―EEC（東部経済回廊）開発とその課題―」『環太平洋ビジネス情報　RIM』2017, Vol.17, No.67 日本総合研究所。

大木博己（2018）「中国の一帯一路構想とアジア諸国の対中政策―パキスタン，ミャンマー，マレーシアの事例―，日本地域政策学会『日本地域政策研究』第21号，2018年9月。

小野澤純（2017）「マレーシアにおける一帯一路」戦略』『国際貿易と投資』No.110，2017年12月。

――（2018a）「マレーシアで政権交代，動き始めたマハティール首相（92歳）」国際貿易投資研究所，フラッシュ375。

――（2018b）「何故マレーシアで政権交代が起きたのか（4）～マハティール首長の訪中，「一帯一路」プロジェクトの一部凍結～，フラッシュ391，2018年9月12日，国際貿易投資研究所。

春日尚雄（2018）「タイ経済回廊（EEC）インフラ入札の進展」世界経済評論インパクト，No.1223，2018年12月17日。

勝間田弘・永田伸吾（2018）「ASEAN と一帯一路―小国の連合による「バランス外交」の展開―」『運輸と経済』第78巻第12号，2018年12月，交通経済研究所。

河口和範（2017）「中国の陸の南進政策とラオス」『海外事情』2017年10月号，拓殖大学海外事情研究所。

川村晃一（2018）「インドネシアと「一帯一路」構想―チャンスとリスクのはざまで―」『運輸と経済』第78巻第12号，2018年12月，交通経済研究所。

酒向浩二（2018）「タイ EEC に積極関与する中国」『みずほインサイト　アジア』2019年2月18日。

ジェトロ（2017）「一帯一路プロジェクトリスト」『中国経済』ジェトロ，2017年7月号。

ジェトロ・バンコク「タイ国インフラ・レポート～高速鉄道整備計画について～」2017年11月。

竹内幸史（2018）「一帯一路と東南アジア」進藤栄一・周瑋生，一帯一路日本研究センター編『一帯一路からユーラシア新世紀への道』日本評論社。

鶴見良行編（1974）『アジアからの直言』講談社。

細川大輔（2011）『中国―ASEAN 経済圏の行方―汎北部湾経済協力の視点から』明石書店。

町田一兵（2016）「アジアの国際交通インフラの開発と物流」平川均ほか編『新・アジア経済論』文眞堂。

山田紀彦（2018）「ラオス・中国高速鉄道プロジェクト―これまでの経緯，進捗状況，問題点」アジア経済研究所，海外研究員レポート。

高橋徹（2018）「消えた「目玉」タイ高速鉄道」日本経済新聞 2018 年 12 月 14 日付け。

日本経済新聞（2018a）2018 年 7 月 5 日付け。

―― (2018b) 2018 年 10 月 12 日付。

―― (2019) 2019 年 4 月 13 日付。

(外国語)

ASEAN Secretariat (2017a), 'Assessment of the Implementation of the Master Plan on ASEAN Connectivity'.

ASEAN Secretariat (2017b) 'Overview of ASEAN-China Dialogue Relations.

Asian Development Bank (ADB) (2017), 'Meeting Asia's Infrastructure Needs'.

Bas Das, Sanchita (2018), Do the Economic Ties between ASEAN and China Affect Their Strategic Partnership?, Perspective 2018, No.32, ISEAS.

Busbarat, Pongphisoot (2017), 'China's "Shame Offensive": The Omission of Thailand's Prime Minister from the Belt and Road Initiative Summit 2017'. Perspective No.54 2017. ISEAS Yusuf Ishak Institute.

China Economic Information Service, Xinhua Silk Road Department (2018), 'Report on China-Laos Cooperation Opportunity under the Belt and Road Inititive in 2018'.

Chheang, Vannarith (2017) Cambodia Embraces China's Belt and Road Initiative, Perspective 2017 No.48, ISEAS.

Dharma Negara, Siwage and Leo Suryadinata (2018), 'Jakarta-Bandung High Speed Rail Project: Little Progress, Many Challenges'. Perspective No.2 2018, ISEAS Yusuf Ishak Institute.

Estrada, Darlene V (2018), China's Belt and Road Initiative: Implications for the Philippines, FSI Insight Vo. V, No.3 March 2018, Foreign Service Institute.

Global Infrastructure Hub (2017), Global Infrastructure Outlook.

Global Risk Insight 'China's Belt and Road Initiative: Regional Outlook 2018'.

Hiep, Le Hong (2018), The belt and Road Initiative in Vietnam: Challenge and Prospect, Perspective 2018 No.28, ISEAS.

Hillman, Jonathan (2018), China's Belt and Road Initiative: Five Years Later, Statement before the U.S.-China Economic and Security Review Commission.

ICJ (2017), Special Economic Zones in Myanmar and the State Duty to Protect Human Rights, International Commission of Justice (ICJ).

Vineles, Phidel (2019), "ASEAN and China struggle to buckle the belt and road", Eastasiaforum. January 26, 2019.

Pang, Edgar (2017), "Managing Reliance": the Socio-Economic Context of the Chinese Footprint in Laos and Cambodia, Perspective 2017 No.67, ISEAS.

Randal, Philipps (2018), Mercantilism with Chinese Characteristics: Creating Markets and Cultivating Influence, Testimony before the U.S.-China Economic and Security Review Commission.

Yhome, K (2018), The BRI and Myanmar's China Debate, Observer Research Foundation (newspaper etc).

Antara News, April 4, 2018.

Nikkei Asian Weekly, 'Is China's Belt and Road Working? A progress Report from Eight Countries.' March 28, 2018.

The Diplomat, December 8, 2018.

142　第2部 「一帯一路」構想と世界

Xinhua Net, Full text of China-Philippines joint statement, November, November 21, 2018.

第7章

「一帯一路」構想と南アジア

深澤 光樹

はじめに

インドは中国に次ぐアジアのもう一つの大国であり，国際貿易の要となるインド洋の中心に位置する。インドが中国の「一帯一路」構想にどのような姿勢で臨むかによって，南アジアにおける「一帯一路」構想の方向性が大きく左右される。同時に，南アジア地域における「一帯一路」構想を考察する際には，パキスタンやバングラデシュ，ブータン，ネパールといった周辺諸国，スリランカやモルディブなどインド洋島嶼国が置かれる状況はインドとは大きく異なることに留意する必要がある。

「一帯一路」構想へのインドの対応は，中国との政治経済関係だけでなく，広く南アジア地域における中心性に関わる問題を孕んでいる。「一帯一路」構想は，南アジアに中国の影響力が及ぶことでインドが安全保障上の重要な位置付けを再検討する契機になるが，インド周辺諸国にとっては大国インドとのバランスをとるためのカードの提供となる。

「一帯一路」構想によって新たな形で世界経済に組み込まれた「南アジア地域」でいったいどのような変化が生じているのだろうか。そして「一帯一路」構想は，印中間および南アジア周辺諸国と中国間にどのような経済的結びつきを生み出し影響を与えているのか。第1節では，先ず印中の外交関係を中心に確認し，次いで南アジア諸国と中国，インドと南アジア周辺諸国の貿易投資関係を素描する。第2節では中国が掲げる「一帯一路」構想の実態についてインドを中心に確認し，第3節では周辺国における「一帯一路」構想の開発プロジェクトの現状とそれが引き起こす様々な課題をみていく。最後に南アジア地

144　第2部　「一帯一路」構想と世界

域からみた「一帯一路」構想の意義について確認する[1]。

1. 南アジアと中国

（1）　対立と協力の印中関係

1）印中関係の概要と印米関係の緊密化

　インドと中国はネパールとブータンを挟み，インド北部と北東部で約3,500km にわたって国境を接している。国境を巡り戦火を交えた中印国境紛争の舞台は，主に北東部のアルナチャル・プラデシュ州であったが，インド・パキスタン間のカシミール地方の係争問題，ブータン・中国間のドクラム地方の問題などもあり，2国が緊張状態にあるのはインドと中国が共有する国境線上だけの話ではない[2]。2つの大国に挟まれるネパールやブータン，そしてパキスタン，バングラデシュといった近隣国の政治経済動向もまた，インドと中国が決してお互いに監視の目を緩めることができないものである。インドと中国は北部を西から東へと，国境が繋がっていようとなかろうと，隈なく神経を張って対峙しなければならない大国関係にある。昨今では，インド洋でも中国の海洋進出が目覚ましく，インドは中国の存在をますます意識せざるを得ない状況にある。中国の大国化と海上シルクロードによってインドは，インド亜大陸ばかりかインド洋においても自らの中心性をいかに維持するかの問題に直面している。

　この2つの大国の政治経済関係が長期にわたって停滞することになった契機は，中印国境紛争であった。1962年の国境紛争の後，両国首脳の訪問は 1988年まで実現しなかった。国境問題は未だに外交上の火種であり続けている。しかし 1990 年代以降，2国間の外交関係あるいは経済活動に変化がみられるようになった。

　1990 年，インドは計画経済によって積み重なった財政赤字と湾岸戦争の影響である資源価格の高騰，海外送金流入の減少によって国際収支危機に陥っていた。このため，インドは 1991 年より IMF・世界銀行の構造調整を受け入れ，新経済政策（New Economic Policy：NEP）の導入などの，一連の経済改革に

第 7 章 「一帯一路」構想と南アジア　*145*

乗り出した。外交政策も見直され「ルック・イースト」政策を掲げ，東・東南アジア諸国との関係性を重視するようになった（深澤 2016：168-169, 堀本 2015：44）。

これら経済面，政治面におけるインドの方向転換には，ソ連の崩壊が大きく影響している。インドは1970～80年代を通してソ連と事実上の同盟関係にあったが，ソ連崩壊によりアメリカとの関係改善へ道を開かざるを得なくなった。経済的な協力を得る意味でも，あるいは中国を牽制する意味でも，インドにとってアメリカとの関係強化は避けて通れない判断であった。他方で中国は，1970年代後半より一足先に積極的な経済開放に踏み切り，高成長を実現していた。東西冷戦の終結と中国の台頭は，アメリカの対アジア戦略にも影響を及ぼした。アメリカは南アジアにおけるインドの役割を，台頭するアジアの大国，中国との関係のなかで位置付けるようになった。1998年のインド核実験によって米印関係は悪化した。また2001年の同時多発テロを契機にアメリカはパキスタン外交を再び重要視したため，アメリカ・インド関係は一時的に悪化するが，基本的に2000年代以降，アメリカの対インド政策は関係強化に向かったといえる。2005年には原子力協力に関する印米共同声明及び印米防衛協定，2008年には民間用原子力協力協定を締結したのはその証左である（堀本 2015：36-56）。

南アジア地域における中国のプレゼンスの高まりは，インドとアメリカ，日本，オーストラリアの多国間による枠組みの形成も促した。QUAD（Quadrilateral Security Dialogue）と呼ばれる4カ国の協力体制に関する議論は各国間で2000年代中盤から活発化し，一時的停滞の後，2017年のマニラでの会議で同枠組みの必要性が改めて確認され，これはQUAD2.0と認識されるようになった。同会議は各国政府高官による事務レベルで行われた。会議後に共同声明を発しなかったが，そのこと自体が本枠組みの目的を暗に指し示しているといえるだろう。各国の公式発表には，主にテロと北朝鮮の核の脅威への対応，法の統治による「自由で開かれたインド太平洋」の促進が含まれていた（Panda 2018：83-89, The Diplomat 2017. 11. 13）。「自由で開かれたインド太平洋」は，日本の安倍首相のインド太平洋戦略であり，岩礁埋め立てと軍事拠点化を南シナ海で進める中国が念頭に置かれるものである[3]。同戦略は，東・東

南アジア諸国との関係強化を目的とした，インドのモディ首相が掲げる「アクト・イースト」政策と連携する（外務省ホームページ）。

アメリカ，日本，オーストラリアは地理的にその中心に位置するインドを加えて多国間で協力体制を作ることで，インド洋の安全保障問題に対処する構えである。だが，QUADは，インドにとってもインド洋において経済的・軍事的影響力を強める中国に対する牽制となる。それだけでなく，インドがこの枠組みの中で対中国戦略の重要な役割を担うことで，大国としての地位を築いていく重要な契機になり得る。2000年代は印米関係の緊密化とQUAD2.0のような多国間関係が模索される一方で，これに刺激され印中関係も急速に接近していった時期でもある。印米関係，印中関係は相互に影響を与えながら進んだ（堀本 2012：56-62）。

2）印中関係の新たな構図

1998年に核実験が行われた際には印中関係は，印米関係と同様に一時冷え込みをみせたが，中印国境紛争のような長期に渡る両国関係の悪化にはならなかった。これは印米の接近を中国が懸念したことが要因である。2000年代に入ると2国間首脳の相互訪問が行われるようになり交流が活発化し，2005年には戦略的・協力的パートナーシップが宣言されるまでになった（溜 2012：80-82）。2国間の会談は頻繁に設けられ，国境問題から経済協力まで，様々な事項が話し合われるようになっていった。2018年に武漢で開催された非公式の印中首脳会談では，ドクラムの問題を含めた外交分野，幅広い経済協力の可能性について首脳同士で確認が行われた。この会談は印中関係における1つのメルクマールと位置付けることができる（The Hindustan 2018.4.30）。印中関係の改善は1990年代より貿易と投資の拡大に反映され，2000年代を通して両国の経済的な結びつきは強固なものとなっていった（深澤 2016：173-175）。

インドと中国は2国間だけでなく多国間においても協力関係を構築してきた。この動きは先進国が中心ではなく，発展途上国による途上国のための新たな開発協力の枠組み作りにおいて顕著である。2005年にインドは上海協力機構（Shanghai Cooperation Organization：SCO），2009年にはBRICs首脳会議に参加し，また同年の気候変動枠組条約第15回締約国会議（COP15）で中国と足並みを揃え，2015年にはAIIB覚書の署名を果たした（堀本 2015：72-

75）。アメリカのトランプ政権成立以降は，インドと中国は自由貿易の重要性を主張する立場をともにとっている（The Times of India 2018. 10. 10）。印中関係は2国間だけでなく多国間の枠組みでも緊密化している。モディ首相と習近平主席は2018年末までに15回にわたって会談していることがそれを物語っている（The Times of India 2018. 6. 8, Livemint 2018. 7. 27）。

　モディ首相は，習近平とほぼ同時期に政権に就き，経済改革に積極的であるため相互に必要なものを補い合う関係にある。インド政府は目標として「メイク・イン・インディア」，「デジタル・インディア」，「スタートアップ・インディア」，「スマート・シティ」など様々な経済政策を掲げている。これらを実現するためのインフラ投資，企業による製造業拠点の移転，スタートアップ育成などは，中国が求める市場，中国が持つ資金力，中国が持つノウハウ，そして中国が標榜する「中国製造業2025」の目標を達成するためのステップと一致しているのである（Lin 2017：65-67）。

　インドの立ち位置は，「決して中国と敵対しないインド，決してアメリカと同盟を結ばないインド＝非同盟2.0」と表現されるように，1990年代以降に展開された，特にアメリカと中国に対する国際関係のなかに見出される（堀本2015：57-62）。インドと中国は確認してきたような国際関係の枠組みにあることから，対立関係にありながら互いに互いを必要とする協力関係にある。両国間では政治的問題を取り敢えず脇に置き，経済的関心を主として進めていくという政策が構築されてきた。しかし，あくまで政治問題は棚上げであっても解決ではないことに留意したい。例えば，2018年6月のシャングリラ・ダイアローグでモディ首相は「インドはインド太平洋地域を戦略的な観点から捉えているわけでも，特定の国々のためのものと考えているわけでもない。また同地域を支配するためにまとまろうとする考えもない。そして特定の国に対抗するための場とも考えていない」（MEA 2018）と発言する一方で，その約1年前の北京で開催された一帯一路国際協力サミットフォーラムには欠席している。確認してきた印中関係の基本構造は，両国関係そして中国と南アジア周辺国の関係を規定するという意味でも重要になる。

148 第2部 「一帯一路」構想と世界

（2） 南アジア諸国と中国の貿易投資関係

1）南アジア諸国の経済概況と中国との貿易投資関係概要

　南アジアにおけるインドの中心性は単に地理的な条件によってだけではなく，経済規模によっても示される（表7-1）。南アジア諸国GDPの合計は日本の約3分の2に相当し，約80％をインド1国が構成する。南アジア地域の人口は世界人口の約24％にあたる約17億人だが，このうちインドが約75％を占める。南アジアにおいてインドの存在は突出している。

　南アジアの大国であるインドは，中国に対しては南アジアの中心国として対峙しなければならない。中国の影響も直接的な影響だけでなく，南アジアの周辺国からの間接的な影響も受ける。従って，インドは中国と南アジア諸国との2方向で関係性を構築しなければならない。インドは「アクト・イースト」で近隣諸国との外交も重視している。これが近年，南アジア地域に形成された国際関係の「ニューノーマル」といえる。中国が南アジア諸国と政治的にも経済的にも関係性を強化し始めた結果である。他方，インド周辺諸国はインドと中国という2つの大国の間でその立ち位置を決めていかなければならない。

　上述の南アジア特有の状況を踏まえて，以下では南アジア諸国と中国，そし

表7-1　南アジア諸国基本データ（GDP および1人当たりGDP，人口）（2017年）

1人当たりGDP（ドル）		GDP（10億ドル）		% 注1	人口		% 注2
モルディブ	11,151	インド	2,600.8	78.95%	インド	1,339,180,127	74.88%
スリランカ	4,074	パキスタン	304.9	9.26%	パキスタン	197,015,955	11.02%
ブータン	3,130	バングラデシュ	249.7	7.58%	バングラデシュ	164,669,751	9.21%
インド	1,942	スリランカ	87.3	2.65%	アフガニスタン	35,530,081	1.99%
パキスタン	1,548	ネパール	24.8	0.75%	ネパール	29,304,998	1.64%
バングラデシュ	1,517	アフガニスタン	19.5	0.59%	スリランカ	21,444,000	1.20%
ネパール	849	モルディブ	4.8	0.15%	ブータン	807,610	0.05%
アフガニスタン	550	ブータン	2.5	0.08%	モルディブ	436,330	0.02%
日本	38,428	日本	4,872.1		日本	126,785,797	
中国	8,226	中国	12,237.7		中国	1,386,395,000	

注1：南アジア諸国総GDPに占める割合。注2：南アジア諸国総人口に占める各国の割合。
出所：世界銀行「WDI」から作成。

てインドと南アジア周辺諸国の貿易投資関係を確認しよう。まず，南アジア諸国と中国との貿易投資関係の概要をみていく。図7-1の通り，南アジア諸国と中国の貿易は2000年代以降に急増している。南アジア諸国の対中貿易額はインドが圧倒的に大きく，その後にパキスタン，バングラデシュが続く。その他にはスリランカがあるが，貿易額では既述の3国が最も大きい。南アジア諸国の貿易収支は，中国貿易で輸入超過にあり，対中貿易赤字が恒常化している。南アジア諸国への中国からの投資は，対インド投資が群を抜いて大きく，その後順にパキスタン，バングラデシュ，スリランカとなる（図7-2）[4]。

図7-1　南アジア諸国の中国との貿易（2000〜2017年）

（単位：10億ドル）

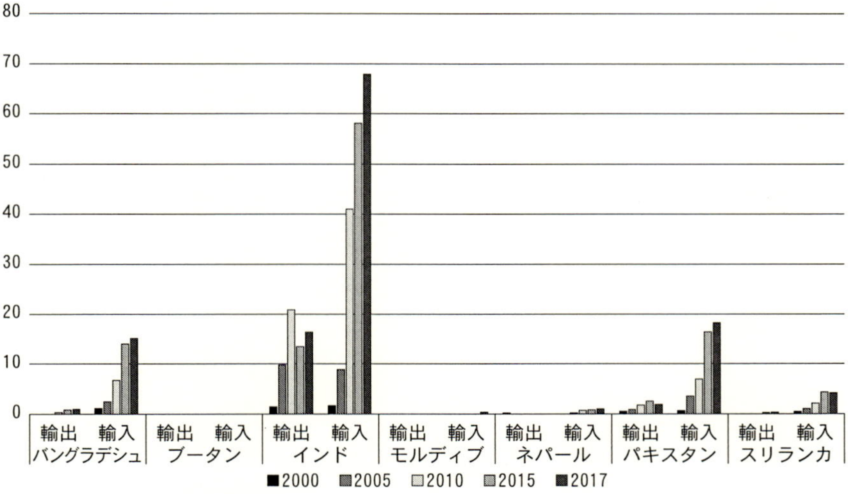

出所：UNcomtradeから作成。

図7-2 中国の対南アジア諸国投資

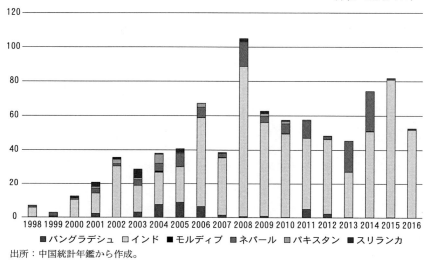

出所:中国統計年鑑から作成。

2) 南アジア諸国と中国,およびインドと南アジア周辺諸国の貿易投資関係

　次にインドと中国の貿易関係をみていく。インドの貿易は2000年代以降に急増する。1990年代を通してインドの最大の貿易相手国はアメリカであった。しかし2000年代初めから印中間貿易が急速に増加し始め,2009年に中国がアメリカを抜きインドの最大貿易相手国となった。輸入についてみると,1990～2000年代初頭にかけてインド最大の輸入相手国はアメリカであった。2000年代に入りインドの中国からの輸入は急速に増加し,2004年にアメリカからの輸入額を超えた。それ以来現在に至るまでインドの主要輸入相手国は中国となる。2017年のインドの全輸入額に占める中国の割合は16.2％となる。その他主要輸入相手国はアメリカ,UAE,サウジアラビア,スイスが上位5カ国に入り,全輸入額に占める割合はそれぞれ5.5％,5.2％,4.7％,4.6％である。主な輸入品目は原油・石油製品,電子機器,金・銀,化学製品などがある。原油・石油製品は上記の中東諸国から輸入され,電子機器や化学製品については中国とアメリカから輸入される(JETRO各年版)。

　輸出については,インドの輸出相手国はアメリカが最大となり,UAEが続

第7章　「一帯一路」構想と南アジア　　151

く。アメリカと UAE に加えて，2000 年代中盤までイギリスとドイツはインドの輸出相手国として上位に数えられた。その後シンガポール，中国，香港がイギリス，ドイツに代わってインドの輸出相手国上位に入るようになった。2017年度のインド主要輸出相手国は順にアメリカ，UAE，香港，中国，シンガポールである。それぞれインドの全輸出額に占める割合は 15.4％，10.0％，5.0％，4.3％，4.0％となる。印中貿易はインドの赤字基調で，対中貿易赤字は長年インドの大きな悩みとなっている（JETRO 各年版）。

　続いて，インドと中国の投資関係をみる。インド商工省国内産業通商促進局（Department of Promotion of Industry and Internal Trade：DPIT）によれば，2000～2018 年にかけてインド対内直接投資額はモーリシャス，シンガポールが突出している。これはインドがモーリシャスとシンガポールとの間で租税条約を結び，キャピタルゲイン課税の免税が認められていたことが大きい[5]。その他の主なインド投資国は日本，イギリス，オランダ，アメリカである。同期間にみる投資分野は主にサービスセクター，ソフトウェア・ハードウェア関連，通信分野となる。近年中国によるインド投資は増加傾向にある。しかし，同期間の中国の対印直接投資額は 18 位で，インド政府による公表データ上そのプレゼンスは低い（DPIT ホームページ，JETRO 2018）[6]。他方で，インドによる中国への直接投資は未だ限定的といえる。インド対外直接投資額はモーリシャス，シンガポールが多く，オランダ，アメリカ，イギリスが続く。投資分野はサービスセクターが最も高い割合を占める（JETRO 各年版，Pradhan 2017：55-58）。

　インドと南アジア周辺諸国との貿易関係をみよう。インドの全貿易額に占める対南アジア諸国の貿易の割合は約 3％である。インドの南アジア諸国との貿易は 2000 年代に入ってから増加しており，これはインドの対中貿易が増加した時期に重なる（図 7-3）。ただし，対中貿易の方が規模でずっと大きい。インドの南アジア諸国との貿易ではバングラデシュが最大で，続いてネパール，スリランカ，パキスタンが主な貿易相手国である。インドとバングラデシュ間の貿易ではインドは主に衣類関連製品や植物性織物関連製品を輸入し，綿花や車両関連製品を輸出している。ネパールとの貿易では農産物や飲料製品を輸入し，鉱物性生産品を輸出する。対スリランカ貿易の主要輸入品目は農産

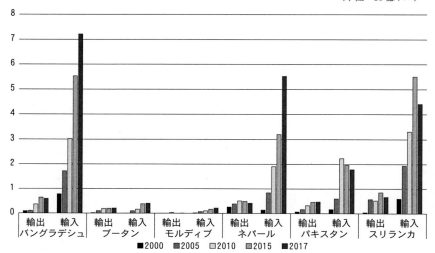

図7-3　南アジア諸国のインドとの貿易（2000～2017年）

(単位：10億ドル)

出所：UNcomtrade から作成。

物，輸出は鉱物性生産品である。パキスタンとの貿易では主要輸入品目は農産物，輸出は綿花や化学工業生産品などがある（UNcomtrade, Department of Commerce India ホームページ）。

　南アジア周辺諸国の主な輸入相手国はインドと中国で，輸出相手国はアメリカと EU 諸国である。ネパールとブータンは貿易総額に占めるインド貿易の割合がその他の南アジア諸国より高く，逆にパキスタンは低い[7]。貿易品目では，南アジア周辺諸国の輸入は共通して石油類の占める割合が高く，輸出品目は繊維関連製品（パキスタン，バングラデシュ，ネパール）や農林水産物（スリランカ，モルディブ）など多様である。南アジア周辺諸国と中国の貿易では，南アジア周辺諸国は主に機械・電気製品，消費財，中間財を中国から輸入しており，輸出に関しては輸送機器及びその関連製品（スリランカ），衣類製品（バングラデシュ，パキスタン）化学工業生産品（ネパール），動物及び動物性生産品（モルディブ）などが主な貿易品目である（WITS ホームページ）。

　インドの南アジア周辺諸国への投資はスリランカが最大で，南アジア地域への FDI の大半を占める。しかし，既述の国々と比較して南アジア諸国へのイ

第7章 「一帯一路」構想と南アジア　　153

ンド対外直接投資の規模は限定的といえる。他方で，中国による南アジア周辺諸国への投資は増加傾向にあり，後述の通り特にパキスタン，スリランカでは一帯一路関連の投資が顕著で，各国の全直接投資流入額に占める中国の割合は高い（JETRO 各年版）。

　要するに，インドは対中貿易は赤字だが，対周辺諸国で黒字基調にあるのに対して，南アジア周辺諸国は中国とインド両大国から輸入超過という同地域の特徴が見出される。南アジア諸国の対中貿易は急速に拡大しており，また南アジア地域内においてはそれに呼応するかのように，対インド貿易が増加している。インドの直接投資流入額に占める中国の割合は大きくないが着実に増加傾向にある。また，南アジア周辺諸国で中国はインドと同規模あるいはそれ以上の投資国としてプレゼンスを高めている。

2.「一帯一路」構想とインド

（1）　AIIB と NDB によるインフラ計画

　インド亜大陸には「一帯一路」構想において掲げられる2つの経済回廊が走る。1つは，後述のパキスタン中国経済回廊（China-Pakistan Economic Corridor：CPEC），もう1つは中国西南部の昆明からミャンマーとバングラデシュを経由しインド東部のコルカタに繋がるバングラデシュ・中国・インド・ミャンマー経済回廊（BCIM-EC）である。BCIM-EC は元々サブ・リージョナルな経済協力を目的として，関係国の研究者を中心に形成された協議を出発点としている。1999 年には雲南省社会科学院と同省経済技術研究所の主催で第1回国際会議が開催され，4カ国から約 134 人の代表者が雲南省昆明に集った。各国代表団には研究者をはじめ，シンクタンクや政府関係者も含まれた。同会議では「昆明イニシアチブ」が4カ国間で結ばれ，地域経済協力と開発に向けた方針の確認が行われた[8]。同イニシアチブを土台に協議が 1999〜2013 年までに 11 回重ねられ，2013 年に印中間で BCIM-EC の計画に関する共同声明が発表された。その後 BCIM-EC を具体的に詰めるための共同研究グループが設置されることとなった。しかし，2015 年に中国がインドからの承認を

得ないで同回廊を「一帯一路」構想に編入したことが，インドの反発を招いた。後述する背景からインドは「一帯一路」構想を国として承認はしないが，BCIM-EC には実質的に関わるという形となった（Deepac 2018:54-57）。

「一帯一路」構想を公に受け入れていないインドは，アジアインフラ投資銀行（AIIB）への参加をいち早く表明した国の１つである。AIIB に対して中国に次ぐ額の約83億ドルを出資している。インドは中国に続く第２位の出資国であると同時に，AIIB の最大の受益者でもある。南アジア地域でみると2018年末までの AIIB のプロジェクトの数はインドが最多で，発電所や鉄道の建設，交通インフラ整備など９件の計画が進行している（表7-2）[9]。パキスタ

表7-2　南アジア諸国と AIIB インフラプロジェクト

（単位：100万ドル）

国		インフラ計画	セクター	承認日	AIIB 融資額（百万ドル）	総融資額
インド	1	アンドラ・プラデシュ州都市上下水道管理向上計画	水	2018/12/18	400	2,159
	2	アンドラ・プラデシュ州地方道路開発計画	交通	2018/9/28	445	
	3	国家投資及びインフラ基金	多部門	2018/6/24	100	
	4	マディヤ・プラデシュ州地方接続性向上計画	交通	2018/4/11	140	
	5	バンガロール 地下鉄 R6 線計画	交通	2017/12/8	335	
	6	送電システム強化計画	エネルギー	2017/9/27	100	
	7	グジャラート州地方道路開発計画	交通	2017/7/4	329	
	8	インドインフラ基金	多部門	2017/6/15	150	
	9	アンドラ・プラデシュ州電力網整備計画	エネルギー	2017/5/2	160	
パキスタン	1	タルベラ　第五次水力発電拡張計画	エネルギー	2016/9/27	300	400
	2	高速自動車国道 M-4 計画	交通	2016/6/24	100	
バングラデシュ	1	バングラデシュ ボラ地区独立発電事業者拡大計画	エネルギー	2018/2/9	60	285
	2	天然ガスインフラ整備及び効率性向上計画	エネルギー	2017/3/22	60	
	3	配電網改修及び拡張計画	エネルギー	2016/6/24	165	

出所：AIIB ホームページから作成。

ンの2件，バングラデシュの3件と比較しても各段に多い。プロジェクトの総額は，インドが約21億ドル，パキスタンが4億ドル，バングラデシュは2億8,500万ドルである。AIIBが2018年末までに承認したインフラプロジェクトの総数は35件であるから，インド1国でAIIB全プロジェクトの約40％を占めていることになる。投資額（75億ドル）では，28％を占めている。AIIBの融資は，南アジア地域の比重が高いだけでなく，インドに重点的な投資が行われていることが理解できる（AIIB ホームページ）。

　アジア諸国はその他の地域と比較してもインフラ需要が高いとされている。特にインドは将来中国に続くインフラ市場に成長すると予測されており，インドのインフラ整備には2016〜2040年の間に総額4兆5,000億ドルの投資が必要となる。これまでの投資傾向に鑑みると，インドは3兆9,000億ドルまでの投資を得ると予測されている。インドが総インフラ需要を満たすには6,000億ドルが不足する計算になる（Oxford Economics 2017：3-4, 81）。インドがこのギャップを補う融資元の1つとしてAIIBに期待を寄せていることはいうまでもない。

　AIIB同様，「一帯一路」構想に関連するプロジェクト・ファイナンス機関として新開発銀行（New Development Bank：NDB）が存在する。NDBはBRICSを基本的に出資国としていることから，融資先も構成国に限定される。2019年2月までにNDBで承認を得たプロジェクト数は合計で30件，その内インドが占める割合は8件で全体の約33％を占める（表7-3）。これは中国（9件）に次ぐ件数になる。インドのプロジェクト総融資額は25億5,000万ドルで，AIIBの融資額を上回っている。NDBの総融資額に占めるインドと中国の割合はそれぞれ32％，34％でその大部分をインドと中国の2国で占める。このように，NDBにおいても融資先としてインドの優先順位が高い（NDB ホームページ）[10]。

　インドは中国が主導権を握るAIIBや中国との協力関係下にあるNDBの主要な融資先となっており，これら銀行が中国の掲げる「一帯一路」構想のファイナンス源となっている。インドは「一帯一路」構想に表向きは承認できないが，受益者という立場から安全保障問題を除けば，強く反対する必要はないのである。

156   第2部 「一帯一路」構想と世界

表7-3　NDB のインドにおける融資プロジェクト

(単位：100万ドル)

	計画	セクター	融資額
1	ムンバイ 地下鉄計画	交通	260
2	マディヤ・プラデシュ州 第二次地方幹線道路計画	交通	350
3	マディヤ・プラデシュ州 橋梁建設計画	交通	175
4	ビハール州 地方道路建設計画	持続可能なインフラ・交通	350
5	ラジャスタン州 灌漑整備計画	灌漑・農業	345
6	マディヤ・プラデシュ州 村落間水道整備計画	上下水道・農村開発	470
7	マディヤ・プラデシュ州 地方幹線道路建設計画	地方道路の改修	350
8	カナラ地域 再生可能エネルギーファイナンス制度計画	再生可能エネルギー	250

出所：NDB ホームページから作成。

（2）　中国企業のインド投資

　AIIB や NDB といった中国，インドが主体となる国際金融機関からの融資とともに，中国企業によるインドへの投資も増加傾向にある。アメリカの研究機関，アメリカン・エンタープライズ・インスティチュートは「チャイナ・グローバル・インベストメント・トラッカー」を更新し，2005 年から世界の地域別，国別に中国による投資を記録している。同機関は，世界を7つの地域に区分し，インドを含む南アジア諸国は「西アジア」として分類されている。2005～2018 年の西アジアへの投資総額は 2,751 億ドルで，地域別ではヨーロッパ（3,851 億ドル），サハラ以南アフリカ（2,996 億ドル）に次いで3番目に中国企業による投資規模が大きい地域となっている[11]。

　西アジアで同期間中の中国企業の投資が顕著な国はパキスタン（519 億ドル），ロシア（472 億ドル），カザフスタン（326 億ドル）である。これらの国々と比較するとインドはパキスタンの半分以下の 271 億ドルを受け入れている。南アジア諸国間では，インドはパキスタンに次ぐ投資受け入れ国であり，これにバングラデシュ（266 億ドル），スリランカ（154 億ドル）が続く[12]。

　中国によるインドへの投資は，「一帯一路」構想が発表された 2013 年より拡大傾向がみられる。2014 年にはインド人民党のモディ政権が成立し経済改革を積極的に進めたことも，中国企業のインド投資を加速させる要因となった。中国企業の投資分野は，通信分野やエネルギー，鉄鋼分野が多い。通信分野へ

第7章 「一帯一路」構想と南アジア　　*157*

の投資では，インドで絶大な市場規模を持つ中国携帯電話ブランド企業による投資，ブランド企業に部品を供給する中国メーカの設備投資などがあげられる。エネルギー分野では火力発電所への投資に加えて，特に太陽光発電施設など代替エネルギー関連の設備建設が確認される。その他にも，鉄鋼関連や公共交通機関関連への投資が多くみられる。中国多国籍企業で頻繁にインドへの投資を続ける企業としてはアリババが最多の7件に上り，多分野に事業を展開している。

　世界経済フォーラムのレポートによれば，インドは2030年までに中所得世帯が拡大し，消費市場を牽引する。インド全体の消費は2018年の1.5兆ドルから2030年までに約6兆ドルに拡大が見込まれている。また，2030年までにインドのインターネット利用者数は約11億人に達する（WEF 2019：10, 12）。

　中国企業は成長するインドへの進出に，市場の獲得と自企業の成長をみている。家電分野ではHaierが2007年からインドに生産拠点を設けており，2018年には第2のインダストリアルパーク設立に向けてウッタル・プラデシュ州政府と覚書を取り交わした[13]。建設機器ではSANYグループ，LiuGong，Zoomlion，XCMGがインドで活躍している。このうちの3社が2017～2018年に生産設備の拡張を決定した。電気設備関連ではTebian Electric Apparatus，Baoding Tianwei Baobian Electric，Highly Electrical Appliancesが進出しており，2018年にはHighly Electrical Appliancesが設備の拡張を発表している。車両分野ではCRRCがインドで生産拠点を持ち，2019年に入り設備拡張を決定している。太陽光発電は，中国企業がインド市場の90％のシェアを占めており，Trina Solar，JA Solar，Jinko Solar，Yingli Solar，Hareon Solarなどが代表的な企業になる。同分野では2018年にCETCとLongi Solarがインドでは初となる生産設備投資に動いた（Invest India ホームページ）。

　携帯電話ではXiaomi，Lenovo，Oppo，Vivo，Gionee，OnePlusなどがインド市場を席巻しており，Xiaomiはフォックスコンに委託し製品の90％以上をインドで生産している。同社は2017年に新たな工場を設立した。またOppoも2016年に組み立て工場を設立した。Huaweiはインドでのシェアを拡大するために工場建設と販売店の設置を決めている（Invest India ホームページ，The Economic Times 2019. 2. 26）。

158　第2部　「一帯一路」構想と世界

　テクノロジー分野では，中国企業のインドスタートアップ投資が拡大している。AlibabaやTencentはFlipkart, Snapdeal, Big Basket, Paytm, Hike, Ola, Practo, UCweb に投資しており，これら企業はそれぞれのインドの投資市場で最大規模のシェアを誇る[14]。この他にも Beijing Miteno Communication Technology による Media.net，ByteDance による Dailyhunt への投資といったように，近年ではインドのインターネットビジネス市場の機会を模索する動きが活発化している（Invest India ホームページ, India Briefing ホームページ）[15]。このように中国企業による投資が勢いを増すなか，中国工商銀行はインドのスタートアップ企業や中小企業への投資の加速を目的に，ムンバイ支店を設け，2億ドルのファンドを設けた（Livemint 2018. 11. 13）。

　確認してきたように，インドは，「一帯一路」構想のファイナンス機関の他，中国多国籍企業からの投資も積極的に受け入れており，中国は「一帯一路」構想のプロジェクトを超えた資本をインドにもたらす存在といえる。

3.　「一帯一路」構想と南アジア周辺諸国

（1）「一帯一路」構想とパキスタン，スリランカ
1）パキスタン

　パキスタンにおける CPEC は，「一帯一路」構想の経済回廊のなかでも旗艦に位置付けられている。CPEC は中国とパキスタンをつなぐ道路や鉄道網とアラビア海に面するグワダル港開発を中心として，現在ではエネルギー，インフラ，グワダル開発，工業化協力という4つの開発分野が設けられ，計画が拡大している[16]。CPEC は短期（2014〜2020年），中期（2021〜2025年），長期（2026〜2030年）と期間別に計画を定めながら，様々なプロジェクトを進めている（Farooq 2017:3-4）。港から中国まで繋がる石油・天然ガスなど資源輸送パイプライン敷設，発電所の建設，中心地と地方を結ぶ各種インフラ整備，老朽化したカラコム高速道路の改修，経済特区の開発やインターネット回線の設置など，CPEC はパキスタン経済を「アジアの虎」に変革させるものと捉えられている。あらゆる産業分野を横断した CPEC の一大開発プロジェクトは，

第7章 「一帯一路」構想と南アジア　　*159*

長期では中央アジア諸国やグワダル港を介して中東・アフリカ諸国を含めた広域に経済のコネクティビティを拡大させ，商業ハブとして機能することを期待されている（Malic 2018:70-75, Wolf 2018:85-88）。中国が融資するプロジェクト数は現在67に達し，その費用の多くはエネルギー分野に向けられている（CPEC ホームページ, Arrfat 2018:4）。

　中国のCPECにおける狙いは多岐に及ぶ。開発から取り残された中国西部の経済の活発化がその1つである。西部，特にCPECで繋がる新疆ウイグル自治区のカシュガル地域などの発展はパキスタンとの関係だけではなく，広く中国とグワダル港を経由して繋がる中東・アフリカ諸国との交易ルートによって貿易が活発化することでも可能となる。これには経済成長を1つの突破口として新疆ウイグル自治区やパキスタンの反政府勢力の活動を鎮静化し，CPECに関連した経済活動の基盤を整える意図もある。またCPECにより中国はエネルギー輸入ルートを多様化することができる。現在中国のエネルギー輸入の約80％はマラッカ海峡経由で輸送されているが，CPECにより中東からの石油輸入の代替ルートが確立され，エネルギー安全保障の観点からも「マラッカのジレンマ」への対処となる（Malic 2018:74-75, 78, Wolf 2018:88-90）。これらに加え，中国は安全保障上の観点からもグワダル港を必要としている。中国はアラビア海に中国海軍の海洋基地を設けることでインド洋からアラビア海にかけて影響力を高めることができ，グワダル港はインドを包囲する中国の「真珠の首飾り」戦略の要港として機能する（ミラー 2018:194-196）。

　これまで中国はパキスタンと経済面にとどまらず軍事や核開発と多岐にわたる分野で関係性を築きあげてきた。インドがソ連と事実上の同盟関係にあった当時，中央アジアにおけるソ連，あるいは南アジアにおけるインドへのバランスをとる上でも，中国はパキスタンを戦略的パートナーとし緊密に連携を取る必要があった。CPECはこの強力な2国間関係を土台として成立するプロジェクトである[17]。CPECの変遷を端的に振り返ると，1980年代にまで遡る。ソ連はグワダル港を中央アジアからのエネルギー資源の輸出拠点として開発を試みたが，ソ連のアフガニスタン撤退とその後の国家の解体により計画は頓挫した（ミラー 2018:190-191）。2001年に中国が資金援助を受け持つこととなり，グワダル港の建設が進められ2007年に開港に至った。運営権はシンガポール

湾岸庁が40年間の契約を結ぶが，その後中国海外港口控股有限公司（China Overseas Ports Holding Company：COPHC）が2013年から40年間，同権利を引き継ぐこととなった（Copper 2016：66-69，ミラー 2018：191-192）。2013年に中国が「一帯一路」構想を打ち出したことで，グワダル港の開発と同港を起点としたCPEC関連のプロジェクトには約460億ドルの資金が約束され，既に述べたように様々なインフラ建設が開始された。

　CPECを巡っては数々の問題が指摘される。パキスタンと中国の協力関係はインドにとっては大きな懸念事項である。CPECはパキスタンが実効支配し，インドも領有権を主張するカシミール地域を通過する。同地域を巡って繰り返し戦火を交えてきたインドにとって，受け入れられない問題なのである。しかもグワダル港は軍事目的での利用の可能性があり，インド洋の中心に位置するインドは「一帯一路」構想を巡る中国とパキスタンの動きを警戒せざるを得ない。既述の2017年5月に北京で開催された一帯一路国際協力サミットフォーラムには130カ国以上が参加したが，モディ首相は招待を断り欠席したのは，こうしたシビアな問題があるからである。

　債務問題もある。プロジェクト資金は当初の460億ドルから現在では620億ドルに膨張している（小田 2018）。全プロジェクトは2030年までに終了の予定だが，CPECに関連するプロジェクトの利率は，一般的には約1.6％とされる国際的な標準と比較して約8％と高く，既に元利返済が困難な状況にあるといわれている（Global Risk Insights ホームページ）。インフラ整備にあたって多くの中国企業がパキスタンに進出したが，これにより中国からの資材輸入が急増し，パキスタンの対中貿易赤字が大きく拡大している。パキスタンと中国は2006年に自由貿易協定（Free Trade Agreement：FTA）を締結し翌年発効に至っており，CPEC以降（2013年）のパキスタンの貿易赤字の要因とされている（China FTA Network ホームページ，Herald 2017. 7. 24, Malik 2018：72-73）。パキスタンはCPECのプロジェクトからダム建設（140億ドル規模）の除外を要請しており，また債務危機に瀕し，過去の事例から考えればIMFに緊急支援を求める可能性がある（小田 2018）。後述するスリランカのハンバントタ港の事例のように，今後中国が債務削減をカードに使い，パキスタンとの交渉を有利に進める可能性は否定できない。またバロチスタン州などを中心

として活動する反政府組織勢力の存在は中国によって進められる開発の悩みの種となっている。

2) スリランカ

スリランカにおける一帯一路プロジェクトはハンバントタ地区の開発やコロンボ・ポートシティ・プロジェクト（Colombo Port-city Project：PCP）が代表例となる。中国はハンバントタ地区でハンバントタ港やマッタラ・ラジャパクサ空港，高速道路，火力発電所などの整備に関わっており，2008～2015年にかけて12の異なるプロジェクトに着工している。インド洋の海運拠点としてはコロンボ港が存在する。このコロンボ港では招商局国際（China Merchants Holdings International：CMHI）が南アジア最大規模の大型コンテナターミナルを整備し2013年より稼働している（日本経済新聞 2015.7.17）。貨物量の取扱量が増加傾向にあることから，中国交通建設集団（China Communications Construction Group：CCCG）はハンバントタ港も今後国際的な湾岸港に成長する見込みがあるとし，開発の提案を行った。他方で，空の窓口としてバンダラナイケ国際空港がコロンボ圏で機能しているが，CCCGの子会社である中国湾岸工程（China Harbour Engineering Company：CHEC）は同空港の混雑状況をマッタラ・ラジャパクサ空港の建設により解消できると提案し，当時の大統領ラジャパクサは観光産業の活性化という観点からも同プロジェクトの建設を決定した（榎本 2018：41-49）。PCPにおいてもCCCGやCHECがプロジェクト施工主となり，コロンボ港の南側約269ヘクタールを埋め立て，シンガポールやドバイのような国際金融都市を作る計画が進んでいる。

中国のスリランカにおける影響力の拡大はいったい何を意味するのだろうか。「真珠の首飾り」戦略の面が強調されるが，インド洋を通る貨物量の増加にともない，中国はインド洋における商用の海上輸送経路をおさえ，優位性を発揮しようとしていることも間違いない。スリランカ沖合は世界のタンカーの約3分の2，コンテナ船の約2分の1が通過するといわれている。通関手続きにおいてインドよりも簡潔で，時間短縮が可能となる。海のシルクロードを形成する上でスリランカはインド洋の中継地点として重要な位置にあるといえる。また，スリランカはインドとのFTAを利用し，無関税で輸出入を行うこ

とができるため物流拠点になる（日本経済新聞 2017.7.17）。インフラプロジェクトは中国企業がグローバル化するうえでも重要な意味を持つ。中国企業のスリランカでの経験は，次第に一企業を援助の実施者から政策に影響を与える存在に転化させている。CCCG の中核企業である中国交通建設（China Communications Construction Company：CCCC）は海外事業部を CHEC に分社化し，CHEC にスリランカにおけるインフラ事業の中心的な役割を与えた。ここからも，スリランカでのプロジェクトを利用しながら，グローバル化に向けた足がかりをえる企業の姿を確認できる（榎本 2018:46）。

　ところで，中国のスリランカ進出の契機は同国の内戦に遡ることができる。1980 年代初頭から 2009 年まで続いた内戦では，インド軍の介入もあって事態の悪化を招き，1991 年にはインドのラジーブ・ガンディーがタミル・イラーム開放のトラ（LTTE）に暗殺されることにもなった。インドとスリランカの関係は冷え込み，日本や欧米諸国，国際機関もスリランカ政府のタミル人に対する非人道的な行為を非難し，同国援助に消極的になった。こうして国際社会から孤立し，インドとの紐帯も緩み，伝統的な支援国がスリランカと距離を置くようになった。

　中国がスリランカに進出するのは，この間隙を突くものであった。中国は内戦でスリランカ政府に武器を提供し，同政府のタミル人虐殺が国連安全保障理事会で議題に上がらないように協力をした。中国とスリランカの関係は内戦を通して確実に深まり，内戦終結後に中国によるスリランカへの戦後復興のための資金，そして投資が増加していく素地を築いた（ミラー 2018:208-209）。

　ラジャパクサ政権は中国に頼って各種のインフラ事業を進めてきたが，スリランカの政治経済は大きく揺れ動いた。ラジャパクサは中国との関係を強めて汚職に手を染めたとの疑惑が浮上し，2015 年の選挙では中国と一定の距離を置くシリセーナ大統領候補に敗北した。新政権は前政権の中国とのインフラプロジェクトを見直し，ハンバントタ港第二期工事を一時中断させ，マッタラ・ラジャパクサ国際空港については第二期工事の中断を決定した。しかし，既存のプロジェクトが赤字経営に陥っていた。ハンバントタ港やマッタラ・ラジャパクサ空港の設備能力は実際の需要から大きくかけ離れていた（榎本 2018:46-49）。

シリセーナは中国とうまく距離を取ろうと試みたが，債務の返済に窮する中で，結局，スリランカは中国に歩み寄るしかなかった。債務削減を条件にハンバントタ港の運営権を中国との合弁企業に99年間貸与する枠組みが話し合われ，交渉の末，中国側株式比率70%，スリランカ側30%で合意した。2017年12月に引き渡しが行われた（荒井 2018:550-551）[18]。これが国際的に懸念される中国による債務の株式化（Credit Default Swap:CDS）を利用した資産の獲得の事例である。中国の課す金利は約6%で，国際機関の相場の2%より相当に高い（ミラー 2018:210）。債務が膨らむと返済が一気に困難になる。スリランカの対外債務は2017年時点で483億ドルに達し，GDPの約60%に達する。公的債務の対GDP比は約80%にもなる。年間債務返済額は110億ドルで，スリランカ政府の歳入額とほぼ同額である（石川 2018:111, IMF 2018:22）。

こうした中国のスリランカへの影響力拡大は，商業的関心が強いが，同時にインド洋への戦略的進出の可能性を高める。それが国際社会の懸念を生み出しているのである。

（2）「一帯一路」構想とその他南アジア諸国

中国の影響力は，インド洋島嶼国モルディブにも及ぶ。人口42万人ほどのモルディブに対する中国の投資は2000年代後半から増加した。中国の投資約8億ドルを用いて国際空港と首都マレと同空港を結ぶ高速道路の整備が進められており，北京城建集団（Beijing Urban Construction Group:BUCG）が施工する。中国資本による都市部高層ビル建築も進んでおり，中国人観光客の増加が著しく2017年には約30万人が訪れ，全観光客の約20%を中国人が占めた（South China Morning Post 2018. 9. 25, Maldives Independent 2018. 3. 15）。モルディブは2017年に中国とFTAを締結し，貿易面でも中国との関係を強めている。

既述の中国とのプロジェクトや協定は親中のヤミーン大統領によって進められたものである。モルディブの北に位置するガドホー島のインフラプロジェクトが中国人民軍の拠点港だと考えられている（SP's Naval Forces 2018. 1. 19）。モルディブはインド洋に連なる中国の「真珠の首飾り」戦略の一部を構成しており，中国の商業的な関心だけでなく軍事的な関心も注がれる国である。イン

ドは，伝統的に関係が強いモルディブの中国への姿勢を否定的に捉え，2010年代初めにはモルディブとの政治経済交流は停滞した。国際空港の建設は元々インド企業が受注していたものである。それがモルディブ側から覆された（Financial Times 2018. 8. 7）。中国はモルディブへの援助を強化し，プレゼンスを高めていった。

　バングラデシュには，中国はどのように関係を築いているのだろうか。まず，BCIM-EC である。既述の CPEC と同様に BCIM-EC はマラッカ海峡に依存しないエネルギー資源の輸入ルートをベンガル湾に築くもので，その名の通り4カ国を通過し，中国の雲南省とミャンマーのチャオピュー港を繋ぐインフラプロジェクトである。ベンガル湾のミャンマー沖合では中国主導で天然ガス油田の開発が進められており，同地域で産出された資源も陸路で中国に輸送される計画である。インド太平洋地域の「真珠の首飾り」を構成する拠点としても機能する。バングラデシュ最大橋梁プロジェクトとなるパドマ橋建設も中国中鉄大橋（China Major Bridge Engineering Group：MBEC）が受注した[19]。

　バングラデシュはインドへ最大の配慮を示しながら，中国との関係を築いている。ダッカ証券取引所ではインドと中国が競い中国に軍配があがったが，ソナディアの深海港建設はインドや日本との関係から白紙となり，中国はパイラ港に参加する形となった。ただし，これは多国間協力での開発である（The Times of India 2016. 2. 8）。中国はバングラデシュ最大の港，チッタゴンにおける特別経済特区の整備と同地区に製造業を中心とする投資も決定し，これもバングラデシュが中国の経済特区を確保した初めての例となった（Reuters 2018. 4. 4）。

　ネパールにおいても中国の進出は著しい。その他の南アジア諸国同様，ネパールも「一帯一路」構想に賛同し，中国からのインフラプロジェクトを積極的に受け入れている。（South China Morning Post 2017. 5. 12）。2018年6月にネパールのオリ首相は北京に赴き李克強首相と対談し，鉄道や水力発電所，セメント工場，高地農園などの広範かつ大規模なプロジェクトに関する覚書を交わした（The Himalayan Times 2018. 6. 21, India Today 2018. 6. 20）。鉄道プロジェクトでは国境近く中国側に位置する Kerung から首都カトマンズを通り，最終的にはインドとネパール国境付近のルンビニまでを繋げるルートの整

備を予定している。

　中国がネパールとの関係を重視する背景には何があるのか。内陸国ネパール
は大国インドと中国に挟まれている。このため，安全保障の観点からもネパー
ルを自陣営に取り込みたいとのインセンティブが働く。有事にはネパールに軍
隊を送り込む必要からインフラ整備の支援には余念がない。しかし，貿易面で
ネパールとインドの結びつきは圧倒的に強い。これはネパールが約742km 離
れたインドのコルカタ，約1,400km 離れたビシャカパトナムといった国際港
を第3国との貿易の際に利用しなければならないためだ。中国のネパールへの
経済支援はネパールにおけるインドの影響力の削減を目的としている。中国の
ネパールへの投資は2014年にインドを抜き，最大投資国となった。政治面で
は，中国は経済支援を用いてネパールを味方につけ，中国からネパールへのチ
ベット人の移動の管理に成功している。2015年のネパールでの大地震後，援
助の手を差し伸べ復興支援を担ったのも中国である（Copper 2016:57-61, The
Diplomat 2018. 9. 13）。

　このように，伝統的に政治的，経済的にインドと関係の強かったネパール
は，近年加速的に中国への接近を強めている。だが，これはネパールが過度な
インド依存を避けるためのバランス外交の面があることも確かである。

おわりに

　陸と海のシルクロードによって取り囲まれる南アジア諸国は，中国との政治
的経済的関係をますます強くしている。中国と各国で進められてきたインフラ
プロジェクトは，「一帯一路」構想の下でグローバルな経済の中に再編成され
ている。南アジア諸国はこれまで持ちえなかった壮大な世界経済のビジョンの
なかに位置付けられることになったのである。

　インドにとって，インド亜大陸，そしてインド洋で影響力を高める中国はと
てつもない脅威に映る。しかし，中国との関係は単純な対抗関係ではない。南
アジアの国々は安全保障問題に敏感に対処しつつ，同時に中国の経済力を利用
している。経済成長に突き進むインドは，南アジア地域の中心性を巡る政治的

166　第2部　「一帯一路」構想と世界

な観点から「一帯一路」構想に不支持の姿勢をとりながら，AIIB や NDB からの融資を受け，また中国企業の投資を受入れる。国際協力機関の多国間枠組みにも参加し，相互に協力関係を維持している。両国はまさに対立と協力の関係にある。

　南アジア地域における中国のプレゼンスの高まりは，既存の国際政治の中では南アジアを舞台としたアメリカや日本，オーストラリアを含めた中国包囲網の形成に結び付く。QUAD2.0 はインドの南アジアにおける中心性を強化し，インドはこれをバックに南アジア周辺諸国への政治的経済的結びつきを強めるよう行動する。南アジア周辺諸国はインドと中国両国との政治関係のバランスを保ちながら経済成長の機会を得る。

　インドのインド亜大陸とインド洋における中心性は，中国の南アジア進出によって挑戦を受けている。そしてインドと中国との間で，南アジア周辺諸国の政治経済は揺れ動く。南アジアにおける「一帯一路」構想は，同地域で影響力を高めた中国が，いまや現代南アジアの政治経済関係で当事者となり，同地域が新たな国際政治構造に入ったことを意味するだろう。

注
1）本章では本節の視点から南アジアと一帯一路の事例や南アジア諸国と中国の政治経済関係の実態をカバーすることを目的とし，インド，パキスタン，スリランカ，バングラデシュ，モルディブ，ネパールの計6カ国を中心に触れている。そのためアフガニスタンとブータンの詳細は除いている。また国際関係については南アジア地域における基本的構造を析出する必要からアメリカと中国に焦点を当て，ロシアは含めていない。
2）ドクラム高原はブータン西方の中国との国境付近に位置し，両国が自国の領土と主張する地域。2017年6月，中国が同地域で道路整備を開始したことにインド軍が介入したことが発端となり，両国軍隊は73日間国境線で対峙する事態に発展した（BBC 2018.4.9）。
3）「自由で開かれたインド太平洋」については，第10章も参照。インド太平洋におけるインドの安全保障に対する姿勢については脇村（2018）も参照。
4）インドの国別投資流入をみると中国は上位10カ国に入っていない（JETRO ホームページ）。しかし，インドへの直接投資流入またインドからの海外直接投資は多国籍企業によって，インドと租税条約を結ぶモーリシャスやシンガポールを経由した迂回投資が行われることが多く，全 FDI に占める両国の割合が必然的に高くなることには注意したい。またパキスタン，スリランカ，ネパールの全 FDI 流入に占める中国の割合は特に高くなっている（JETRO ホームページ，各国中央銀行・政府機関 ホームページ）。
5）同条約は 2016 年に改正され，2019 年 3 月に失効した。
6）インド商工省の統計数字は中国統計局が同期間で示すインド対内直接投資の合計額よりも大きい。また，後述するアメリカン・エンタープライズ・インスティチュートの中国による各国投資データも，上記政府機関の数字よりも遥かに大きくなる。しかし，同研究機関が全ての中国投資を

第7章 「一帯一路」構想と南アジア　　*167*

カバーしているわけではない。

7）モルディブは主要輸出国にタイ，スリランカ，主要輸入国にUAE，シンガポール，スリランカ
　　が加えられる（WITS ホームページ）。

8）The Kunming Initiative for a Growth Quadrangle between China, India, Myanmar and
　　Bangladesh, 14-17 August 1999 (2000) を参照。1999年の会議では政府関係者は中国とミャンマー
　　から派遣され，中国はその他シンクタンクや大学から合計で94名を派遣した。

9）AIIB ホームページ。AIIB の単独投資ではなく，南アジア地域におけるプロジェクトもほとん
　　どの場合はその他国際機関や政府と協調融資を行う。

10）ロシアが6件，ブラジルが4件，南アフリカが3件となっている。現時点で新たに3件が申請段
　　階にあるが，それらの内訳はインド1件，中国1件，ブラジル1件である。

11）ヨーロッパ地域は3,851億ドル，サブサハラアフリカ地域は2,991億ドル，西アジア地域は2,751
　　億ドル，東アジア地域は2,664億ドル，中東北アフリカ地域は2,991億ドル，南アメリカ地域は
　　1,694億ドル，北アメリカは698億ドルとなっている。地域としての区分ではないが，1国で投資
　　額が多い国としてアメリカ（1,826億ドル），オーストラリア（1,116億ドル）が存在する（Scissors
　　2019, p.6）。

12）ネパールは49億ドル，モルディブは17億ドル。

13）以下本項に登場する中国企業名は便宜上英語表記で統一する。

14）Flipkart と Snapdeal はオンラインショッピング企業，前者には Tencent，後者にはアリババが
　　投資をしている。Big Basket は食料品を中心に扱うオンラインショッピング企業。Paytm はイン
　　ド最大の電子決済サービス事業者。Paytm にはアリババに加えてソフトバンクも投資しており，
　　Paytm とソフトバンクが連携し日本の電子決済サービス PayPay 株式会社を設立した。Hike はイ
　　ンド企業で最大のメッセンジャーアプリ企業，Tencent とソフトバンク，現地財閥が設立したジョ
　　イントベンチャー。Ola はライドシェアアプリ企業，Tencent とソフトバンクなどが出資してい
　　る。Practo は医師の検索と診療の予約，医療情報の提供を行うヘルスケアプラットフォームをオ
　　ンラインで提供する企業，Tencent が出資している。UCweb はアリババの子会社で，スマート
　　フォン向けブラウザーを提供する（各社 ホームページ）。

15）Beijing Miteno Communication Technology は通信企業，Media.net は広告テクノロジー企業。
　　ByteDance は TiKToK を開発したアプリ企業，Dailyhunt はスマートフォン向けニュースを配信
　　する企業。

16）現在は CPEC1＋4 という表現も使用されている。1は上述のパキスタンと中国をつなぐ交通イン
　　フラ整備を意味し，＋4は新たに付け加えられた既述の4つの開発分野を指す。

17）パキスタンと中国の関係詳細は Copper 2016 を参照。

18）スリランカ港湾局（Sri Lanka Port Authority：SLPA）と中国招商局港口（China Merchants
　　Port Holdings Co. Ltd.：CMPORT）によって2つの合弁企業が設立された。1つはハンバントタ国
　　際港湾グループ（Hambantota International Port Group：HIPG）でもう一方はハンバントタ国際
　　港湾サービス（Hambantota International Port Services：HIPS）である（荒井 2018）。

19）中国中鉄大橋は中国中鉄（China Railway Group：CREC）の子会社。

参考文献
（日本語）

アジア経済研究所（2018）「「一帯一路」構想と中国経済への影響評価　研究会報告書」アジア経済研
　　究所。

荒井悦代（2018）「政治的空転に忍びよる危機—2017年のスリランカ」『アジア動向年報』日本貿易
　　振興機構アジア経済研究所。

168　第2部　「一帯一路」構想と世界

石川幸一（2018）「一帯一路の地政学」『運輸と経済』第78巻第12号，交通経済研究所。

榎本俊一（2017）「中国の一帯一路構想は「相互繁栄」をもたらす新世界秩序か」RIETI Policy Discussion Paper Series 17-P-021。

大木博己（2018）「中国の一帯一路構想とアジア諸国の対中政策」日本地域政策学会『知本地域政策研究』第21号。

小田尚也（2018）「「一帯一路」構想と強まるパキスタンの中国への依存」アジ研ポリシー・ブリーフ，No.114，2018年3月23日。

進藤榮一・周瑋生・一帯一路日本研究センター編（2018）『一帯一路からユーラシア新世紀への道』日本評論社。

溜和敏（2012）「第2章　現代インド・中国関係の複合的状況」近藤則夫編『現代インドの国際関係—メジャー・パワーへの模索』アジア経済研究所。

日本貿易振興機構（JETRO）『ジェトロ世界貿易投資報告』各年版。

深澤光樹（2016）「第12章　対立と協調のインドと中国」平川均・石川幸一・山本博史・矢野修一・小原篤次・小林尚朗編『新・アジア経済論』文眞堂。

堀本武功（2012）「現代インド外交路線の検討」近藤則夫編『現代インドの国際関係—メジャー・パワーへの模索』アジア経済研究所。

堀本武功（2015）『インド第三の大国へ—〈戦略的自律〉外交の追及』岩波書店。

ミラー，トム著　田口未和訳（2018）『中国の「一帯一路」構想の真相』原書房。

山崎恭平（2017）「インドのトランプ政権に対する期待と不安—オバマ時代の経済交流と安保協力は続くか」『国際貿易と投資』No.108，国際貿易投資研究所。

脇村孝平（2018）「「一帯一路」構想とインド」『運輸と経済』第78巻第12号，交通経済研究所。

（外国語）

Arrfat, Yasir (2018), "Challenges and Solutions in Building CPEC-A Flagship of BRI," Issue 1, No. 17, Center of Excellence for CPEC.

Bandyopadhyay, Sumana, Andre Torre, Paulo Casaca and Tomaz Detinho eds. (2017), *Regional Cooperation in South Asia*, Cham: Springer.

Copper, John F. (2016), *China's Foreign Aid and Investment Diplomacy*, Volume II, New York: Palgrave Macmillan.

Deepak, B. R. (2018), "Bangladesh, China, India, Myanmar Economic Corridor (BCIM-EC): Security Dilemma Rider to Regional Economic Integration," in Deepak, B. R. eds., *China's Global Rebalancing and New Silk Road*, Singapore: Springer.

Farooq, Nadia (2017), "CPEC: From Dream to Reality," Center of Excellence CPEC.

Fryba Christensen, Steen and Li Xing eds. (2016), *Emerging Powers, Emerging Market Emerging Societies: Global Response*, New York: Palgrave Macmillan.

International Monetary Fund (2018), "Sri Lanka: Third Review Under the Extended Arrangement under the Extended Fund Facility and Request for Modification of Performance Criterion," IMF Country Report No.18/3, Washington, D.C.: IMF.

Lin, Minwang (2017), "Coordination of China and India's Development Under the Initiative of the 'Belt and Road'," in Wang, Rong and Cuiping Zhu eds., *Annual Report on the Development of India Ocean Region（2016）*, Singapore: Springer.

Malik, Ahmad Rashid (2018), "The China-Pakistan Economic Corridor (CPEC): A Game Changer for Pakistan's Economy," in Deepak, B. R. eds., *China's Global Rebalancing and New Silk Road*, Singapore: Springer.

第7章 「一帯一路」構想と南アジア　*169*

Oxford Economics (2017), "Global Infrastructure Outlook," Oxford Economics, July 2017.

Panda, Jagannath P. (2018), "India's Call on China in the Quad: A Strategic Arch between Liberal and Alternative Structures," Institute for Defence Studies and Analyses: New Delhi, Rising Powers Quarterly, Volume 3, Issue 2.

Pradhan, Jaya Prakash (2017), "Indian outward FDI: a review of recent developments," in Zhan, James eds., *Transnational Corporations*, Volume 24, Number 2., New York: UNCTAD.

Scissors, Derek (2019), "Chinese Investment: State-Owned Enterprises Stop Globalizing, for the Moment," The American Enterprise Institute, January 2019.

The Kunming Initiative for a Growth Quadrangle between China, India, Myanmar and Bangladesh, 14-17 August 1999 (2000), "China Report," Volume 36, Issue 3.

Wolf, Siegfried. O. (2018), "China-Pakistan Economic Corridor (CPEC): Regional Cooperation in the Wider South Asian Region," in Deepak, B. R. eds., *China's Global Rebalancing and New Silk Road*, Singapore: Springer.

World Economic Forum (2019), "Future of Consumption in Fast-Growth Consumer Markets: INDIA," WEF.

参考ホームページおよび新聞
外務省。
日本経済新聞。
Asian Infrastructure Investment Bank.
BBC.
China FTA Network.
Department of Commerce India.
Department of Promotion of Industry and Internal Trade.
Financial Times.
Global Risk Insights.
India Briefing.
India Today.
Invest India.
JETRO.
Livemint.
Maldives Independent.
Ministry of External Affairs India.
New Development Bank.
South China Morning Post.
SP's Naval Forces.
The Diplomat.
The Economic Times.
The Himarayan Times.
The Hindustan.
The Times of India.
Reuters.
World Development Indicator.
World Integrated Trade Solution.

第8章

「一帯一路」構想と欧州

―中国への警戒感と今後の行方―

一ノ渡　忠之

はじめに

　2019 年 3 月 23 日，欧州 3 カ国を歴訪した中国の習近平国家主席は，最初の訪問地であるイタリアでコンテ首相と会談し「一帯一路」構想（Belt and Road Initiative：BRI[1]）の協力に関する覚書に調印した。EU 加盟国としての調印は第 14 カ国目[2]，G7 としては初の事例である。会談後に発表された共同コミュニケでは，中国，イタリアの両国が BRI のポテンシャルを実現するため，BRI と汎欧州輸送ネットワーク（TET-N）の連携を強化し，港湾，物流，海上輸送などの協力の深化に向け準備するとの文言が盛り込まれたほか，会談に合わせて金融やエネルギー，製造業における 29 の協力協定が調印に至った[3]。中国にとっては，欧州諸国との協力拡大を一段とアピールする絶好の機会となった[4]。

　一方で，ドイツやフランスなど EU 主要国の反応は否定的だ。近年，EU における政治的，経済的影響力の拡大，貿易不均衡，中国市場へのアクセスの不備，不透明なルールの適用などをめぐり中国に対する警戒感が域内で高まっているためである。イタリアの調印に先立ち，EU は新たな対中国政策の見直しを発表し，海外からの投資に関する「スクリーニングメカニズム」を導入するなど，中国の進出に対する警戒を緩めてはいない。もっとも，中長期的には中国の圧倒的な経済力の前に，EU が統一した対中政策を推し進めることができるかどうかは不透明だ。

　本章は，欧州における BRI の展開と現状，方向性を検討するものである。

第 1 節では，欧州における BRI のプラットフォームとなる「中国・中東欧諸国の経済協力（いわゆる 16＋1）」の枠組みとその展開について紹介し，第 2 節では，その枠組みで進む経済関係について概観する。第 3 節では，近年高まりつつある中国脅威論を背景とした EU の対中政策の変化ついて触れる。第 4 節では，これに対する中国の EU 政策の変化を検討し結語とする。

1．BRI と「16＋1」

（1）欧州における BRI のルート

　中国政府が 2013 年に打ち出した BRI は，ユーラシア大陸に陸路（One Belt）と海路（One Road）を拡充し，中国とヨーロッパをつなぐ経済圏構想で，この間を鉄道，道路，港湾，空港で連結し，各経済圏を結び付けることが目的とされる。狭義の意味での欧州における海路は，中国の重慶を起点として，インド洋，アフリカ東岸部，アラビア海，スエズ運河を経由し，欧州の港

図 8-1　欧州における中欧班列

出所：一帯一路 HP。

湾を目指す。現在，ギリシャのピレウス港をはじめ，中国は欧州の多くの港湾での権益を確保しており，19年3月のイタリアのBRI参加によりトリエステ港やジェノバ港への進出も決定した。

また，陸路は，同じく中国の重慶からシベリア鉄道を通じてロシアに入り，モスクワ，ポーランドを経由し，ドイツのデュイスブルクに至る（中欧班列）。同地を分岐点として，イタリアのトリエステやスペインのマドリード，イギリスなど欧州各地へ放射線状に延びていく。

中欧班列については2011年開通後，運行本数は着実に増加を続けている。開通時に17本であった運行数は2018年に6,300本に達し，いまでは中国と欧州15カ国，50都市をつないでいる。欧州以外も含めると，ユーラシア大陸の約100都市をつないでおり，国際貿易の大動脈へと成長している[5]。

（2）　中国と中東欧16カ国の経済協力枠組み「16＋1」

欧州におけるBRI実現の足掛かりとなる枠組みは，中国と中東欧諸国間で進められている「中国・中東欧諸国首脳会議（いわゆる「16＋1」サミット）」である。現在でも，この枠組みが欧州におけるBRIの事実上のプラットフォームと位置付けられている。2011年にハンガリーの首都ブダペストで開催された中国と中東欧諸国（以下，CEE）間の経済・貿易フォーラムでは，参加国が貿易や投資，金融，農業，教育など多岐にわたる分野での協力活性化と拡大を協議した。その後，様々な協力機関が設置されるなかで，中国主導により2012年から16＋1の枠組みが成立したのである。以降，参加国は透明性と一体性，互恵の原則のもと，永続的なパートナーシップの構築を追求し始めた。

2012年の第1回サミットは，この年，"Go China"プログラムを立ち上げたポーランドのワルシャワで開催され，12項目の戦略が合意に至った。そのポイントは，①インフラ建設を中心とした共通プロジェクトに優先的に割当てられる100億ドルのクレジットラインの設定，②中国の金融機関（中国国家開発銀行，中国輸出入銀行，中国商工銀行など）の資金へのアクセス許可，③中国・CEE間の貿易額の拡大（2015年までに1,000億ドル）などであった。その後，協力プロセスの進捗状況の把握と方向性を決定することを目的として毎年サミットが開催されている。2018年7月にはブルガリアの首都ソフィア

で第7回目のサミットが開かれ，中国によるCEEへのインフラ投資の可能性や金融，経済のほか，文化，教育などの分野における協力の協議が行われた（山野井 2018:5）。なお，オブザーバーとしてEUやスイス，ウクライナ，ベラルーシ，欧州復興開発銀行（EBRD）も参加するようになっている。

16＋1を構成するCEEはバルカン5カ国（アルバニア，ボスニア・ヘルツェゴビナ（以下，ボスニア），北マケドニア[6]，モンテネグロ，セルビア），EUに加盟する中東欧11カ国（ブルガリア，クロアチア，チェコ，ハンガリー，ポーランド，ルーマニア，スロバキア，スロベニア，エストニア，ラトビア，リトアニア）である。このうちEUに加盟する11カ国はNATOにも加盟しており，バルカン5カ国はEU加盟を積極的に目指している。多くの国が旧ソ連衛星国の地位にあったが，それぞれの人口，経済規模，生活水準は大きく異

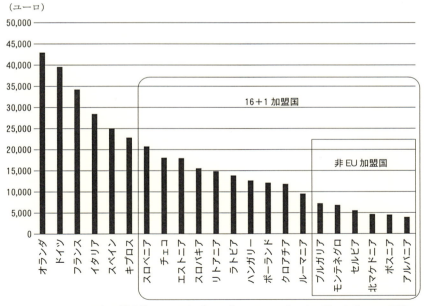

図8-2　16＋1諸国の1人当たりGDP（17年）

注：マケドニアは16年の推計値。モンテネグロ，ボスニアは17年のドル建てを対ユーロ平均レートで計算。
出所：EUROSTATおよび世界銀行より作成。

なる。たとえば，人口でみると，参加国最大のポーランドは3,843万人，第2位のルーマニアが1,952万人なのに対し，最小のモンテネグロは約63万人であった（2017年）。また，経済規模でみると，最大のポーランドが4,697億ユーロ，第2位のチェコが1,956億ユーロであるのに対し，アルバニアは107億ユーロ，北マケドニアは約100億ユーロに過ぎない。もっとも，1人当たりの経済水準ではいずれの参加国もEU（28カ国）の平均（30,000ユーロ）を下回っている点では共通しており，非EUの北マケドニア，ボスニア，アルバニアに至っては，その6分の1にも満たない貧困国が多い。

　なお，BRIが打ち出されて以降，これら16＋1に参加するCEEのうちルーマニア[7]を除く15カ国がBRIへの参加を表明し，協力に関する覚書に調印済みである（表8-1参照）。「第4回16＋1サミットで2015〜20年の協力優先領域が合意され，中国（国有）企業によるインフラ建設と金融協力が約束された。それはCEE諸国の開発戦略と『一帯一路』構想との連結」であった（平

表 8-1　BRI への欧州参加国

EU 加盟国	調印日	備考
イタリア	19 年 3 月	G7 初の参加
ポルトガル	18 年 12 月	
マルタ	18 年 11 月	
エストニア	17 年 11 月	16＋1 参加
リトアニア	17 年 11 月	16＋1 参加
スロベニア	17 年 11 月	16＋1 参加
クロアチア	17 年 5 月	16＋1 参加
ギリシャ	17 年 5 月	
ラトビア	16 年 11 月	16＋1 参加
ブルガリア	15 年 11 月	16＋1 参加
チェコ	15 年 11 月	16＋1 参加
ポーランド	15 年 11 月	16＋1 参加
スロバキア	15 年 11 月	16＋1 参加
ハンガリー	15 年 6 月	16＋1 参加
非 EU	調印日	備考
北マケドニア	17 年 11 月	19 年に交渉開始，16＋1 参加
アルバニア	17 年 5 月	19 年に交渉開始，16＋1 参加
ボスニア	17 年 5 月	EU 加盟候補国，16＋1 参加
モンテネグロ	17 年 5 月	EU 加盟交渉中，16＋1 参加
セルビア	15 年 11 月	EU 加盟交渉中，16＋1 参加

出所：各種報道より作成。

川 2017:104)。したがって，CEE における中国とのインフラプロジェクト
（表 8-1）は両枠組みを横断するものとなっている。

（3） 中国と CEE の思惑

中国が CEE との経済関係の強化を図る理由として，中国側の大きなメリットがある。そもそも，中国の BRI の実現に向けた動きの背景には，国内における過剰生産物の輸出先とインフラ投資先の確保がある（田中 2018:151）。11か国が EU に加盟し，人口 5 億人を抱える巨大な EU 市場へのアクセスが容易である CEE との経済関係構築は大きなメリットとなるのだ。たとえば，CEEに進出した中国企業が現地生産した製品，中国で生産された製品は，関税等の問題を回避し参加国を通じて EU 市場へと送り出すことが容易となる。また，近年では高賃金となりつつある中国国内の労働力の代替として，低コストでありながら高質の労働力確保も魅力であろう[8]。さらに，積極的に海外展開を進める中国企業の進出先としてのメリットも大きく，場合によっては中国国内の過剰労働力の輸出先となる可能性も秘めている。もっとも，この点については中東欧諸国のみならず，アジアやアフリカでも問題となっていることは付言しておきたい。加えて，西欧に比べ，貿易や投資の基準が緩い国も含まれており企業の進出や投資が容易であるとのメリットもある。

一方，CEE からみても，中国との協力は経済成長に不可欠な投資をもたらすとのメリットがある。旧社会主義圏であった同諸国では，すでに道路や鉄道，発電などの重要なインフラが老朽化しており，経済成長の阻害要因となるケースが多い。インフラ整備のための資金調達が困難な国も多いほか，EU からの借入も条件や規制が厳しく，容易には実現できないのが現状である。その点，中国からの借入は手続きが容易で条件も比較的緩く，迅速に実現できるという点で魅力的であった。加えて，2008 年の世界金融危機以降の EU 域内の経済格差の拡大が EU に対する失望を生み出し，中国へと接近させる一因となったのである。

（4） 主なインフラプロジェクト──ハンガリー・セルビア間の高速鉄道

表 8-2 は，16 + 1 および BRI の枠組みで進められている主なインフラプロ

176 第2部 「一帯一路」構想と世界

ジェクトである。具体例として，ハンガリーとセルビアを結ぶ高速鉄道建設の
動向をみてみよう。

ハンガリーは EU 依存の経済構造を改めるため，2011 年頃から「東方開放
政策（Opening to east policy）」を標榜し，アジアとの関係強化を図ってきた。
その具体例が 16＋1 や 2 国間会談を通じた中国との関係強化として体現されて
いる。そのため，ハンガリーは欧州の中でも逸早く BRI の支持を表明し，覚
書に調印[9]した。現在，中国が欧州においてセルビアと並び最も重視している
国といっても過言ではない。2018 年 11 月には，ハンガリーのオルバーン首相
が第 1 回中国国際輸出入展[10]の主賓国 12 カ国のうちの 1 つとして招待され，

表8-2　CEE における主要インフラプロジェクト

国名	プロジェクト名	参加者	金額	状況
アルバニア	ティラナ空港の株式取得	中国光大集団，富泰資産管理有限公司	不明	16年完了
アルバニア	アルバニア－マケドニア－ブルガリア間の高速道路建設	アルバニア政府，中国輸出入銀行	不明	未着工
アルバニア・モンテネグロ	イタリア－クロアチア－モンテネグロ－アルバニア－ギリシャ間の高速道路延伸のための海洋建設	アルバニアおよびモンテネグロ政府，中国太平洋建設	不明	未着工
ボスニア	バニャ・ルカ－ムリニステ間の高速道路建設	中国輸出入銀行	14 億ユーロ	建設中
北マケドニア	キチェボ－オフリト間，ミラディノフチ－シュティブ間高速道路建設	中国輸出入銀行	5.8 億ユーロ	建設中
モンテネグロ	バール港－ボルジャレ間，スモコヴァック－UvacMatesevo 間の高速道路建設	モンテネグロ政府，中国輸出入銀行	8.1 億ユーロ	建設中
ルーマニア・セルビア・モンテネグロ	ティミショアラ－バール－ベオグラード間の高速鉄道建設	中国輸出入銀行	10.3 億ユーロ	建設中
セルビア	E763 高速道路建設	中国輸出入銀行	6.0 億ユーロ	建設中
セルビア	ベオグラードのプピン橋建設	中国輸出入銀行	2.2 億ユーロ	14年完了
セルビア・ハンガリー	ベオグラード－ブダペスト間の高速鉄道建設	中国輸出入銀行	17.1 億ユーロ	未着工

出所：欧州議会（2018）より作成。

図 8-3　ハンガリー・ベオグラード間の高速鉄道

出所：FT より作成。

習国家主席と会談したほか，中国通信機器メーカー華為技術（ファーウェイ）などのハンガリー進出企業トップと会談した。オルバーン首相は会談後，「ハンガリーと CEE は欧州経済の成長の牽引力となる」と述べつつ，その要因として中国との「16＋1」の枠組みが果たした役割を称賛し，今後も「一帯一路」構想への協力を推し進めていくことを明言[11]した。

　2014 年にベオグラードで開催された第 3 回サミットにおいて，初の大規模インフラプロジェクトであるハンガリーとセルビアを結ぶ高速鉄道の建設プロジェクトが決定した。これは，両国の首都であるブダペストとベオグラードを結ぶ総距離 350 キロの国際高速鉄道建設で，ハンガリー国内部分が 160 キロ，セルビアが 184 キロを占める。建設は主に中国の鉄道企業である中国中鉄株式有限公司や中国鉄路総公司のコンソーシアムと，ハンガリー，セルビア企業が合弁により行う予定だ。ハンガリーは中国輸出入銀行から 4,680 億フォリント（約 17.1 億ドル，総工費の 85％ に相当）の融資提案を受けた。なお，このルートは，中国が運営権を取得したギリシャのピレウス港を起点として，北マケドニア（スコピエ）とベオグラードを経由し，ブダペストに至るルートの一部で

178　第2部　「一帯一路」構想と世界

ある。ハンガリーと欧州全体をつなぐ鉄道を整備することで，大規模の貨物輸送を可能とするためだ。

　もっとも，実際の進捗状況をみてみると，プロジェクトは進んでいない。当初は2017年中の完成との見方もあったが延期が繰り返されている。その明確な理由は不明であるが，ハンガリーの手続きの遅れや法制度の不備，請負企業の選定の困難などが挙げられている。また，一部では欧州委員会（EC）がハンガリーの政府調達プロセスに問題があることを疑問視し，調査を継続させているとの見方もある。ECは調査を否定しているものの[12]，CEEをめぐるEUの駆け引きも囁かれた。2019年4月のハンガリー政府の発表[13]では23年までに完成する見込みであるが，先行きは依然として不透明である。

（5）　中国とCEEの経済関係

　表8-3は，国連統計に基づく中国とCEE間の貿易額である。16＋1サミットの開始時点である12年と17年の間に，貿易額は642億ドルから848億ドルへと32.1％増加した。とくにルーマニアやポーランドの伸びは50％超となっ

表8-3　16＋1の貿易　（単位：百万ドル）

	2012	2017	伸び率（％）
ポーランド	19,007	28,779	51.4
チェコ	17,344	22,913	32.1
ハンガリー	7,223	7,955	10.1
スロバキア	6,589	7,454	13.1
ルーマニア	3,182	5,080	59.6
スロベニア	1,721	2,326	35.2
ブルガリア	1,738	2,025	16.5
セルビア	1,405	1,882	33.9
エストニア	1,551	1,725	11.2
リトアニア	768	1,132	47.4
クロアチア	1,534	904	−41.1
ボスニア	542	705	30.2
ラトビア	507	660	30.0
マケドニア	534	506	−5.2
アルバニア	363	489	34.7
モンテネグロ	173	258	49.7
合計	64,179	84,792	32.1

出所：国連統計より作成。

ており，そのほか上位はEUに加盟する国の伸びが大きい。一方で，詳細をみると全く違った構図が浮かび上がる。図8-4は，同期間中の輸出入額をそれぞれ示したものである。これによれば，確かに中国とCEE間の貿易は拡大しているものの，その要因は中国からCEE向けの輸出が急増（32％）したことにあることがわかる。そのため，貿易赤字が拡大するばかりで，CEE諸国が求めていたような中国向け輸出の拡大は限定的にとどまっている。

また，CEEの貿易構造を相手国・地域でみても，中国の重要性が限定的であることがわかる。輸出については，CEEの対中輸出が全体に占める割合は，いずれも数％に過ぎない。一方，輸入についても，チェコが12.5％，ポーランドが11.9％，モンテネグロが9.0％と比較的高い水準にあるものの，そのほかの国は平均5％程度である。結局，CEEにとっての貿易相手は輸出入ともにEUが依然として圧倒的シェア（約7割）を占めており，中国の存在感が急速に高まったとは言い難い。

次いで，投資についてもみてみよう。中国商務部の発表によれば，「16＋1」会議が初めて開催された12年以降，同国の中・東欧諸国（北マケドニア除く15カ国）向け外国直接投資（FDI）額は，1億〜4億ドル程度で推移しており，

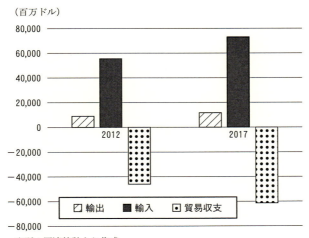

図8-4　中国とCEEの輸出入

出所：国連統計より作成。

180　第２部　「一帯一路」構想と世界

表 8-4　中国の欧州向け FDI (2012-2017)

（単位：億ドル）

	2012	2013	2014	2015	2016	2017
欧州全体	70.4	59.5	108.4	71.2	106.9	184.6
うち中東欧	1.5	1.0	2.0	1.6	0.9	3.7
中東欧が欧州に占める割合（%）	2.2	1.7	1.9	2.3	0.9	2.0

注1：「欧州全体」とは，中東欧に加え，他の EU 加盟国，ロシア，イギリス等含む 44 か国。
注2：「中東欧」は，北マケドニアを除く 15 か国。
出所：中国商務部，CEIC より作成。

目立った増加はみられていない。また，欧州向け FDI に占める割合でみても
わずか 2％程度にとどまっているのが現状だ。米国の独立系シンクタンクであ
る Rhodium Group は，18 年の中国の EU28 か国向け直接投資の内，東欧地域
（オーストリア，ブルガリア，チェコ，ハンガリー，ポーランド，ルーマニア，
スロバキア）向けが占める割合は 1.5％にとどまるとの試算を発表している。

（6）　CEE 諸国の不満

　16＋1 を通じた中国との協力開始から 6 年以上が経過し，最近では CEE の
不満が噴出する場面がみられることも少なくない。中国が経済，政治的側面か
ら 16＋1 の一定の成果をアピールする一方，現実的な成果が乏しいことが背景
にある。

　たとえば，前述のように，中国・CEE 間の貿易は大幅に拡大したものの，
その水準は 12 年の戦略と比して過少である。15 年に 1,000 億ドルを目指した
貿易額は，17 年でも 850 億ドルにとどかない。また，輸入が急増した結果，
貿易赤字が拡大している。CEE 諸国が最も重視した中国からの投資（とくに
グリーンフィールド）も限定的であり，各国の内政の中心となる雇用創出に結
びついていないのだ。

　もっとも，こうした状況への中国の若干の配慮が 2018 年 7 月にブルガリア
の首都ソフィアで開催された第 7 回 16＋1 サミットでみられている。サミット
は，中国と米国との通商摩擦が激化する一方，EU による BRI への警戒感が高
まるなか開催されたもので，「中国はこの会議の枠組みを通じて欧州との貿易・
投資関係の深化に取り組む[14]」ことを明確に示した。具体的な対策として

CEE に対する関税率の引き下げや認証制度の緩和による輸入拡大などを約束したのだ。同時に中国は,「BRI を通じた CEE 諸国, バルカン半島への関与が EU を分断するものではない[15]」と表明し, EU との協力をも取り付けようとも試みている。李首相はサミット後の記者会見で,「中国は 16＋1 の協力が参加国の発展に寄与し,(一部参加国の)EU への加盟プロセスにも役立つことを願っている[16]」と語った。

2. EU で高まる中国への警戒感

(1) CEE をめぐる脅威

いまや, 中国の市場や中国からの投資は EU 経済にとって不可欠であり, BRI が進めるプロジェクトへの関心は EU 内でも確実に高まっている。イタリアはもとより, イギリスやドイツ, フランスが, 2014 年に中国が主導して立ち上げたアジアインフラ投資銀行(AIIB)に早々に参加を表明したことが証左であろう。しかし, 現実には, 中国と CEE との経済関係が進展するなかで, EU 内では中国に対する警戒感(中国脅威論とも呼べる)も次第に高まっている。

これには様々な理由が挙げられるが, なにより協力の強化が CEE 諸国の国内, 対外政策に関する中国の影響力拡大につながり, その結果, 内部からの EU 秩序の浸食につながるとする見方が根底にある。「中国は, EU における政治的影響力を行使するため, CEE に侵入することでヨーロッパを破壊するというグレーの動機を有しているとされている。中国に誘惑され, 経済的な依存度を高めることで, CEE は EU 内で中国の利益となるような政策のロビー活動を請け負い, 追及する」(Pavlicevic 2019：253)のである。実際, EC や欧州議会などでもこうした見解は少なくなく, 発表するレポートでは頻繁に 16＋1 を EU の分断と支配を目的とした道具との批判がたびたび披露されている。また,「中国は EU の分断と弱体化を図り, 国家レベルでの 2 国間関係を強化することで, EU の共通した対中政策を妨害しようとしている」との主張もある。さらに極端な例としては, 16＋1 を「トロイの木馬」とみなす見解も

あるほどだ（Turcsányi 2014, MacDowall 2018）。

具体的な例として，ハンガリーやギリシャの行動が挙げられよう。2016 年 7 月，「中国の南シナ海の岩礁埋め立てを国際法違反とした国際仲裁裁判所の判決を受けて EC が中国を名指しで批判した提案を行うと，両国が反対して事実上無効化させた[17]」との事実がある。また，2017 年 6 月には国連人権委員会において中国の人権侵害を批判する内容の EU 声明が，ギリシャの反対で初めて見送られた。声明発表には EU 加盟 28 カ国すべてが賛成する必要があり，声明をまとめられなかったことで，人権擁護を掲げ各国に言論の自由や死刑廃止を求める EU には打撃となった。最近では，中国の行動を批判した 2018 年 4 月の駐中国 EU 大使による共同声明に，ハンガリーが署名を拒否したことも記憶に新しい（後述）。こうした EU 内の不一致が顕在化すれば，EU の統一性や一体性に危機を及ぼすことになる。

また，将来の EU 加盟候補国であるバルカン諸国では，中国からの融資が過度の債務負担につながることが問題となっている。最もよく取り上げられる事例は，モンテネグロであろう。同国では，アドリア海に面するバール港と隣国セルビアをつなぐ高速道路建設が計画されており，建設費の 85％は中国からの融資（8.5 億ドル）に依存するとみられている。米国の政策シンクタンク・世界開発センター（CGD）によれば[18]，融資が実行された場合，モンテネグロの公的債務は GDP 比 80％超に増加するとみられているほか，今後の融資に関してもデフォルトの可能性がある。モンテネグロ政府は高速道路建設が経済発展を促し，セルビアとの貿易関係を強化するとともに，悪路の改修につながることを期待しているものの，長期的リスクは極めて高いと言わざるを得ない。そのため，中国は「どのように債務を返済するか，あるいは返済できるかについて気にしておらず[19]」，「債務のわな外交（debt-trap diplomacy）」を展開していると揶揄される場面も少なくない。

（2） EU の警戒感

ドイツやフランスなど EU 主要国の間では，中国に対する直接的な警戒感が根強い。EU における中国の政治的，経済的影響力の拡大に加え，① 中国製品の流入と貿易不均衡，② 知的財産権に関する問題，③ 中国企業による欧州の

企業買収への反発，④投資をめぐる問題，⑤中国による欧州の港湾の支配，などをめぐり中国に反発する声が域内で高まっているのだ。以下，その詳細をみてみよう。

　第1に，中国製品の大量流入と貿易不均衡がある。図8-5は，近年の中国とEUの貿易動向を示したものである。欧州債務危機が発生した2011年から数年間の貿易は伸び悩んだものの，2015年からは再び拡大をみせた。現在，中国にとってEUは最大の貿易相手国であり，EUにとって中国は第2位の貿易相手国である。2018年のEUの対中輸出額は2,100億ユーロ，輸入額は3,940億ユーロにのぼり，貿易額は1日10億ユーロを超えるほどだ。しかし，対中貿易赤字は概ね年々拡大しており，2018年は前年比8.3％増の1,841億ドルに膨らんだ。

　EUはこうした貿易不均衡の要因が，非関税障壁などによる中国市場へのアクセスの不備や中国政府の不当な産業補助金の付与などにあるとみなしており，これまで是正を求めてきた。過去には，EUが中国製の太陽光パネルの輸入制限や，鉄鋼，ステンレス製品に対する度重なるアンチダンピング（AD）関税の賦課を実施してきた経緯もある。2018年7月に開催された第20回中

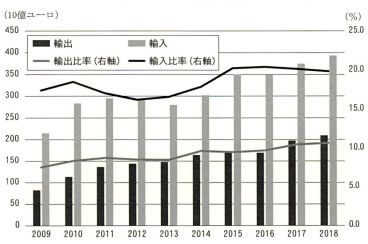

図8-5　EUの対中貿易の推移

出所：EUROSTATより作成。

図 8-6　中国の対 EU 投資

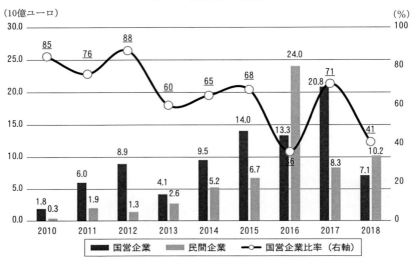

出所：MERICS より作成。

国・EU 首脳会談では，直面する米国の保護主義への批判と自由貿易の推進に向けた協調について両者は合意に達したものの，EU は中国に対し貿易の相互利益につながる対応と措置の導入を求めた。

第2に，中国による知的財産権の侵害をめぐる懸念もある。2018年6月，EC は欧州企業の知的財産権が侵害されていることを理由として，WTO の紛争解決手続きに基づいて中国に協議を申し入れたと発表した。EC のマルムストロム委員（通商担当）は，技術革新，ノウハウは知識集約型の経済の基盤をなすものであり，いかなる国も欧州企業が努力して手に入れた知識を引き渡すよう強要することはできないと述べている。また，EC は，中国に進出する欧州企業が技術の所有権や使用権を中国の企業に認めるよう強要されており，技術移転契約の条件でも市場ベースでの自由な競争が認められておらず，WTO の TRIPS 協定（知的所有権の貿易関連の側面に関する協定）に違反しているとの判断を下している。

第3に，中国企業による戦略的に重要な分野の欧州企業買収の加速がある。2015年に中国は産業政策のロードマップである「中国製造 2025」を掲げてお

り，① 2025 年までに IT 技術を中心に産業構造の高度化とイノベーションを推進，世界の一流製造業国に仲間入りする，② 2049 年には世界トップの製造業の強国になる，などの目標を設定した。こうした戦略を背景に，中国は EU の先端技術企業を対象とした買収を進めている。2016 年 8 月には，中国大手電機メーカーのミディアグループ（美的集団）がドイツの大手ロボットメーカーであるクーカ社の公開株式買付（TOB）を行い，株式の約 95％を取得した。これに対し，ドイツ国内では，ロボット技術と同社の顧客である自動車メーカーなどの情報が流出するとの懸念が高まった。これを機に，ドイツのみならず EU 加盟国では精密機械，防衛関連，情報セキュリティーなど中国による戦略的な分野の企業買収を警戒するようになり，EU 域外企業による買収規制の強化につながった。

第 4 に，FDI をめぐる問題がある。中国の欧州向け FDI は，年々増加を続け，2016 年に 370 億ユーロ超に拡大した。2017 年以降は，EU の中国企業による買収規制の強化などを背景に 2 年連続で前年を下回り，2018 年は 170 億ユーロ程度に落ち込んだものの，EU における中国からの投資の重要性は依然として高い。逆に，EU の中国向け FDI は 2000 年以降，100 億ユーロを超えることはほとんどなく，2016 年は 75 億ユーロ，2017 年も 69 億ユーロにとどまった。EU 企業が中国で投資する際に直面する規制や，行政手続の問題に関する投資家の懸念などが一部反映されているためである。

これに対し中国も対応を変化させており，EU 企業の中国進出を促している。2018 年 7 月にはドイツの化学大手 BASF 社が広東省に石油化学コンビナートを建設し，2030 年までに 100 億ドルを投じると発表した。また，自動車メーカー大手 BMW は，中国における生産能力の拡大（16％）を発表するとともに，シーメンスは中国国有電力大手の国家電力投資集団やアリババ集団とそれぞれ提携することで基本合意した。フォルクスワーゲン（VW）も 21 年までに合弁相手の安徽江淮汽車集団（JAC）と EV の研究開発センターを設立することで基本合意した[20]。

最後に，中国による欧州の海上ルート支配に対する懸念がある。近年，中国は欧州の港湾への投資を拡大させ，海上輸送ルートの確保を積極的に進めており，EU の警戒感を高める一因となっている。現在，EU と域外との財貿易の

70％は海上ルートを通じて行われており，各国の港湾は EU の玄関口として極めて重要な役割を果たしている。2016 年時点で，欧州の港湾の雇用者数は 150万人，取引額は年間 1.7 兆ユーロである[21]。この重要な欧州の港湾への中国進出は，2016 年に中国の COSCO がギリシャのピレウス港の管理運営権を買収したことにより一躍注目を浴びた。財政難に乗じて中国がギリシャの重要な国有資産を買収したことが中国の支配に対する EU の警戒感をさらに高めたためだ。その後，ピレウス港では不正書類の横行や輸入量の不正申告が相次いだほか，不法移民がコンテナ輸送されていたとも報じられており，将来的には軍事化されるとの憶測すらある。2019 年 3 月のイタリアとの BRI 覚書の調印に際し，トリエステ港を結ぶ鉄道建設やジェノバ港における港湾整備に中国企業が参加することも決まっており，EU の警戒感はより強くなっている。

表 8-5　欧州の港湾に対する中国企業の出資比率

港湾名	国名	出資比率
ゼーブルッヘ港	ベルギー	COSCO：85％
ピレウス港	ギリシャ	COSCO：51％
バレンシア港	スペイン	COSCO：51％
ダンケルク港	フランス	CMPort：45％
バード・リーグレ港	イタリア	COSCO：40％，QPI：10％
ビルバオ港	スペイン	COSCO：40％
ロッテルダム港	オランダ	COSCO：35％
ル・アーブル港	フランス	CMPort：25％
マルサックスロック港	マルタ	CMPort：25％
マルセイユ港	フランス	CMPort：25％
ナント港	フランス	CMPort：25％
アントワープ港	ベルギー	COSCO：20％，CMPort：5％

注：COSCO は中国遠洋海運集団。CMPort は招商局港口控股有限公司。
　　QPI は青島港国際股份有限公司。
資料：NPR より作成。

3. EU の対中政策の変化

（1） 駐中国 EU 大使によるアジア批判

こうした EU の中国に対する警戒感の高まりが，中国および BRI への対抗，規制ともみられる一連の動きにつながっている。2017 年 6 月に，欧州刑事警察機構（ユーロポール）と欧州連合知的財産庁（EUIPO）はレポート[22]を発表し，「世界の模造品の 8 割が中国本土と香港から輸出されたもの」と指摘し，「模造品が欧州の税収減，失業の増加，正規品の流通の妨げにつながっている」と批判した。中国はこれを否定した上で，模造品の取り締まりに力を入れているとアピールしたものの，懸念は払拭されていない。

2018 年 4 月になると，EU 加盟国の在中国大使が「経済的，環境的，社会的，資金的に持続不可能」であるとして BRI を批判する内容のレポートを発表した。外国企業を差別しているほか，プロジェクトへの参加プロセスの透明性欠如により，欧州企業による中国市場への参加が制限されているとの批判が展開されている。加えて，BRI は貿易自由化を目指す EU のアジェンダに対抗しており，補助金を受けた中国企業が有利になるよう仕向けているとの文言が盛り込まれるなど，厳しい内容となっている。

（2） EU のアジア投資戦略

2018 年 9 月，EC はアジアにおける輸送，エネルギー，デジタルインフラ整備を強化する投資計画「欧州とアジアをつなぐ EU 戦略」[23]を発表した。各種メディアはこれを BRI の実質的対抗案と呼んでいる。資金は民間銀行と開発銀行から調達する見通しで，21 年からは EU 予算からも一部の資金を拠出し，次期長期予算（2021 年～27 年）で対外投資金額を 30％増の 1,230 億ユーロまで増やす計画である。そのなかには，民間投資を加速させるための追加予算 600 億ユーロが含まれている。EC のモゲリーニ上級代表（外交・安全保障担当）は，戦略が EU 市民と企業，投資家にとってよりよい環境を作り出す『欧州のルール』を採用していると述べつつ，関係国の地域社会で雇用創出，経済

発展と福祉推進につながると強調した。欧州のルールとは，① 強力なネットワークの確立，② 持続可能な連結に向けたパートナーシップの強化，③ 基盤としての共通ルールの尊重，を指す。また，投資計画の推進には，共通の基準と原則が必要だと強調し，WTO と協議する予定だ。

　これを基に EU は 2018 年 10 月の外相理事会で，アジアへのインフラ投資を通じて欧州とアジアのつながりを強める新戦略を採択した。投資の透明性確保や投資対象国の重債務回避など，明らかに「一帯一路」構想を意識して中国とは異なる欧州流の手法を強くアピールしたものだ。さらに，この戦略は数日後にブリュッセルで開催されたアジア欧州会議（ASEM）首脳会議で広く公開され，① 運輸，② エネルギー，③ デジタル，④ 人的交流の 4 本柱で対アジア投資や支援の拡大が掲げられた。とくに，前提として自由や民主主義，法の支配，人権の尊重に基づくものであることが強調されており，投資判断については経済性や予算，環境などの面での「持続可能性」を重要視する方針も盛り込まれている。さらに，デジタル通信網の整備でも「自由で開かれたインターネット」を掲げており，中国の投資との違いを鮮明にアピールした。

　もちろん，EU は公式には中国を意識したものではないと主張し，中国を含め日本や東南アジア諸国連合（ASEAN）などとの対話を拡大すると表明しているものの，その意図は明らかであろう。ASEM 終了後，EU と日本は初の「日 EU ハイレベル産業・貿易・経済対話」を開催し，国際協力銀行（JBIC）と日本貿易保険（NEXI），欧州投資銀行（EIB）がアジアにおける投資協力を進めるための覚書を締結したこともその証左となる。

　これに並行して，2018 年 9 月に採択された欧州議会による対中関係に関する報告書は，中国が EU の戦略的パートナーであり，さらなる協力の大きな余地があることを認めると述べる一方，複数の課題を指摘し，EU 加盟国が結束して中国の影響力に対抗することを求めた。そのなかには，人権，法の支配，公正な競争など多岐にわたる項目が取り上げられているが，BRI については，「自由貿易を妨げ，中国企業を優位にしている。こうした投資は，銀行，エネルギー部門，その他のサプライチェーンをコントロールしようとする中国の戦略の一環である。中国には透明性を改善し，環境的・社会的基準を守るよう求める」と厳しい内容となっている。

第 8 章　「一帯一路」構想と欧州　*189*

（3）　スクリーニング

2019 年 3 月には，EU 理事会が戦略的に重要な欧州企業に対する EU 域外からの投資を EU レベルで審査（スクリーニング）する枠組みの導入を決定した [24]。この制度は EC のユンカー委員長が 17 年 9 月に提案したもので，欧州議会は 2019 年 2 月に承認している。具体的には，域外からの直接投資に対し，安全保障や公的秩序を根拠とした審査を行うものだ。

域外からの直接投資の審査に関する新たな枠組みでは，① EU 加盟国と EC が情報を交換し，具体的な懸念を表明できるような協力メカニズムを設置する，② 投資が加盟国あるいは EU 全体の安全保障や公的秩序に脅威を与え利益を損なう場合，EC が意見を述べることを可能とするとされた。もっとも，投資の「最終決定権は各加盟国が有する」ものであり，中国との関係を意識し EU 加盟国への配慮も滲ませた内容となっていることも重要であろう。なお，各国はこれまで独自のスクリーニング制度を実施しており，2018 年末時点で 14 カ国にのぼる。

EC のマルムストロム委員は，「新しい枠組みにより，外国投資のモニタリングと利益の保護に向けてより優位な立場となる。EU 加盟国と緊密に連携して新法を効果的に実施することを望んでいる」と述べた。中国による企業買収が「欧州全体の安全保障」に影響を及ぼすことへの警戒感が背景にあり，EC と加盟国が連携して監視を強めている。

（4）　「10 項目の行動計画」

2019 年 3 月，EC は，中国の高まる経済力や政治的影響力を考慮し EU 中国関係を改めて見直すための「10 項目の行動計画」を公開した [25]。行動計画の内容は大きく 2 つの枠組みから構成されている。第 1 は，広く中国との関係拡大に向けられた部分で，人権，平和・安全保障，気候変動対策，イランの核開発に関する「共同包括行動計画（JCPOA）」の履行，など，国際的な協調を反故にする米国を意識した中国との協調との意味合いを含んでいる。一方で，欧州とアジアの連携強化に向けた協調，関係均衡や互恵的経済関係の実現のため WTO 改革を含む既存の共通約束の履行を中国に求めたほか，中国における政府調達市場の開放を要求するなど，これまで EU が問題視してきた項目が盛り

込まれた。さらに，デジタルインフラに対するEU共通安全保障政策や直接投資に関するスクリーニングの必要性についても触れられている。

4. 中国のEUへの歩み寄り

（1）　中国の対EU政策の変化

　次いで，最近の中国による対EU政策について触れてみよう。EUが対中政策を硬化させるなか，中国にとっても対EU政策を転換させる必要性が高まっている。その最大の要因は，米国との貿易摩擦の深刻化だ。17年にトランプ大統領が就任して以降，「アメリカ・ファースト」を掲げる米国は，貿易不均衡と中国による知的財産権侵害を理由として，中国に対する関税の引き上げを続けている。2018年1月に米国が中国製の太陽光パネルや洗濯機に追加の関税を掛けたことを契機として輸入規制が加速し，2018年3月の中国製鉄鋼とアルミ製品に対する輸入関税の導入，その後は7〜9月の米中関税率引き上げ合戦へとつながった。その結果，対米輸出の5割に達する2,500億ドル規模の関税が中国に課されており，解決の糸口は見えていない。

　こうした状況に対処するため，中国はEUにこれまで以上に接近を図るようになった。前述の第7回の16＋1サミットでみられたように，BRI参加国に対して関税率の引き下げや輸入拡大を約束した。また，2018年7月の第20回中国・EU首脳会議の共同声明では，WTO改革を通じた多国間で自由な貿易体制の維持を訴える共同声明が採択され，米国の打ち出す保護主義に反対し，EUとの協調を強めようとする中国の姿勢が鮮明となった。2013年以降，遅々として進まない中国とEUの包括的投資協定の早期締結についても協議が行われ，加速化することも合意に至っている。米国が離脱したイラン核合意や温暖化対策の国際的な枠組みであるパリ協定に関しても協力を拡大するとの文言が共同声明に盛り込まれるなど，いずれも中国がEUの立場に配慮した格好となった。もっとも，米国への対抗として中国と協調することへの抵抗も強く，トゥスク欧州理事会議長（EU大統領）は会議で自由な貿易のほか，国家による産業補助金，知的財産権や強制的な技術移転などの分野に関する新たなルー

ルづくりが依然として必要との認識を表明し，中国を牽制している。

その後，2018年12月に中国政府が発表した対EU政策文書[26]では（2003年，14年に続くもの），新たな時代の対EU政策の目標および今後一定期間の各分野での中国EU対話・協力の重要性が示された。対米関係が悪化し，EUが対中政策を硬化させるなかでの発表である。文書の前文では，EUが「国際舞台における重要な戦略的パワー」であることを認めつつ，中国が地域・国際問題におけるEUの役割と影響力を重視していることが強調された。また，中国とEU双方の包括的な戦略的パートナーシップが拡大，深化し，現在では包括的・多層的で広範な交流及び協力という良い構造を形成しているとの文言も盛り込まれた。

政治や安全保障，国防など広範な分野に言及するなかで，経済面では，①EUからの財・サービス輸入の拡大，②WTOルールの順守，③投資の透明性向上のほか，④競争に基づく市場の確立などを約束した。とくに，BRIに関しては，前述の欧州とアジアをつなぐEU戦略との相乗効果が強調されており，海上・鉄道輸送や投資分野での協力が掲げられた。内容を額面通りに受け入れることは難しいとしても，EUの対中国政策の変化へ対処したものといえよう。

（2） 欧州における BRI の行方

2019年3月23日，欧州3カ国を歴訪した中国の習近平国家主席は，最初の訪問地であるイタリアでコンテ首相と会談しBRIの協力に関する覚書に調印した。EU加盟国としての調印は第3カ国目，G7としては初の事例である。同首相は，BRIへの参加がイタリア経済の発展に資することに期待を示した。

イタリアが調印に踏み切ったことにはいくつかの理由があるが，とりわけ現在のポピュリスト政権が一段の景気後退を懸念し，中国を経済成長のため利用しようとしていることがある。もっとも，連立政権内での見解の不一致もあり，すべての公式行事を欠席した右派政党「同盟」のサルビーニ副首相は，「港湾への投資を許可する前に協議したかった」と述べ，外国企業によるイタリアの「植民地化」へ警戒感を示している[27]。いずれにしても，イタリアの調印によりBRIへ参加するEU加盟国は14カ国となり，EUのGDPに占める

192　第 2 部　「一帯一路」構想と世界

図 8-7　EU と BRI 参加国の GDP

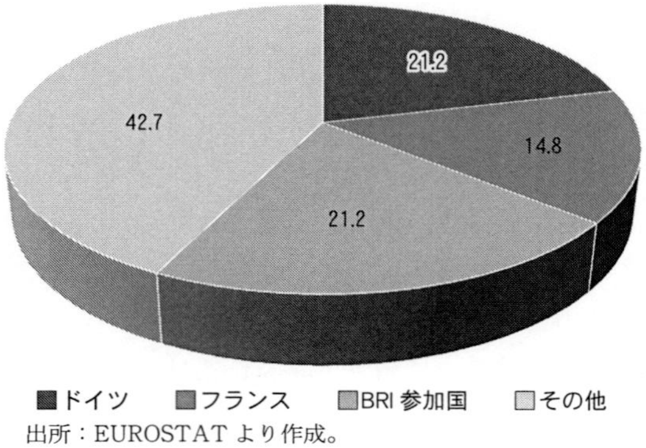

■ドイツ　■フランス　■BRI 参加国　□その他
出所：EUROSTAT より作成。

比率が 20％超となったことで，今後の EU の対中戦略に何らかの影響を与え
ることは不可避とみられる。

　一方，ドイツやフランスなど，主要 EU 各国の対応は厳しい。とくに，イタ
リアの BRI 参加に反対の意を示していたフランスのマクロン大統領は，中国
との関係は第 1 に貿易を基盤とすべきと警鐘を鳴らしてきた[28]。3 月 22 日に
行われたマクロン大統領と習主席との首脳会談では，原子力，文化交流，ク
リーンエネルギーなどに関する十数件の合意文書に調印したほか，中国が欧州
航空機大手エアバス（Airbus）の A320 型旅客機 290 機，A350 型旅客機 10 機
を購入する大型契約も結ばれた。また，フランスから中国への冷凍鶏肉輸出に
関する契約も含め，今回結ばれた契約の総額は約 400 億ドルにのぼる。EU の
中国に対する警戒感の払拭に努める習主席は，「中国は欧州統合を一貫して支
持する」とも強調した。ただし，マクロン大統領は従来通り「欧州の一体性」
や「バランスの取れた貿易」との文言を忘れなかった。

　一方で，EU は，中国との貿易・経済関係に距離を置き，中国企業を欧州の
市場から完全に排除したいと望んでいるわけではない。すでにみたように，中
国の市場や中国からの投資は EU 経済にとって不可欠である。EU の狙いは，
透明性や公平性など EU のルールに基づく形での中国との経済関係の強化であ
り，一国主義を掲げる米国に対抗する自由な貿易を維持することにある。

　2019 年 3 月 26 日に実施された習主席，マクロン大統領，EC のユンカー委

員長との会談後，ドイツのメルケル首相は「欧州各国は BRI に積極的に参加を望んでいるが，それが互恵をもたらすものでなければならない[29]」と述べ，中国に対し，欧州企業に対する市場開放を改めて求めた。しかし，仮に中国市場へのアクセスが容易になれば，BRI への参加用意があることも示唆している。さらに，次世代通信規格「5G」ネットワークをめぐっても中国に配慮した感が否めない。EU は，米国が製品の排除を求めている華為技術（ファーウェイ）の採用について，EU 加盟各国がリスク評価を行い，後に EU レベルの認可条件や対抗措置を決定するとの勧告を発表した。今後，EU 各国は 6 月までにリスク評価を実施し，10 月 1 日までに情報交換と協調的なリスク評価を完了させる予定であるが，国家安全保障上の理由から特定の企業を市場から排除する権利を各国は留保することとなった。すでに 2018 年 12 月にはポルトガルがファーウェイと 5G の利用に関し覚書を交わしており，イタリアも追随するとみられる。ハンガリーやチェコもファーウェイの排除に関し否定的見解を持っており，流れは中国に傾きつつあるのが実情である。

おわりに

　2019 年 4 月に 2 つの重要な会議が相次いで開催された。1 つ目は EU・中国首脳会議，2 つ目は第 8 回「16＋1」サミットである。前者には，トゥスク議長や EC のユンカー委員長，中国からは李首相が出席し，これまで EU が中国に求めてきた投資協定の締結を 2020 年まで目指すことが合意に至った。中国における投資規制の緩和や自由化，公平性の確保，投資家および投資財産の保護に向けた動きが一歩進んだこととなる。加えて，EU と中国は WTO 改革で協力することを確認したほか，保護主義との対決を盛り込んだ共同声明も採択した。中国は EU に再び譲歩する姿勢を演出することで，EU の一定の理解と協力を得ることに成功したのである。第 8 回サミットにおけるギリシャの 16＋1 への参加は，こうした状況のもとでの決定であった。中国は EU との距離を一歩ずつ縮め，着実に EU に足場を築いており，その政治的，経済的影響力は欧州全土で一段と拡大することになるだろう。

194 第2部 「一帯一路」構想と世界

EUにとって，域内の統一性を保ちつつ，もはや存在を無視できないほど政治的，経済的なつながりを持つ中国との関係を維持し発展させるためには，中国をEU共通のルールと価値観の枠組みへと引き込む以外に手段はない。ただし，中国が自国の政策や価値観を放棄する可能性は低く，今後の米中関係の動向もEUと中国関係に強く作用してくるであろう。また，ギリシャ問題に始まり，難民流入，英国のEU離脱，域内の経済格差など域内で様々な問題が噴出し，政策の統一性が薄れつつある現状では，中長期的にEUの政策は中国寄りへと変容せざるを得ないのかもしれない。

注

1）中国語の正式名称は「一帯一路」であり，英語表記すれば One Belt One Road（OBOR）であり る。多くの文献でこの表記を用いるが，中国政府は英語表記の BRI を用いている。その理由は OBOR が "One" を強調することになるからとされる。本章では，様々なルートがある点を考慮して "BRI" と表記する。

2）2019 年 3 月 27 日，ベネルクスが新たに中国と BRI への参加に関する覚書に調印し，EU 加盟国では 15 カ国目となった。

3）https://www.reuters.com/article/us-italy-china-deals-factbox-idUSKCN1R40KN

4）http://www.china.org.cn/world/2019-03/24/content_74606449.htm

5）http://japanese.china.org.cn/business/txt/2019-03/26/content_74613795.htm

6）2019 年 2 月 12 日，マケドニアは国名を「北マケドニア」へ正式に変更した。隣国のギリシャとの間で国名の歴史的正統性をめぐり対立していた。国連や加盟国，国際機関などへの通知を進める方針。ギリシャは同国の NATO 加盟に反対していたものの，国名変更による対立が解消したため，19 年内にも北マケドニアは正式加盟する見通しである（30 カ国体制。また，EU 加盟も目指している。

7）BRI へのルーマニアの公式な参加に関する統一見解はない。中国は，2015 年にルーマニア経済省と中国商務省が一帯一路に関する覚書を署名したことを基にルーマニアを参加国とみなしている。一方，EU もルーマニアを BRI の参加国とみなしており，これまで発表したレポートにその旨が記載されてきた。しかし，ルーマニア政府による正式発表はないため，本書では BRI の公式な参加国としては扱っていない。

8）https://www.chinausfocus.com/finance-economy/cooperation-between-china-and-central-and-eastern-europe-promising-start-doubtful-outlook

9）https://www.reuters.com/article/us-china-hungary/hungary-first-european-country-to-sign-up-for-china-silk-road-plan-idUSKBN0ON01W20150607

10）展示会は，17 年 5 月の「一帯一路」国際協力サミットフォーラム時に周国家主席が 18 年からの開始を宣言した。

11）http://www.kormany.hu/en/the-prime-minister/news/china-too-has-noticed-central-europe-s-economic-growth

12）https://eeas.europa.eu/delegations/china/21594/node/21594_hu

13）https://www.jetro.go.jp/biz/areareports/2018/de823d1b9bb40ff3.html

14）https://www.dw.com/en/chinas-li-keqiang-pushes-trade-with-eastern-europe-amid-eu-

第8章 「一帯一路」構想と欧州　　*195*

concerns/a-44564466
15) https://www.dw.com/en/chinas-li-keqiang-pushes-trade-with-eastern-europe-amid-eu-concerns/a-44564466
16) https://www.dw.com/en/chinas-li-keqiang-pushes-trade-with-eastern-europe-amid-eu-concerns/a-44564466
17) http://world-economic-review.jp/impact/article1029.html
18) https://www.cgdev.org/article/chinas-belt-and-road-initiative-heightens-debt-risks-eight-countries-points-need-better
19) https://www.ft.com/content/4ba18efa-377b-11e9-b72b-2c7f526ca5d0
20) 日本経済新聞，18年7月10日付。
21) http://bruegel.org/2018/06/chinas-strategic-investments-in-europe-the-case-of-maritime-ports/
22) https://www.europol.europa.eu/newsroom/news/europol---euipo-2017-situation-report-counterfeiting-and-piracy-in-eu
23) http://europa.eu/rapid/press-release_IP-18-5803_en.htm
24) http://europa.eu/rapid/press-release_IP-19-1532_en.htm
25) EC, *Commission reviews relations with China, proposes 10 actions* http://europa.eu/rapid/press-release_IP-19-1605_en.htm
26) http://global.chinadaily.com.cn/a/201812/18/WS5c1897a0a3107d4c3a001758_1.html
27) https://www.euronews.com/2019/03/24/china-and-italy-sign-silk-road-project
28) https://www.reuters.com/article/us-italy-china-president/italy-endorses-chinas-belt-and-road-plan-in-first-for-a-g7- nation-idUSKCN1R40DV
29) https://in.reuters.com/article/france-china-merkel-idINKCN1R715U

参考文献
（日本語）
JETRO（2018）「欧州における中国の『一帯一路』構想と同国の投資・プロジェクトの実像」，JETRO，2018年3月。（https://www.jetro.go.jp/ext_images/_Reports/01/f509d9060998eaad/20170119.pdf）
――（2019）「欧州における中国の『一帯一路』構想と同国の投資・プロジェクトの実像（その2）」，JETRO，2019年3月。（https://www.jetro.go.jp/ext_images/_Reports/01/3d43208c56a62c1a/20180056.pdf）
田中素香（2018）「ヨーロッパは『一帯一路』をこう見ている」『運輸と経済』第12号，一般財団法人　交通経済研究所。
――（2018）「分岐点に立つ『16＋1』プロジェクト―東ヨーロッパにおける『一帯一路』戦略の現況―」『経済学論纂』第59巻第3・4号併号，中央大学。
――（2018）「『一帯一路』戦略による中国の東ヨーロッパ進出―「16＋1」をどう見るか―」『ITI調査研究シリーズ』No.67，国際貿易投資研究所（ITI）。
平川均（2017）「中国の『一帯一路』とアフロ・ユーラシア経済圏の可能性」『昭和女子大学国際文化研究所紀要』Vol.23，昭和女子大学国際文化研究所。
山野井茜（2018）「一帯一路，中東欧の現状　目立った成果なく投資縮小も」『金融財政ビジネス』第10763号，時事通信社。

196 第2部 「一帯一路」構想と世界

(外国語)

CER (2017), *The EU, the Eurasian Economic Union and One Belt, One Road Can they work together?*, Center for European Reform, March 2017. (https://www.cer.eu/sites/default/files/pb_eurasian_IB_16.3.17_0.pdf)

CSIS (2018), China's Belt and Road Initiative: Five Years Later, CSIS, January 2018. (http://www.iberchina.org/files/2018/obor_csis_hillman_testimony.pdf)

Lane, D. and Zhu, G. (Ed.) (2018), *Changing Regional Alliances for China and the West*, Lexington Books, London.

EMRICS (2019), *Chinese FDI in Europe: 2018 Trends and Impact of New Screening Policies*, MERICS, March 2019. (https://www.merics.org/en/papers-on-china/chinese-fdi-in-europe-2018)

—— (2018), *EU-China FDI: Working Towards Reciprocity in Investment Relations*, May 2018. (https://www.merics.org/sites/default/files/2018-08/180723_MERICS-COFDI-Update_final_0.pdf)

ETNC (2018), *Political values in Europe-China relations*, European Think-tank Network on China (ETNC), December 2018. (https://www.merics.org/sites/default/files/2019-01/190108_ETNC_report_2018_updated_2019.pdf)

European Parliament (2018), *A new era in EU-China relations:more wide-ranging strategic cooperation?*, European Parliament, July 2018. (http://www.europarl.europa.eu/RegData/etudes/STUD/2018/570493/EXPO_STU (2018) 570493_EN.pdf)

—— (2018), *Research for TRAN Committee:The new Silk Route – opportunities and challenges for EU transport*, European Parliament, January 2018. (http://www.europarl.europa.eu/RegData/etudes/STUD/2018/585907/IPOL_STU (2018) 585907_EN.pdf)

Grieger, G. (2017). *China, the 16+1 cooperation format and the EU*, European Parliament March 2017. (http://www.europarl.europa.eu/RegData/etudes/ATAG/2017/599313/EPRS_ATA%282017%29599313_EN.pdf)

MacDowall, A. (2018). "Are China's Inroads Into Central and Eastern Europe a trojan Horse?", *World Politics Review*, February 2018. (https://www.worldpoliticsreview.com/articles/24141/are-china-s-inroads-into-central-and-eastern-europe-a-trojan-horse, accessed 18 May 2018.

MSC (2019), *Munich Security Report 2019 The Great Puzzle: Who Pick Up the Pieces?*, MSC (Munich Security Conference). (https://www.securityconference.de/en/publications/munich-security-report/)

Pavlicevic, D. (2019), "A Power Shift Underway in Europe? China's Relationship with Central and Eastern Europe Under the Belt and Road Initiative", in Li Xing, ed., *Mapping China's 'One Belt One Road Initiative'*, Palgrave macmillan, London.

Simurina, J. (2014), China's Approach to the CEE-16, *Short Term Policy Brief 85*, ECRAN, January 2014. (http://eeas.europa.eu/archives/docs/china/docs/division_ecran/ecran_is107_paper_85_chinas_approach_to_the_cee-16_jurica_simurina_en.pdf)

Turcsány, R. (2014). "Central and Eastern Europe's Courtship with China: Trojan horse within the EU?", EIAS, January 2014. (http://www.asian.sk/wp-content/uploads/2014/08/china-cee.pdf)

第9章

「一帯一路」構想とアフリカ

佐々木 優

はじめに

　今日のアフリカ諸国（特に言及しない限り，サハラ以南のアフリカを「アフリカ」とする）にとって，中国は，自国の経済成長や貿易・投資，開発に多大な影響を及ぼす存在であるとともに，政治経済上の重要なパートナーである。中国の習近平国家主席が 2013 年に提唱した「一帯一路」構想を契機として，アフリカ各国の港湾都市はアフリカと中国および他国を結ぶ中継地となることが期待されており，港湾整備や港湾と内陸の都市を結ぶ鉄道インフラの建設が進められている。

　「一帯一路」構想ではインフラ，貿易，経済連携など，様々な事業が進められているが，中国がアフリカ諸国を「一帯一路」構想に取り込むことには，① 政治的にはアフリカ域内における「一帯一路」構想への支持獲得と軍事展開，② 経済的には潜在的な巨大市場の獲得，という狙いが垣間見える。他方，「一帯一路」構想に協力することは，アフリカ諸国にとってもメリットとなり得る。そのメリットとは，高速鉄道や港湾都市などのインフラ建設による影響と，インフラ整備の進展に伴う中国－アフリカ間の貿易の拡大にある。そこで本章では，アフリカと「一帯一路」構想の関係について，「中国の狙い」および「アフリカにもたらすメリット」の双方の視点から具体的な事例を分析し，その意義を解明する。

1. 「一帯一路」構想と中国のアフリカ外交

　「一帯一路」構想にアフリカが含まれるかは2013年時点では不透明であった。だが，2015年3月に国家発展改革委員会・外交部・商務部が共同で発表した「一帯一路」構想行動計画にはアジア，ヨーロッパ，アフリカ大陸の連結性の促進が明記され，翌4月に開催されたアジア・アフリカ会議，および同年12月に開催された中国アフリカ協力フォーラム（Forum of China-Africa Cooperation：FOCAC）の第6回会合（FOCAC VI）において，習近平国家主席は，アフリカ諸国に「一帯一路」構想への参加を求めている。

　中国が主催するFOCACはアフリカとの経済協力を協議する場であり，2000年の第1回会議（FOCAC I）以降，3年周期で開催されている。2015年に南アフリカのヨハネスブルクで開催されたFOCAC VIでは，首脳会議が開催され，成果文書となる「ヨハネスブルグ宣言」が発せられた。この宣言では，「一帯一路」構想を通じてアフリカのインフラ開発や産業発展を促進し，双方の持続的な成長を目指すことが掲げられている。さらに，2018年に北京で開催されたFOCAC VIIにおいても，「一帯一路」構想によって持続的な成長を実現することが提唱されている。表9-1は，「一帯一路」構想を巡る中国－アフリカ間の動向を時系列でまとめたものであるが，中国首脳のアフリカ訪問歴を見ると，中国のアフリカを重視する姿勢が垣間見える。

　中国政府首脳は，FOCACの開催を含めて，2013－2019年の間にアフリカ各国を毎年訪問している。習主席は，2015年のFOCAC VIを加えると，2013－2018年でアフリカ訪問を4回行っている（訪問国は，エジプト，コンゴ共和国，セネガル，タンザニア，南アフリカ，モーリシャス，ルワンダ）。李強克首相は2014年にアフリカ4カ国（エチオピア，ナイジェリア，アンゴラ，ケニア）を訪問，また王毅外交部長（日本の外務大臣に相当）は2014－2019年1月までで3回，アフリカ10カ国（アンゴラ，エチオピア，ガーナ，ガボン，ガンビア，サントメ・プリンシペ，ジブチ，セネガル，ブルキナファソ，ルワンダ）を訪問している。アフリカ訪問に際して，中国は各国首脳に

第9章 「一帯一路」構想とアフリカ　　*199*

表9-1　「一帯一路」構想を巡る中国−アフリカ間の動向

年	月	中国	アフリカ
2013	3	習近平主席がアフリカ3カ国訪問（タンザニア，南アフリカ，コンゴ共和国）	中国招商局集団が，タンザニア・バガモヨ港の建設を受注
	9	習主席がシルクロード経済ベルトを提唱（カザフスタン・ナザルバエフ大学）	
	10	習主席が21世紀海上シルクロードを提唱（インドネシア・APEC非公式首脳会議）	
2014	1	中国の王毅外相がアフリカ4カ国訪問（エチオピア，ジブチ，ガーナ，セネガル）	
	5	李克強首相がアフリカ4カ国訪問（エチオピア，ナイジェリア，アンゴラ，ケニア）	中国とケニアが，ケニアー内陸国間を結ぶ鉄道網建設に協力することで合意
	8		中国鉄建がアンゴラ−コンゴ民主間を結ぶベンゲラ鉄道の補修工事を完了
2015	4	「『一帯一路』戦略と新時代のアジア・アフリカ協力」会議を開催	
		アジア・アフリカ会議（バンドン会議）開催（インドネシア・ジャカルタ）	
	9		中国中鉄がエチオピアに路面電車建設
	12	FOCAC VI（ヨハネスブルグ宣言）	
2016	1	中国アフリカ生産向上基金を創設	エジプトが「一帯一路」構想参加の覚書に署名
		習主席が中東・アフリカ3カ国訪問（サウジアラビア，エジプト，イラン）	
	3		ガンビアが21年ぶりに中国と国交を回復（2013年に台湾と国交断絶）
	6		中国土木工程集団が，ナイジェリア沿岸部の鉄道建設契約を締結，および同内陸部で標準軌鉄道を建設
	8		ジブチに中国初の海外駐留軍事基地建設
			中国土木工程集団がエチオピアに工業団地建設
	10		ジブチ−エチオピア間の高速鉄道が完成
	12		サントメ・プリンシペが中国と国交回復
2017	3		マダガスカルが「一帯一路」構想参加の覚書に署名
	5	「一帯一路」国際協力サミットフォーラム開催（北京）	ケニアで標準軌鉄道完成
			ジブチでドラレ多目的港が開港

200 第2部 「一帯一路」構想と世界

年	月	中国	アフリカ
2018	1	王外相がアフリカ4カ国訪問（ルワンダ，アンゴラ，ガボン，サントメ・プリンシペ）	ジブチーエチオピア間の高速鉄道が商業運用を開始
	5		ブルキナファソが中国と国交を結ぶ
			中国のShacman（陝汽集団傘下）がアルジェリアでトラック組立工場を稼働
	7	習主席が中東・アフリカ訪問（UAE，セネガル，ルワンダ，南アフリカ，モーリシャス）	セネガル，ルワンダが「一帯一路」構想に関する協力文書に署名
			ジブチ港の整備および自由貿易区が一部完成
			北京汽車集団が南アフリカで乗用車組立工場を稼働
	8		中国がジブチに設置した駐留軍事基地の運用を開始
	9	FOCAC Ⅶ開催（北京宣言）	アフリカ11カ国が「一帯一路」構想参加の覚書に署名（アルジェリア，エチオピア，ジブチ，コートジボワール，ケニア，リビア，ナイジェリア，セーシェル，ソマリア，タンザニア，ウガンダ）
	10		シエラレオネが，中国の融資を受けて建設予定だった新空港の計画中止を発表
	12		アンゴラのボルジェス電力・水利大臣が中国依存を見直し，融資相手国の多様化を図る意思を示す
2019	1	王外務大臣がアフリカ4カ国訪問（エチオピア，ブルキナファソ，ガンビア，セネガル）	

出所：主要新聞各紙，外務省ウェブサイト，中国外交部ウェブサイト，その他の各種資料から作成。

「一帯一路」構想への参加協力を要請するとともに，大規模なインフラプロジェクトを提案しており，「一帯一路」構想にアフリカを取り込むことに積極的であることが窺える。

　加えて，「一帯一路」構想への正式な参加表明の有無に拘わらず，多くのアフリカ諸国が中国と外交や経済協力に関する協定を結んでおり，様々なインフラプロジェクトがアフリカ全土で進められている。代表的なプロジェクトでは，ジブチとエチオピアの首都アディスアベバを結ぶ高速鉄道の建設や，東アフリカ沿岸国の港湾整備および標準軌鉄道の建設，ナイジェリアの鉄道建設，

第9章 「一帯一路」構想とアフリカ　　201

アンゴラとコンゴ民主共和国を結ぶベンゲラ鉄道の改修工事があげられる。さらに，東アフリカ地域では工業団地や特別経済区，自由貿易区（Free Trade Zone：FTZ）の建設も進められており，アフリカ各国はこれらのプロジェクトを積極的に受け入れる姿勢を示している。

　インフラ建設のための資金も，中国輸出入銀行などが建設費用の大部分を出資している。表9-2は，中国がアフリカで行っている主なインフラ建設の一覧であるが，例えば，ケニアやエチオピアの鉄道建設では中国輸出入銀行が総工費の7割以上を出資している。また，ジブチのドラレ多目的港の建設では，中国とジブチの港湾局，自由貿易区を管轄する公社が共同で出資しており，総工

表9-2　中国がアフリカで進める主なインフラ建設プロジェクト（2019年2月時点）

事業内容	対象国	事業主体	事業合意・着工／完成年月	総工費（億ドル）	中国の出資規模
港湾建設	タンザニア（バガモヨ港）	中国招商局	2013年3月受注	110	※不明
鉄道建設・改修	ケニア（モンバサーナイロビ）全長480km	中国路橋公司	2014年5月合意	38	90%
鉄道建設・補修（ベンゲラ鉄道）	アンゴラ（ロビト港）－コンゴ民主（ルアウ）全長1,344km	中国鉄建	2014年8月完成	18.3	※不明
路面電車建設	エチオピア（アディスアベバ）第1期：16.9km（全長34km）	中国鉄建	2015年9月完成	4.8	85%
鉄道建設	ナイジェリア（ラゴスーカラバール）全長1,315km	中国土木工程集団	2016年6月合意	111.2	55%
鉄道建設	ナイジェリア（アブジャーカドゥナ）全長186.5km	ナイジェリア連邦首都県庁中国土木工程集団	2016年6月完成	10.8	76%
工業団地	エチオピア（SNNPR州）	中国土木工程集団	2016年8月建設	※不明	※不明
鉄道建設	エチオピアージブチ全長750km	中国土木工程集団	2016年10月完成	40	70%
港湾建設	ジブチ（ドラレ多目的港）	中国招商局ジブチ港湾局ジブチ自由貿易区	2017年5月完成	5.9	45.6%
港湾整備／自由貿易区設置	ジブチ（ジブチ港）第1期：2.4km²（総面積48km²）	中国招商局ジブチ港湾局ジブチ自由貿易区	2018年7月完成	35	※不明

出所：表9-1と同上。総工費は推定値（一部の事業は金額等が不明となっている）。

費の 45.6％は中国が担当している。その他のプロジェクトにおいても，インフラ建設に要する莫大な資金を中国が投じている。

　実際，中国は FOCAC VIおよびVIIでいずれも 3 年で 600 億ドル以上の支援を表明している。その内訳を見ると，FOCAC VIでは，優遇借款および中小企業支援に 400 億ドル，中国アフリカ開発基金に 50 億ドル，中国アフリカ生産向上基金の新設に 100 億ドル，無償援助および無利子融資に 50 億ドルとなっている（Sakamoto 2018：107-109）。また FOCAC VIIでは，優遇借款および無償援助・無利息借款に 150 億ドル，信用貸付に 200 億ドル，中国・アフリカ開発性金融特別基金の設立資金に 100 億ドル，対アフリカ輸入に対する特別基金に 50 億ドル，中国企業の対アフリカ投資促進のための資金に 100 億ドル以上を拠出することが表明されている（JETRO 2018）。

2. アフリカを取り込む中国の狙い

（1）　政治面での狙い

　中国は，アフリカ各国に「一帯一路」構想への参加を強く求めるとともに，大規模なインフラ建設を進めているが，中国がアフリカを「一帯一路」構想に取り込むことには，政治的および経済的な狙いが見受けられる。まず政治面での狙いには，「一帯一路」構想の協力国を増やすこと，すなわち支持を拡大させることがあげられる。

　「一帯一路」構想の沿線に位置する国はおよそ 70 カ国に及ぶが，国際社会における「一帯一路」構想への反応は様々であり，沿線国全てが必ずしも積極的な支持を示していない。アジア諸国の場合，政権交代したフィリピンや親中国のカンボジアは「一帯一路」構想への参加に積極的な姿勢を示しているが，マレーシアやベトナムは参加協力に慎重，もしくは消極的である（石川 2018：110-113）。だが，アフリカ諸国は経済成長に不可欠なインフラに問題を抱えており，インフラ建設や貿易拡大を伴う「一帯一路」構想に対して，一部の国は受け入れに慎重であるが，多くの国が積極的な姿勢を示している。2017 年 3 月にはマダガスカルのヘリー大統領（当時）が「一帯一路」構想への参加を表

明している。2018年7月にはセネガルとルワンダが「一帯一路」構想への協力文書に署名し，同年9月に開催されたFOCAC Ⅶでは，アフリカ11カ国（アルジェリア，エチオピア，ジブチ，コートジボワール，ケニア，リビア，ナイジェリア，セーシェル，ソマリア，タンザニア，ウガンダ）が「一帯一路」構想への協力の覚書に署名している（表9-1を参照）。

　また，アフリカ諸国から見ると，中国の対アフリカ外交および支援では，欧米諸国や国際金融機関が提示する政治経済上の構造転換などの制約が付されていないため，アフリカ諸国にとって中国は協力関係を構築しやすい相手となっている。中国が主催するFOCACは中国と国交を結ぶアフリカ53カ国の首脳が一堂に会する場となっており，「一帯一路」構想への協力を一挙に取り付けることが容易である。しかも，「諸国間の双務的関係の基礎として『非干渉』の確認，そして急進的イスラム主義への対処，債務免除，関税障壁の削減，出入国管理，平和維持任務，そして国際通貨基金（IMF）や世界銀行のような多国間機関の判断を支配する『ワシントン・コンセンサス』への挑戦を含んでいる」（JETRO 2009:10）。

　中国－アフリカ間の外交関係では台湾問題もある。中国は台湾を政治的に認めておらず外交関係を台湾と持つ国に対しては中国への転換を求めている。そのためアフリカ諸国に対して中国と台湾は国交の奪い合いを続けてきたが，2000年代には，台湾と国交を結んでいたマラウイとリベリアが中国と国交を結びなおした。2011年になると独立を成し遂げた南スーダンが，「一帯一路」構想が提唱された2013年以降では，2016年にガンビアとサントメ・プリンシペ，2018年にブルキナファソが中国と国交を結んでおり，2019年3月時点でエスワティニ（旧スワジランド）を除くアフリカ53カ国が中国を外国相手に選んでいる。

　軍事的な側面も，中国がアフリカを狙う理由にあげられる。2017年，中国は東アフリカのジブチに初の海外軍事基地を設置し，2018年8月より運用を開始している。ジブチに軍事基地を設置した背景には，まず東アフリカ地域における安全保障問題への対応があげられる（Kodzi 2018:155-157）。成長する中国にとってアフリカは重要な資源輸入先であり中国石油天然気集団（CNPC）は現地の油田開発に100億ドル以上の投資を行っている。だが，紛

争によって原油生産が停滞しており，CNPC の収益も減少している。中国企業がアフリカでの事業を円滑に進めるためには，現地の治安を改善しなければならない。中国による軍事拠点の設置には，資源の確保と東アフリカ近海における海上安全保障の課題が生じているのである。

　さらに，東アフリカの突端に位置するジブチは，中国からアジア・中東諸国，そしてヨーロッパに向かう際の海上輸送の要衝である。だが，海賊事件が多発する海域であり，海上安全保障の確保は，中国が対外貿易の拡大や中東・南アジアとエネルギーパイプラインを施設する際の重要課題となる。そのため，ジブチにおける軍地拠点の設置は，東アフリカ地域における安全保障問題への迅速な対応につながるものである。

　ただし，ジブチにおける中国の軍事展開には，軍事的覇権の拡大を狙う意味合いも考えられる。地政学的な視点において，ジブチは東アフリカの突端にあるソマリアの北に位置しており，北にエジプトおよびヨーロッパ，対岸に中東諸国，さらに東にはインドがあり，既にフランス軍や日本の自衛隊が駐留する重要な軍事拠点となっている。読売新聞（2017 年 8 月 21 日朝刊）によると，2015 年 12 月に中国の国防大学が催した会議において，「一帯一路」構想を介して軍事的影響力の拡大を図ること，インド洋海域に中国軍を展開させるためには，補給基地などの軍事拠点を 12 カ所設置する必要があることが議論されたと報じられている。ジブチの軍事基地はその足がかりと捉えられる（古田 2013:144-146）。中国は，ジブチに軍事拠点を設置した理由をアフリカにおける平和・安全保障のためとしているが，同時に，中国の軍事的覇権の拡大という意図も窺える（梅原 2017:9-11）。

（2）　経済面での狙い

　経済的な側面においても，アフリカは中国にとって重要な地域である。図 9-1 は中国の対アフリカ輸出を示したものである。中国の対アフリカ商品輸出総額は，1995 年で 11.0 億ドルであったが，ピークとなる 2015 年には 803.5 億ドルと，29 年間で約 73 倍に激増している。世界の総輸出に占める対アフリカ輸出の割合が 1995 年と 2017 年で 1.0％から 2.0％に拡大したのに対して，中国の対外輸出に占めるアフリカの割合は，同じ期間で 0.7％から 3.1％に拡大して

図 9-1 中国の対アフリカ輸出額（項目別：100 万ドル）および対アフリカ輸出比率（%）

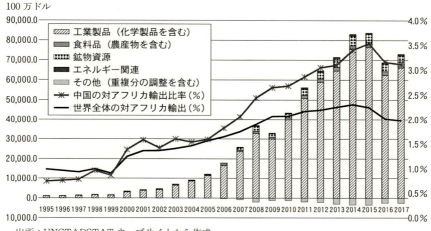

出所：UNCTADSTAT ウェブサイトから作成。

おり，中国のアフリカとの輸出が急激であったことがわかる。中国の対外輸出全体に占めるアフリカの割合は確かに1割にも満たないが，世界平均と比較すると高い水準にあり，中国とアフリカの結合度の高さが窺える。

2017 年の中国の対アフリカ輸出の商品構成では，工業製品が 90.5％，鉱物資源が 5.1％，食料品が 2.9％，燃料が 1.1％であり，9割以上が工業製品となっている。2002－2017 年の 15 年間で，アフリカの人口は 7.1 億人から 10.6 億人に，GDP は 4,078.2 億ドルから 1.67 兆ドルに増加している。1 人当たりの GNI も 543.5 ドルから 1,486.6 ドルと約 3 倍も増加しており，アフリカは潜在的な巨大市場といえる。ところが，アフリカの GDP に占める工業部門の割合は約2割に留まっており，現在まで，生活必需品に加えて，経済発展に必要な工業製品（機械製品や部品，精製油を含む化学製品など）を十分に製造することができなかった（白戸 2018：144-145）。他方，近年の中国は，経済成長率が 2007 年の 14.2％をピークに低下しており，輸出総額も 2014 年より横ばいで推移している。中国はこれを「新常態」として安定した成長と経済構造の転換・革新を目指しているが，新しい市場を必要としている。「一帯一路」構想は中国経済が直面する課題への対応策（郭 2017：2-4）として，中国製品の輸出先

206　第 2 部　「一帯一路」構想と世界

と同時に企業・工場の移転先として人口増加と消費拡大が著しいアフリカに重要な市場の可能性を見ているのである。

　中国の輸入においてもアフリカと中国は密接な関係にある。図 9-2 に示すように，中国の対アフリカ輸入額も過去 10 年ほどの間に大きく増加しているが，大部分は鉱物およびエネルギーなど天然資源で占められている。中国の対アフリカ輸入に占める天然資源の割合は，1990 年代後半で 57.2％であったが，2000 年代には平均 78.9％に拡大している。2017 年では，鉱物資源が輸入の31.2％，エネルギー資源が 44.6％を占めている。世界と中国の対アフリカ輸入比率を比較すると，世界の総輸入に占める対アフリカ輸入の割合は 1995 年から 2017 年で 1.1％から 2.0％に拡大している。だが，中国は同期間で 0.3％から3.2％に拡大しており，アフリカが重要な輸入相手であることを示唆している。

　ただし，中国－アフリカ間の貿易規模は 2015 年に減少しており，特に資源輸入額はピークの 2014 年の 3 ／ 4 に落ち込んでいる。この要因は，国際市場における資源価格の下落に加えて，中国によるネルギー資源の輸入先の分散化や，中国国内の経済悪化と生産能力の過剰があげられる。特に資源の分散化について，中国は特定国への資源依存によるリスクを軽減するために資源輸入先の分散を図っている。

図 9-2　中国の対アフリカ輸入額（項目別：100 万ドル）および対アフリカ輸入比率（％）

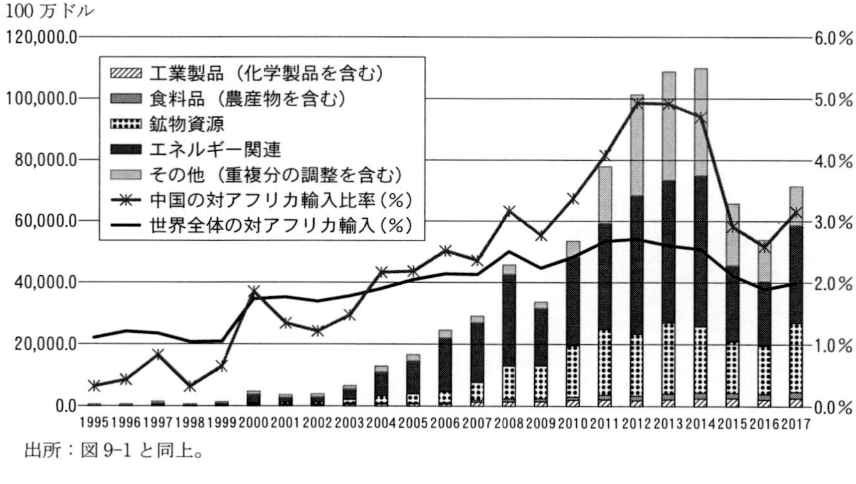

出所：図 9-1 と同上。

2017年における中国のエネルギー資源輸入を地域別に見ると，金額の多い順にアジア・中東地域（全体の56.5％），次いでアフリカ（14.7％），ヨーロッパ（13.1％）となっている。なかでもロシアの割合が1995年から2017年で0.7％から10.2％に拡大する一方，アフリカの比重は2007年の24.8％をピークに10ポイント低下した（Conteh-Morgan 2018:22-26）。ただし，中国の対アフリカ輸入の3／4は未だに天然資源であり，アフリカは中国にとって重要な資源供給地であり続けている。加えて，中国はアフリカにおけるエネルギー開発に対する融資を拡大させている。

ボストン大学グローバル開発政策センターの研究チームによると，中国の主要なエネルギー開発金融機関である中国開発銀行と中国輸出入銀行のエネルギー開発金融の総額は，2008-2012年が169億ドル，2013-2018年が290億ドルで，アフリカはその内のそれぞれ7％と20％を占めて融資額を飛躍的に増やしてきた。2018年では融資総額は86億ドルに減るが，そのうちの55％がアフリカ向けであった。他の地域への融資額は劇的に減少したが，唯一アフリカのみが僅かな減少に留まっている（GDPC 2019）。このエネルギー開発融資は主に石炭と水力の発電向けであるが，アフリカは中国の海外エネルギー開発で戦略的な融資先となっている可能性が高い。貿易額に反映されないエネルギー開発市場としてのアフリカが確認できると言えるだろう。

北アフリカを含む全てのアフリカ諸国が「一帯一路」構想に参加すると，関係国は100カ国以上になる。中国にとってアフリカは，一方で「一帯一路」構想の支持国の拡大という政治的要因，他方で将来的な潜在的巨大市場への積極的関与先として重要な地域となる。それは安全保障上の軍事的拠点の確保と行動にもつながっている。アフリカを「一帯一路」構想に取り込むことは中国にとって不可欠であり，経済連携の障壁となるインフラ問題に取り組むことは市場開拓につながり，必然であったと捉えられる。

3. 「一帯一路」構想がアフリカにもたらすもの

（1） 中国－アフリカ間の貿易拡大

2017年のアフリカの対外輸出総額の内訳を見ると，31.2％が原油であり，天然ガスが2.5％，工業製品が19.2％，鉱物資源が17.4％，食料品が14.5％となっている。1995－2017年の対外輸出では，天然資源が年平均で56.0％を占めていた。このアフリカの対外貿易の重要な相手国として，中国が存在感を増している。

図9-3はアフリカの対外輸出の国別の割合を示しているが，1990年代ではヨーロッパが4割以上を占めてアフリカ最大の輸出先であった。だが，ヨーロッパの割合は2000年代半ばより徐々に縮小し，2017年には26.9％にまで落ち込んだ。ヨーロッパ各国では，旧宗主国であるイギリスが1995－2017年で9.5％から2.6％に，フランスが6.1％から3.0％に縮小しており，イタリアやドイツも，それぞれ4.1％から2.0％，6.3％から3.3％に落ち込んでいる。1995－

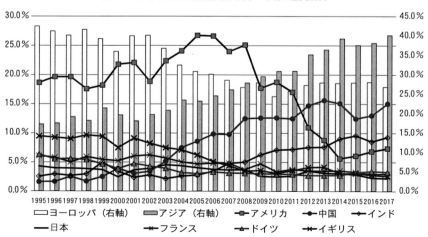

図9-3　アフリカの主要輸出相手国・地域の輸出割合

出所：図9-1と同上。

第 9 章 「一帯一路」構想とアフリカ　*209*

2011 年において，アフリカにとって最大の輸出相手国はアメリカであり，平均 21.1％を占めていた。だが，2007 年末のリーマンショックを契機に縮小し，2017 年には 7.3％にまで落ち込んでいる。他方，アフリカの対アジア輸出は 1995 年時点で 17.3％に留まっていたが，2000 年代後半より拡大し，2017 年には 40.1％となり，アフリカにとって最大の輸出先となっている。

　アフリカの対アジア輸出が拡大した要因として，中国との貿易拡大があげられる。アフリカの対中国輸出の割合は 1995－1999 年で年平均 2.0％程度に留まっていた。だが，2017 年には 15.0％に拡大し，アフリカにとって最大の輸出相手国となっている。ただし，中国からの輸入品の大部分が，経済成長に不可欠な資材や工業製品であるが，それだけでなく日常生活に根付いた商品が輸入されている。これはアフリカに工業部門が成長していないことの反映であるが，高橋はこれを次のように述べている。「中国の場合，品目はより多岐にわたっており，（中略）中国製品は，単に 21 世紀の高度成長の下で起こったアフリカの消費ブームによく応えているというだけではなく，底辺層の需要をも捉え，アフリカの各都市のスラムの路上でさえ売られている」（高橋 2017：57）。

　中国にとってのアフリカは，工業製品輸出先および資源輸入先，さらに資源エネルギー開発先にもなっており，アフリカにとっても，中国は必需品を供給する重要なパートナーとなっている。すなわち，中国－アフリカ間の貿易構造は相互補完関係にあり，「一帯一路」構想にアフリカが参加することは，中国－アフリカ間の貿易拡大や自由貿易体制の構築につながり得る。もっとも，こうした関係は伝統的な垂直貿易の傾向を持つものであり，アフリカの将来的な発展につながるか否か，大きな課題が残されていることも確かである。単に自由貿易圏の形成では済まされない問題である。以下でも触れるが，この視点は常に念頭に置かれなければならないことを指摘しておく。

　2017 年の「一帯一路」国際協力サミットフォーラムでは，ケニア，エチオピアとの間で経済・貿易協力協定が取り交わされた。2018 年 3 月には，ルワンダで開催されたアフリカ連合臨時首脳会合で，アフリカ 44 カ国が「アフリカ 大 陸 自 由 貿 易 圏」（The African Continental Free Trade Agreement: AfCFTA）の設立に関する協定に署名している。換言すると，中国がアフリカ各国と自由貿易を行うための環境が構築されつつあることになる。2018 年 7

月に「一帯一路」構想の協力文書に署名したセネガルとモーリシャスは，同時に中国との間で貿易協定を締結している。特にモーリシャスは，アフリカで初めて，中国と自由貿易協定（FTA）を締結した。南アフリカは，「一帯一路」構想に協力する見返りとして，中国から147億ドル規模の経済協力を取り付けた。FOCAC Ⅶでは，「一帯一路」構想への参加・協力が要請される一方で，2018年末に返済期限を迎える無利子融資の返済免除が打ち出された。

　さらに，中国はアフリカ各地で自由貿易区（FTZ）の設置を進めており，2018年7月にはジブチにアフリカ最大のFTZの一部（総面積48km^{2}の内2.4km^2）が完成している。FTZはアジアの経済発展に果たした役割が期待されており，垂直的な国際分業構造の高度化に向かう可能性を持っている。ジブチの対中国貿易総額は1995年から2017年で400万ドルから2.5億ドルに，ジブチの隣国であるエチオピアは3,000万ドルから53.9億ドルに増大している。FTZは今後10年での完成が目指されており，両国の対中国貿易はさらに拡大することが見込まれる。ケニアでも経済特区の建設が，タンザニアやエチオピアでは工業団地の建設が進められており，アフリカは「一帯一路」構想への参加によって中国との貿易および経済連携を一層強化すると推察される。

（2）　鉄道・港湾インフラの建設

　アフリカが対外貿易を拡大させるためには，既存の老朽化したインフラを整備するだけでなく，さらなる開発が課題となる。例えば，タンザニアでは貿易規模が主要港湾の貨物許容量を超えており，ケニアやジブチでは，鉄道の老朽化と貧弱な輸送システムのために工業製品の輸送不備や農水産品の腐敗・廃棄が生じている。インフラの不備はアフリカ諸国の発展の大きな障害であるばかりでなく，アフリカへの延伸を進める中国にとっても重要課題である。そのため，中国は，貿易のハブとなる新たな港湾の建設や，アフリカの沿岸部と内陸の都市を結ぶ鉄道の整備を各地で積極的に進めている。アフリカ・インフラ協会（The Infrastructure Consortium for Africa：ICA）の調査によると，アフリカのインフラ建設に対する各国・機関の出資総額は2015－2017年で年平均758億ドルである。その内訳を見ると，アフリカ各国政府の拠出額（合計）が全体の約4割を占めており，残りの6割は先進国による政府開発援助や国際機

第 9 章 「一帯一路」構想とアフリカ　*211*

関による支援，民間の投資となっている。国単位では中国が最大の出資国であり，年平均で総出資額の 19.7％，2017 年には総出資額 816 億ドルの 23.8％（194 億ドル）を拠出している（ICA 2014-2017）。

　中国がアフリカで建設している大規模なインフラは主に港湾および鉄道であるが，港湾建設の代表例はジブチの事例である。東アフリカにおける海上輸送の拠点となる港湾はジブチのジブチ港とケニアのモンバサ港であるが，特にジブチは，スエズ運河に通じる海上路の入り口に位置する要衝であり，「一帯一路」構想をアフリカに広げる上で重要となる（荒牧 2018a:6）。ジブチ港のコンテナ取扱許容量は 35 万 TEU（Twenty-foot Equivalent Unit，20 フィート・コンテナ換算）であるが，取扱量は許容を超える規模となっており，ジブチ港周辺では港湾整備や新規ターミナルの建設が度々行われている。2008 年には 130 万 TEU のコンテナを許容できるドラレ・コンテナターミナルが増設された。さらに 2017 年には，コンテナ積み下ろし用のクレーン 10 基以上を設置したドラレ多目的港（コンテナ貨物許容量 22 万 TEU）がジブチ港湾局と中国の共同で建設された（JICA 2017:6-10）。取扱量は 2010 年で 42.5 万 TEU，2016 年には 98.7 万 TEU に増加しているが，現時点でのコンテナ取扱量はジブチ港全体の許容量 187 万 TEU を下回っており，新たな港湾の建設がどれほどの効果をもたらすかは不明瞭である。だがジブチ港一帯は，中国が建設する FTZ の区域に含まれており，かつ中国初の海外軍事基地が設けられるなど，「一帯一路」構想によって多目的かつ巨大なハブ港湾へと変貌しつつある（Sakamoto 2018:115-117）。

　鉄道建設の代表例では，ジブチ―エチオピア間の鉄道とケニア国内の鉄道があげられる。ジブチ―エチオピア間の鉄道は，ジブチ港からエチオピアの首都アディスアベバまでを結ぶ全長約 750km の鉄道である。工事は鉄道路線を狭軌のレール（幅 1,000mm）から国際規格の標準軌のレール（1,435mm）に敷き替え，高速鉄道を運行させるもので，中国が総工費の 7 割を出資して 2012 年に着工，2016 年に完成した。完成以前の鉄道は老朽化のためにほとんど運行しておらず，主な移動手段は自動車であったが，新たに建設された鉄道は同区間を約 10 時間で走行する。これまで 3 日がかりであった移動時間が大幅に短縮している（荒牧 2018a:6-7）。高速鉄道は 2018 年に運行を開始したが，ド

212 第2部 「一帯一路」構想と世界

ラレ多目的港が既に開港しており，将来的にはエジプトや南スーダンへの延伸
も計画されるなど，海上・陸上のインフラ建設による相乗効果が期待されてい
る（Breuer 2017:3-4）。

　次にケニアの鉄道建設である。ケニア沿岸に位置する港湾都市モンバサは長
らく東アフリカの玄関としての役割を担っており，モンバサと首都ナイロビを
結ぶ全長約480kmのケニア鉄道もまた，ケニアおよび東アフリカのヒトやモ
ノの移動を支えてきた。しかし，ケニア鉄道は狭軌のレールを使用した単線路
線であり，移動に片道約12時間も要していたため，物流の9割はトラックが
担っていた。そのため，国際規格となる標準軌鉄道への改修・敷き替えおよび
新規鉄道の建設は，ケニア鉄道の効率化に寄与するプロジェクトであった。総
工費38億ドルとなる鉄道建設は2014年9月に着工し，2017年5月に完成し
た。標準軌鉄道によって走行時間が片道4.5時間に短縮された結果，標準軌鉄
道の利用者数は開通から1年間で158万人に達し，鉄道による貨物輸送量も
1.2万TEUから11.2万TEUに増加した（中国網ウェブサイト 2018）。

　ウガンダやルワンダなどの内陸国への延伸に加えて，ジブチ―エチオピア間
の鉄道との連結も計画されており，ジブチ，エチオピア，ケニアにおける標準
軌鉄道の建設は貨物輸送の短時間化だけでなく，東アフリカ全域が鉄道で結ば
れる可能性を示している。鉄道の起点となるモンバサ港のコンテナ取扱量は
2015年時点で107万TEUに達しており，2025年にはモンバサ港の整備拡張
に伴って260万TEUを超える見込みである（東洋建設 2018）。ただし，建設
費用の返済には総輸送量に占める鉄道輸送の割合を4割以上にする必要がある
とされているが，現状は1割にとどまっている。そのため，増加する物流量を
如何に取り込むかが鉄道運営の課題となっている（Reuters ウェブサイト
2017）。

　ほかにも，タンザニア北部では新たな港が建設される予定である。同港のコ
ンテナ許容量は，タンザニア最大の港であるダルエスサラーム港の2倍とな
る。西アフリカのナイジェリアでは，経済都市ラゴスと隣国カメルーンを結ぶ
鉄道建設が進められている。第1期工事は2019年に，第2期工事は2021年に
完了する予定である（荒牧 2018b）。

　アフリカ南部では，アンゴラとコンゴ民主共和国を結ぶベンゲラ鉄道（全長

第9章 「一帯一路」構想とアフリカ　　*213*

1,344km）が中国によって標準軌鉄道に切り替えられた。ベンゲラ鉄道は，将来的にはタンザニアーザンビア間を走行するタンザン鉄道と連結することが計画されており，完成すればアフリカ大陸の横断鉄道が「一帯一路」構想という枠組みによって敷設されることになる。

4.　おわりに：「一帯一路」構想とアフリカの関係を巡る今後の視座

　本章では，「一帯一路」構想とアフリカの関係を分析し，中国－アフリカの双方にとって，「一帯一路」構想が如何なる意義を持つものかを論じた。ただし，アフリカで進められている事業は，いずれも完成から間もないか，建設中ないしは計画段階にあり，その効果を現段階で判断することは難しい。そのため，アフリカにおける「一帯一路」構想の展望は，次の3つの視座から推し量ることになると考える。

　第1は，2019年8月に横浜で開催されるアフリカ開発会議（Tokyo International Conference on African Development：TICAD）の第7回会議（TICAD Ⅶ）である。日中がアフリカ開発における主導権争いを繰り広げるなか，2018年開催のFOCAC Ⅶでは3年で600億ドルの支援が打ち出されている。そこで，TICAD Ⅶの開催を控えた日本が中国に匹敵する規模の支援策を掲げた場合，「一帯一路」構想とアフリカの関係に影響を及ぼす可能性がある。もっとも，日本の支援は，2016年にケニアで開催されたTICAD Ⅵの段階で3年300億ドルに留まっている。そのため，日本が規模の面で中国を圧倒するとは考え難く，TICAD Ⅶによる影響は限定的と推察される。ただし，両国の対応を通じて，当面，アフリカのインフラ整備が急速に進むことは間違いないだろう。

　第2は，2021年開催予定のFOCAC Ⅷである。2015年のFOCAC Ⅵから2018年のFOCAC Ⅶまでの3年の間に，アフリカ54カ国の約3分の1が「一帯一路」構想への参加協力を正式に表明しており，「一帯一路」構想がアフリカ域内に広まっていることは確かである。加えて，次回の開催地はアフリカ域内の都市となる予定であり，「一帯一路」構想への参加を表明する国が増える

214 第2部 「一帯一路」構想と世界

ことも予想される。むしろ，参加を表明する国が FOCAC Ⅷ 開催までにどれほど増えるかが，アフリカにおける「一帯一路」構想の浸透度を図るポイントとなる。

　第3は，ケニアが鉄道建設に際して融資された債務の返済期限となる2022年問題である。「一帯一路」構想に伴う大規模なインフラプロジェクトに際して，アフリカ各国は中国から多額の資金を借り入れている。ジブチーエチオピア間の鉄道建設では，莫大な債務の返済が困難として，返済期限が10年から30年に延長されているが，埋蔵される資源や建設されたインフラの利権が担保となっている国もある。例えば，アフリカ南部のベンゲラ鉄道改修工事では，中国輸出入銀行がアンゴラの原油収入を担保に総工費の大部分を貸し付けており，実質的にアンゴラの収入源が中国に牛耳られた格好である。また，ケニアの鉄道建設では総工費の9割を中国輸出入銀行が出資しているが，建設費の貸付に際してモンバサ港の運営権が担保になっている可能性があり，スリランカのハンバントタ港の二の舞になることが懸念されている（朝日新聞 2019. 2. 4）。

　中国債務への依存とその返済に伴う弊害は，先進諸国から問題視されているが，アフリカ諸国の中にも中国債務への依存に対する危機感を抱く国がある。例えば西アフリカのシエラレオネは，債務問題への懸念から，中国による新空港建設計画を中止し，既存空港を改修，継続使用することを発表している。加えて，アフリカ各国では中国資本の流入や強引なインフラ建設に対して，地域住民の反発もあり，必ずしも全面的な賛同は得られていない（三田 2008:34）。すなわち，中国とアフリカが政治経済の両側面において緊密な関係にあることは確かであるが，「一帯一路」構想に対するアフリカの姿勢は国ごとに異なり，またそれぞれの国の中でも社会的に様々な問題がある。「一帯一路」構想がアフリカ全土に受け入れられるか否かは，3つの視座を経た後の双方の関係次第と言えよう。

参考文献
（日本語）
荒牧英城（2018a）「『一帯一路』構想における中国の五大国際インフラ建設プロジェクト」『国建協情報』No.864，国際建設技術協会。
　──（2018b）「『アフリカの巨人』ナイジェリアの交通インフラプロジェクト」『国建協情報』

No.865，国際建設技術協会。

石川幸一（2018）「一帯一路と地政学：一帯一路を歓迎する国と批判する国」『運輸と経済』第78巻第12号，交通経済研究所。

梅原直樹（2017）「中国『一帯一路』構想の特徴と今後について」『Newsletter』No.11，国際通貨研究所。

郭四志（2017）「中国経済の転換：『ニューノーマル』段階に入った経済現状と課題」郭四志編『中国経済の新時代：成長パターンの転換と日中連携』，文眞堂。

国際協力機構（JICA）（2017）『タジュラ湾海上輸送能力に係る情報収集・確認調査』ジブチ共和国運輸運輸省・JICA。

白戸圭一（2018）「中国の『一帯一路』構想とアフリカ」『運輸と経済』第78巻第12号，交通経済研究所。

高橋基樹（2017）「TICADの変遷と世界：アフリカ開発における日本の役割を再考する」『アフリカレポート』No.55，アジア経済研究所。

日本貿易振興機構（JETRO）編（2009）『アフリカにおける中国：戦略的な概観』JETRO。

古田雅雄（2013）「国際政治と第4次石油危機の可能性：エネルギー資源確保をめぐる地政学・地経済的変動の一考察」『社会科学雑誌』第8巻，奈良学園大学。

三田廣行（2008）「資源消費大国中国とその資源外交：資源小国日本にとって持つ意味」『レファレンス』2008年7月号，国立国会図書館調査及び立法考査局。

（外国語）

Breuer, Julia (2017), "Two Belts, One Road? : The Role of Africa in China's Belt & Road Initiative", *Blickwechsel*, 2017 July, Misereor, Cologne (Germany).

Conteh-Morgan, Earl (2018), *The Sino-African Partnership*, Peter Lang, New York.

Global Development Policy Center (GDPC) (2019), *Global Risks and Investment Uncertainty: Chinese Global Energy Finance in 2018*, Boston University, Boston.

The Infrastructure Consortium for Africa (ICA) (2014-2017), *Infrastructure Financing Trends in Africa*, ICA; African Development Bank, Abidjan.

Kodzi, Emmanuel (2018), "Live and Let Live: Africa's Response Options to China's BRI", Wenxian Zhang, Ilan Alon, and Christoph Lattemann, *China's Belt and Road Initiative: Changing the Rules of Globalization*, Palgrave, Cham (Swizterland).

Sakamoto, Koichi (2018), *Japan and China: A contest in Aid to Sub-Saharan Africa*, World Scientific Publishing, Singapore.

参照ウェブサイト （いずれも最終閲覧日は2019年2月28日）

外務省ウェブサイト「会談・訪問」（https://www.mofa.go.jp/mofaj/kaidan/index.html）。

中国外交部ウェブサイト（https://www.fmprc.gov.cn/）。

中国網ウェブサイト（2018）「ケニアのモンバサーナイロビ鉄道」（http://japanese.china.org.cn/business/txt/2018-08/17/content_59046639.htm）。

東洋建設ウェブサイト（2018）「ケニア・モンバサ港において大型コンテナターミナル整備工事をフェーズ1に続き受注」（http://www.toyo-const.co.jp/topics/irnews/2017-ir）。

日本貿易振興機構（JETRO）編（2018）「中国，アフリカ諸国に総額600億ドルの支援を表明」（https://www.jetro.go.jp/biznews/2018/09/abd8a8679b841d0b.html）。

Reutersウェブサイト「中国資本の長距離鉄道が開通：巨額債務かかえるケニア」（https://jp.reuters.com/article/idJP00093300_20170619_00520170619）。

216 第2部 「一帯一路」構想と世界

UNCTADSTAT ウェブサイト（https://unctadstat.unctad.org/EN/Index.html）。

※主要新聞各紙（日本経済新聞，読売新聞，朝日新聞，毎日新聞）では，2013年以降に掲載された記事を複数参照しているため，詳細な記載を省略する。

第10章

自由で開かれたインド太平洋構想
―その意義，内容，課題―

石川 幸一

はじめに

　「自由で開かれたインド太平洋」構想は，中国の「一帯一路」構想に対抗する構想との見方が多い。「一帯一路」構想による中国の経済的影響に対抗し，中国の海洋進出をけん制する目的があるのは確かだが，経済成長のフロンティアがアフリカを含むインド洋周辺国に移動しつつあるという長期的な経済トレンドに対する戦略的対応であることを見逃してはならない。

　「インド太平洋」に関連する構想を提唱している主な国は，日米豪インドの4カ国である。インド太平洋の経済および安全保障面での意義を重視し，法の支配，航行の自由，紛争の国際法による平和的解決などの普遍的な価値を尊重し，経済開発において市場経済と連結性を重視する点では共通しているが，呼称やインド太平洋の地理的な範囲，ビジョンや行動計画は異なっている。インド太平洋構想の内容が曖昧で判りにくいと評される理由である。

　本章では，インド洋が重視されインド太平洋に関連する構想が生まれた経緯と背景を説明したうえで，日本，米国，豪州，インドのインド太平洋構想を首脳の発言や白書など基本的な政府文書で検討している。さらに，「自由で開かれたインド太平洋構想」の特徴を整理し，2018年から「自由で開かれ包摂的なインド太平洋」構想という表現が日本米国によっても使用されるようになったことを指摘している。そして，日本については日中関係の改善と第3国でのインフラ建設における日中協力が進められたことをその理由としてあげている。最後に，インド太平洋構想を経済面で内実のあるものとしていく上での今

218　第2部　「一帯一路」構想と世界

後の課題を論じている。

1. なぜ「インド太平洋」なのか

（1）　インド洋に拡大する成長圏

「自由で開かれたインド太平洋」構想には2つの意義がある。一般には，中国の「一帯一路」構想あるいは中国の経済および安全保障面での台頭に対抗する構想あるいは戦略として語られることが多い。こうした側面があることは確かであるが，アジアの国際政治経済におけるフロンティアが「アジア太平洋」から「インド太平洋」にシフトしているという大きな変化を反映して生まれた構想であることを見逃してはならない（平川 2018a, 2018b）。こうした長期的な構造変化に日本や米国が戦略的に対応する中で「自由で開かれたインド太平洋」構想は生まれたのである[1]。これが第1の意義である。

アジアの経済成長は，1950年代後半から60年代の日本経済の高度成長から始まり，1960年代後半からはアジアNIES（韓国，台湾，香港，シンガポール）が高い経済成長を開始した。1980年代からはインドネシア，マレーシア，タイなどASEANがそれに続く。1993年に世界銀行が刊行した「東アジアの奇跡」は，日本，韓国，台湾，香港，シンガポール，タイ，マレーシア，インドネシアの日本，NIESとASEANの合計8カ国をとりあげた。90年代に入ると中国が高成長グループに加わり，21世紀に入るとメコン圏諸国やインド，ロシアなどBRICSが注目される。2010年には東アジア諸国の合計GDPが米国を上回った（平川 2016:4）。

平川（2016）は，低賃金ではなく市場を求めて直接投資が行われるようになると，発展の足かせと捉えられた巨大な人口が発展の潜在力を示す肯定的指標と捉えられるようになり，巨大な人口を持つ世界から直接投資を集めるようになったと論じている。平川はそうした国を潜在的大市場経済（Potentially Bigger Market Economies：PoBMEs）と呼んでいる（平川 2016:8-12）[2]。そして，PoBMEs段階に世界経済が入ったことの含意として，成長の極と経済的重心がアジア太平洋からアジアに移動しているだけでなく，ユーラシア時代

に入りつつあることを指摘している。

　この転換はアフリカを巻き込みつつある。国連の世界人口予測によると，2017年のアフリカの人口は12.5億人で世界の16.6％だが，2050年には25.3億人（25.9％）に増加し，2100年には44.7億人となり，39.9％を占める（United Nations 2017）。人口1億9,100万人のナイジェリアは現在世界7位の人口規模だが，2050年には4億1,100万人で世界3位，2100年には7億9,400万人で3位のナイジェリアを筆頭に10位以内にコンゴ，タンザニア，エチオピア，ウガンダの5カ国が入り，20位以内にはエジプト，ニジェール，アンゴラ，ケニア，スーダンを加え10カ国がランクインする。ちなみにインドは2024年以降中国を抜いて世界最大の人口大国となる。人口規模が巨大な潜在的大市場経済に資本と企業が引き寄せられるようになっており，今後，アフリカが資本と企業を引き付ける巨大な磁場となることが予測される。21世紀前半はアジアの世紀と呼ばれるが，2030年ころから21世紀後半にかけてアフリカの世紀が到来するのであろう。

　成長著しいアジアと潜在力に富むアフリカを結びつける日本の「自由で開かれたインド太平洋」構想はこうした世界経済の成長の極と重心の移動という構造変化にいち早く対応した経済成長戦略である。

（2）　中国の台頭への対応

　次に，「自由で開かれたインド太平洋」構想は，中国の経済的および軍事的な台頭，とくに海洋進出と「一帯一路」構想の推進による影響力の増大に対する日本と米国の対抗構想である。日本政府は「自由で開かれたインド太平洋」が中国に対抗する構想であることを2018年以降否定しているし，米国政府も「自由で開かれたインド太平洋」構想は特定の国を排除するものではないと主張している。しかし，「自由で開かれたインド太平洋」構想の行動計画（イニシアティブ）をみると中国への対応を考えていることは明らかである。

　1997-98年のアジア通貨経済危機の影響を直接受けなかった中国は，2001年のWTO加盟以降，高い経済成長を続け，2010年に日本をGDP（ドル表示名目）で抜き，世界2位，アジアでは最大の経済大国になった[3]。アジアの多くの国で中国が貿易相手国として日本や米国と代わり最大になり，中国は

2005 年には ASEAN との FTA を主要国では初めて発効させた。2012 年 11 月に習近平国家主席は,「中華民族の偉大な復興」が「中華民族の偉大な夢」とする談話を行い,21 世紀半ばまでに「世界トップレベルの総合国力と国際競争力を有する国になる」との方針を掲げた。

2013 年 9 月にはカザフスタンで「シルクロード経済帯」,10 月にはインドネシアで「21 世紀海上シルクロード」を発表し,両者が 1 つになった「一帯一路」構想を 2014 年に発表した。中国は海外投資国としてもプレゼンスを増している。中国の海外直接投資累計(2016 年度)は 1 兆 3,500 億ドルと日本(1 兆 4,000 億ドル)とほぼ同規模に達し,アジアが 67 ％を占めている(大西 2018:141-143)。対外経済合作と呼ばれる経済協力は,2006 年以降毎年急増し,2016 年には 2,018 億ドルに達している(大西 2018:138-139)。アジア新興国の膨大なインフラ建設需要に応えるために,2014 年 7 月に BRICS 新開発銀行(資本金 1,000 億ドル),12 月にシルクロード基金(資本金 400 億ドルおよび 1,000 億元),2015 年 12 月にはアジアインフラ投資銀行(AIIB,資本金 1,000 億ドル)を創設した。

(活発化する海洋進出)

こうした経済的な台頭と並行して軍事面でも中国は存在感を高め,海洋進出を活発化させている。中国の国防費は 2010 年から 5 年連続で 2 桁の伸びを示し,2017 年に 1 兆 444 億元(約 17 兆 7,547 億円)と日本の防衛関係費の 3.6 倍となった。2009 年ころから海洋進出が活発化した。南シナ海では,南シナ海のほぼ全域をカバーする「九段線」で囲まれた領域について中国が主権を有する領域と主張し,ベトナム漁船の拿捕やマレーシア軍との対峙などを起こし,2012 年にはフィリピンが領有権を主張するスカボロー礁でフィリピンの監視船と 2 カ月間対峙し,フィリピン側を撤退させたスカボロー礁事件が起きている。そして,南沙諸島,西沙諸島で埋め立て工事と滑走路施設建設を開始するなど軍事拠点化を進めている(佐々木 2016:9-101)。

フィリピンは国連海洋法条約に基づき,中国との領域紛争について仲裁手続きを開始したが,中国は仲裁手続きに応じなかった。2016 年 7 月に出た仲裁裁判の結果,中国側は全面敗訴したが,中国政府は判決を受け入れないとの声明を出し,「仲裁は紙くず」,「政治的茶番」などの罵倒発言が相次いだ(大嶋

2016)。東シナ海でも 2008 年に中国の監視船が日本の尖閣諸島周辺の領域に進入し，2010 年 9 月の中国漁船の巡視船への衝突事件，2012 年 9 月の日本の尖閣諸島国有化以降は領海への侵入が繰り返されるようになった。中国はインド洋にも進出している。パキスタンのグワダル港建設，中国側が 99 年の運営権を取得したスリランカのハンバントタ港開発，ミャンマーのチャオピュー港開発，モルディブでのインフラ開発などが進められ，インドを包囲する「真珠の首飾り」戦略と呼ばれている（山崎 2018：111, 116-120）。

　これらの中国の海洋進出は，力による威圧，国際法やルールの無視により，現状変更を行おうとするものであり，自由な航行への脅威となっているとともに既存のアジアの国際秩序と法の支配，航行の自由など普遍的価値への挑戦と日本や米国などで認識されてきている。中国の海洋進出が活発化した大きな理由は，世界第 2 位の経済規模となった中国の原油など資源輸入への依存度が増し，海洋資源権益の確保とインド洋，南シナ海のシーレーンの確保が絶対的な命題になったためである。中東やアフリカから輸入される資源の大半はマラッカ海峡を通過するという「マラッカ・ジレンマ」の解消が「一帯一路」構想の目的の 1 つとなっている。

2. 日本の「自由で開かれたインド太平洋」構想

（1）　アフリカ開発会議での安倍総理演説で提唱

　太平洋とインド洋を結合あるいは統合された地域としてとらえる構想は，第 1 次安倍政権時の 2007 年 8 月の安倍晋三総理のインド国会での演説で示されている。「2 つの海の交わり（Confluence of the Two Seas）」と題された演説で安倍総理は，「太平洋とインド洋は，今や自由の海，繁栄の海として，1 つのダイナミックな結合をもたらしています。従来の地理的限界を突き破る「拡大アジア」が，明瞭な形を現しつつあります」と述べ，日本とインドのパートナーシップを自由と民主主義，基本的人権の尊重といった基本的価値と戦略的利益を共有すると述べている（外務省 2007）。

　外交戦略としての「自由で開かれたインド太平洋」は，2016 年の第 6 回ア

フリカ開発会議（TICAD VI）における安倍総理の基調演説で発表された。同演説では，「太平洋とインド洋，アジアとアフリカという2つの海，2つの大陸の結合が世界に安定，繁栄を与えるとして，力と威圧と無縁で，自由と法の支配，市場経済を重んじる場として育て豊かにする責任を日本が担う」としている。そして，「アジアで根づいた民主主義，法の支配，市場経済のもとでの成長がアフリカ全土をつつみ，アジアからアフリカに至る一帯を成長と繁栄の大動脈にしよう」と呼びかけている（外務省 2016）。

2017年11月のトランプ大統領との首脳会談では，日米が主導してインド太平洋を自由で開かれたものとすることにより，この地域全体の平和と繁栄を確保していくため，① 法の支配，航行の自由などの基本的価値の普及・定着，② 連結性の向上などによる経済的繁栄の追求，③ 海上執行能力構築支援などの平和と安定のための取組みの3本柱の施策を進めることを確認した（外務省 2017a）。

2017年版開発協力白書では，自由で開かれたインド太平洋（Free and Open Indo-Pacific：FOIP）戦略の概念をまとめ，3本柱について具体的な施策を紹介している（外務省 2017b：2-5）。FOIP は，「地球儀を俯瞰する外交」と「国際協調に基づく積極的平和主義」という外交コンセプトを発展させた概念である。国際社会の安定と繁栄の鍵をにぎるのは，成長著しい「アジア」と潜在力あふれる「アフリカ」という2つの大陸と自由で開かれた「太平洋」と「インド洋」という2つの大洋の交わりであり，これらを一体として捉え，インド太平洋地域をいずれの国にも安定と繁栄をもたらす「国際公共財」とするとしている。アジアについては，東アジアを起点として，南アジア〜中東〜アフリカに至るまで，インフラ整備，貿易・投資，ビジネス環境整備，開発，人材育成などを展開し，アフリカに対しては，開発面に加えて政治面，ガバナンス面でも押しつけや介入ではなく，オーナーシップを尊重した国造り支援を行うとしている。

（2） 構想実現への3本柱

「自由で開かれたインド太平洋」構想の実現のための3本柱については，外務省のホームページに掲載された「自由で開かれたインド太平洋」によると次

のような施策を実施している（外務省 2019）。

1）基本原則の推進

法の支配，航行の自由，自由貿易の普及定着では，自由で開かれたインド太平洋の基本原則や考え方を共有する各国との協力，国際場裡やメディアでの戦略的発信を行うとしている。自由貿易については，環太平洋パートナーシップに関する包括的及び先進的な協定（CPTPP）が世界の保護主義的傾向を前に21世紀型の自由で公正な経済ルールを構築するための重要な一歩であるとして紹介されている。首脳外交については，インド太平洋地域において法の支配，航行の自由，開放性，自由貿易を含む基本原則を精力的推進しているとして，2014年のシャングリラ対話で示された海洋における法の支配3つの原則（① 国家はなにごとか主張をなすとき，法に基づいてなすべし，② 主張を通したいからといって力や威圧を用いてはならない，③ 紛争解決には，平和的収拾を徹底すべし）があげられている。

2）経済的繁栄の追求

① 港湾，鉄道，道路，エネルギー，ICTなど質の高いインフラ整備を通じた「物的連結性」，② 人材育成などによる「人的連結性」，③ 通関円滑化等による「制度的連結性」という3つの連結性の強化をあわせて進めることでモノ，ヒトの流れを活性化してきたことに加え，技術移転や雇用創出などを通じた「質の高い成長」を実現するのが日本の質の高いインフラ整備の特徴であるとしている。そして，質の高いインフラについては，① ライフサイクルコストからみた経済性および安全性，② 現地雇用および技術移転，③ 社会・環境面への配慮，④ 被援助国の財務健全性をはじめとする経済・開発戦略との整合性，⑤ 民間部門を含む効率的な資金動員の5点が重要な要素として2016年の伊勢志摩サミットでまとめられ，日本は質の高いインフラの国際的スタンダードを遵守・推進するとしている。そのために，2015年5月の「質の高いインフラパートナーシップ」でアジア開発銀行と連携し今後5年間で約1,100億ドルの「質の高いインフラ投資」をアジアで行うこと，2016年5月には「質の高いインフラ輸出イニシアティブ」により世界全体の輸出需要に対し，2,000億ドルの資金などを供給するとしている[4]。具体的な取り組みとしては，① メコン地域開発，② インドにおける連結性の強化，③ アフリカの港湾整備と

224　第2部　「一帯一路」構想と世界

回廊の総合開発があげられている（表 10-1）。

　パートナーとの連携（2国間支援）として，カンボジア，ラオス，バングラデシュ，スリランカ，ベトナム，ミャンマー，インドネシア，フィリピン，マレーシアの事例が示されている（表 10-2）。ソフト連結性整備では，メコン地域を中心に ASEAN での協力として，ミャンマー（通関電子化を通じたナショナル・シングル・ウィンドウ構築および税関近代化のための能力向上プロジェクト）。タイ（西部経済開発・連結性強化支援プロジェクト），カンボジア（物流システム改善プロジェクト：調整中），インドネシア（パティンバン新港整備），メコン諸国（電子商取引に関する法制度支援），特許審査基準の改定支援）があげられている。

　エネルギーでは，日米戦略エネルギーパートナーシップ（JUSEP）における日米の連携として，日本の 100 億ドル規模を目標とした官民による投資と能力醸成，米国のエネルギーを通じたアジアの開発と成長の促進（Asia Edge）イニシアティブを組み合わせることにより，LNG 供給プロジェクトや LNG イ

表 10-1　質の高いインフラの整備を通じた連結性の強化

(1) インド洋と太平洋を結ぶ懸け橋たるメコン地域開発
① 道路・橋梁インフラ整備：南部経済回廊，東西経済回廊
② 港湾整備：南部経済回廊（シハヌークビル港整備）
③ ソフト連結性支援（ベトナム，ミャンマーの電子通関システム導入など）
④ メコン地域の連結性強化に向けた意思疎通強化
(2) インドにおける連結性強化（ムンバイ―アーメダバード間の高速鉄道整備）
① 在来特急で7時間が2時間に短縮
② 人材育成による技術移転
③ 鉄道網の発達，駅周辺整備により経済発展，雇用創出，貧困削減
④ その他，デリー・ムンバイ間産業大動脈構想（DMIC），チェンナイ・ベンガルール産業回廊構想（CBIC）
(3) 東アフリカの玄関港（ケニアのモンバサ港）と周辺回廊の道路・橋の整備
① 90 万 ETU のコンテナ貨物取扱量 2025 年に 217 万 ETU に拡大
② 周辺道路と経済特区開発による東アフリカ北部回廊総合開発
③ 2,000 人のケニア人を雇用し技術移転
④ 環境配慮型港湾クレーンで CO_2 排出大幅削減
⑤ 埋め立て工事で高い技術（重防食）を用いて維持管理コスト削減

注：網羅的なリストではない（以下同じ）。
出所：外務省（2019）。

ンフラ建設プロジェクトに高水準の投資を促進することやスリランカでの
LNG 関連インフラ整備での日印の協力があげられている。
　質の高いインフラ整備では，日米豪インドの政府関係機関および日米の民間
企業の連携・協力が進められている（表 10-3）。

表 10-2　パートナーとの連携による質の高いインフラ整備の事例

カンボジア	① 国道 5 号線改修計画
	② シハヌークビル港整備
ラオス	① 国道 9 号線橋梁改修計画
バングラデシュ	① ラムガール・バリヤルハット間の道路の 4 車線化と橋梁改修
	② ジャムナ鉄道専用橋建設および車両供与（日印協力）
ベトナム	① ラックフェン国際港建設計画
	② 南北高速鉄道建設計画
ミャンマー	① ティラワ経済特区開発
	② ヤンゴン・マンダレー鉄道整備計画
	③ マンダレー港開発計画
インドネシア	① ジャワ島北幹線鉄道高速化
フィリピン	① マニラ首都圏南北通勤鉄道延伸計画
	② MRT3 号線改修
マレーシア	① 交通及び教育・人材育成分野を念頭においた円借款の検討
	② 総合的な旅客・貨物交通改善の調査
スリランカ	① コロンボ港支援
	② トリンコマリー向け港湾整備機材供与

出所：外務省（2019）。

表 10-3　米国，豪州，インドと連携した民間部門の取り組み

1．国際協力銀行（JBIC），米国海外民間投資公社（OPIC），豪州外務貿易省（DFAT），豪
　州輸出金融保険公社（EFIC），質の高いインフラ，連結性強化，持続可能な成長を促進する
　インド太平洋における投資プロジェクトを促進するために覚書に署名（2018 年 11 月）
2．日本貿易保険（NEXI）とインド輸出信用機関（ECGC）との協力覚書締結：インドと日
　本企業間の交流強化のための日印ビジネスプラットフォームを確立するため（2018 年 10 月）
3．国際協力機構（JICA）と OPIC との間で協力覚書締結：協調融資による民間部門の動員
　を含む協力の強固な基盤を構築（2018 年 9 月）
4．OPIC，JBIC，NEXI との間でそれぞれ協力覚書を締結（2017 年 11 月）
5．日米民間企業による具体的なプロジェクトでの協力：① インドネシア：ジャワ 1Gas-to-
　Power プロジェクト（JBIC と NEXI が融資を決定），② バングラデシュ：LNG to Power
　プロジェクト（日米民間部門で調整中），③ 日本・グアム・豪州間光海底ケーブル事業（日
　米の民間部門で調整済）

出所：外務省（2019）。

3）平和と安定の確保

平和と安定の確保では，①インド太平洋沿岸国への能力構築支援，（海上法執行能力や海洋状況把握（MDA）能力の強化，人材育成など，②人道支援・災害救援，海賊対策，テロ対策，不拡散分野での協力などを行っている。具体的な取り組み事例は表 10-4 のとおりである。

表 10-4　パートナーとの連携による平和構築，防災などの事例

人材育成（平和構築）	
ラオス	①　不発弾除去組織における管理能力強化プロジェクト
タイ	①　メコン地域人心取引被害者支援能力向上プロジェクト
ミャンマー	①　ラカイン州での開発支援における日印協力（住宅，教育および電力）
フィリピン	①　ミンダナオ支援
防災（環境・保健）	
スリランカ	①　土砂災害対策のための円借款事業
	②　気象レーダーシステムのための無償資金協力，技術協力
メコン諸国	①　日タイ協力（防災・災害管理）
フィリピン	①　パッシグ・マリキナ川河川改修計画
インドネシア	①　2018 年 9 月中部スラウェシ地震からの復旧・復興支援，今後の地震・津波対策
海洋資源保護（環境・保健）	
マーシャル，ミクロネシア，パラオ	①　違法・無報告・無規制（IUU）漁業対策に関する技術研修，米国は同研修に専門家を派遣
東ティモール	①　日本・東ティモール・インドネシア 3 カ国協議の枠組みで具体的協力を進めることで一致
保健（環境・保健）	
ミクロネシア	①　日米が共同でヤップ州での健康保険センター建設資金供与
ケニア	①　中小企業開発セミナーや保健サービス分野での協力案件の追求などの日印協力
海洋安全保障	
東南アジア沿岸国	①　海上法執行に係る機材供与及び人材育成（巡視船 27 隻，小型高速艇 13 隻，沿岸監視レーダー 11 基の供与，供与した巡視線などを活用した法執行訓練など）
ベトナム	①　海上保安能力強化計画（新造巡視船 6 隻の海上保安活動）
パラオ	①　日米パラオ共同でパラオの排他的経済水域における活動を把握する能力の強化に取り組む

出所：外務省（2019）。

3. 米国の「自由で開かれたインド太平洋」構想

（1） 2017年のトランプ大統領演説でビジョンを提示

米国の「自由で開かれたインド太平洋」構想についてのビジョンやイニシアティブ（行動計画）は，2017年のトランプ大統領のAPEC・CEOサミットで演説，国家安全保障戦略，ポンペオ国務長官の演説などにより明らかにされている。ただし，米国政府は2010年代初めにインド太平洋に目を向け始めており，ヒラリー・クリントン国務長官が2011年10月に「米国の太平洋の世紀」という論文を外交専門誌「フォーリン・ポリシー」[5]に掲載し，「インド亜大陸から米国西海岸まで，この地域（アジア太平洋）には太平洋とインド洋という2つの大洋があり，船の航行と戦略によりますます統合されている」と論じている（Congress Research Service 2018:1）。太平洋とインド洋の統合が進むという議論は，貿易とエネルギーの結びつきが強まり，インドと中国の戦略的競争が表面化したことに焦点をあてていた。トランプ政権の「自由で開かれたインド太平洋」戦略は，「アジア太平洋でルールに基づく政治，経済，安全保障レジームを形成する」というオバマ政権のアジア太平洋への戦略的リバランス政策を，TPP離脱を除いて多くの点で引き継いでいるとともに新たなイニシアティブを開始している（Congress Research Service 2018:3）。

2017年10月のティラーソン国務長官演説[6]では，「中国がルールをベースとした秩序に挑戦しており，隣国の主権を揺るがしている。インドはグローバルな安定，平和，繁栄のために価値とビジョンを共有する信頼できるパートナーを求めており，米国がそのパートナーである」と述べており，中国が台頭する中でインドがルールを基盤とする地域秩序で重要な戦略的役割を果たすことを強調した（Congress Research Service 2018:5）。重要な戦略的地域としてインドと南アジアが登場したと認識し，インド洋地域（Indian Ocean Region：IOR）と太平洋を統合したアプローチが米国の戦略上の課題になったのである。

トランプ政権が「自由で開かれたインド太平洋」構想についてのビジョンを

228　第2部　「一帯一路」構想と世界

最初に明らかにしたのは，2017年11月にベトナムのダナンで開催された APEC の CEO サミットでのトランプ大統領の演説によってである[7]。同演説でトランプ大統領は「多様な文化と夢を持つ，主権を持ち独立した諸国民が協力して繁栄し，自由と平和のうちに発展する」というビジョンを明らかにした。かなり長い演説の中で「自由で開かれたインド太平洋」構想の内容に触れた部分は多くはないが，質の高いインフラ投資に向けて米国の開発金融機関を改革することと国家主導のひも付きのイニシアティブに対し強力な代替策を提供すること，法の支配，個人の権利，航行と飛行の自由という3つの原則が安定，信頼，安全保障，繁栄をもたらすと述べている。また，貿易については公平で互恵という原則を遵守するインド太平洋諸国との2国間貿易協定の締結を結ぶとしている。

　2017年12月の「国家安全保障戦略」では，インド太平洋を米国の西海岸からインドの西海岸までの地域と定義している。インド太平洋で世界についての自由なビジョンを持つ国と抑圧的なビジョンを持つ国の間の地政学的な競争が起きているとし，インド太平洋を欧州，中東を超えて最も重要な地域と位置付けている[8]。優先分野として，海洋の自由，紛争の平和的解決，透明なインフラ・ファイナンス慣行，公平で互恵的な2国間貿易協定，自由市場と主権を揺るがすような勢力から保護された国々とのネットワークの構築，質の高いインフラのための同盟国との協力強化などをあげている。

　2018年7月の米国商業会議所でのインド太平洋ビジネスフォーラムでのポンペオ国務長官の演説「米国のインド太平洋経済ビジョン」では，「自由」は全ての国が他国の威嚇から主権を守ることができることと良き統治および国民が基本的な権利と自由を享受できることを意味すると説明している（U.S. Department of State 2017）。「開かれた」は，全ての国が航路と空路を自由に利用できることを意味し，領域および海上紛争が平和的に解決されることを望むと述べている。経済的には，公平で互恵的な貿易，開放された投資環境，透明な協定，改善された連結性を意味するとしている。

（2）　構想実現のための行動計画

　トランプ政権の「自由で開かれたインド太平洋」構想へのアプローチは，

① 経済，② ガバナンス，③ 安全保障を 3 大分野としており，次のような行動計画を実施している（U.S. Department of State 2018a）。経済分野では，米国は政府全体で公平で互恵的な貿易を前進させ，高い水準の経済と商業的な関与を進め，主権と自治を尊重し，インド太平洋への民間投資を促進するとしている。

（経済分野）

具体的な施策として，① 2018 年 10 月に開発指向型投資利用向上法（Better Utilization of Investment Leading to Development（BUILD）Act）を議会が承認し，海外民間投資公社（OPIC）と USAID の開発信用メカニズム（Development Credit Authority）を統合した国際開発金融公社（USDFC）の設立を決定した。米国の開発金融能力は 600 億ドルと 2 倍以上に増加する（ただし，インド太平洋地域への割当額は不明）。なお，インド太平洋地域への米国の援助は，2017 年度で 12 億 8,999 万ドルである。② 2018 年 11 月にインド太平洋への民間投資を増加させるために米国の OPIC，日本の国際協力銀行（JBIC），豪州の外務貿易省（DFAT），輸出金融保険公社（EFIC）は覚書を締結した。③ 米国，日本，豪州，ニュージーランド，パプア・ニューギニアはパプア・ニューギニアの電化率を 2030 年までに 70％に高めるための 5 カ国の協力を行う，④ 第 6 回米国 ASEAN 首脳会議で米国 ASEAN スマートシティ連携を発表，米国の初期投資は 1,000 万ドルである。⑤ 米国とシンガポールは，インフラ，エネルギー，金融技術，電子商取引，スマートシティなどの分野で協力覚書を締結。⑥ 米国とシンガポールは，新設される USDFC とシンガポールのインフラストラクチュア・アジアとの協力を進めることで合意。⑦ 後述のデジタル連結性とサイバーセキュリティ連携に基づき米国シンガポール・サイバーセキュリティ技術援助計画が発表された。

なお，ポンペオ国務長官は 2018 年 7 月にデジタル連結性とサイバー安全保障連携（Digital Connectivity and Cybersecurity 2,500 万ドル），エネルギーを通じた開発と成長（Enhancing Development and Growth through Energy：EDGE 5,000 万ドル），インフラストラクチュア事業支援ネットワーク（Infrastructure Transaction and Assistance network：3,000 万ドル）を含む合計 1 億 1,300 万ドルの経済イニシアティブを発表し，これはインド太平洋にお

230 第2部 「一帯一路」構想と世界

表 10-5 米国の経済分野の行動計画

投資
① Build 法と国際開発金融公社（USDFC）の設立
② OPIC, JBIC, DFAT, JFIC の覚書締結
③ 米日豪パプア・ニューギニア（PNG）による PNG 電化協力
④ 米 ASEAN スマートシティ連携
⑤ 米国シンガポール協力覚書締結（インフラ，金融技術，エネルギーなど）
⑥ USDFC とシンガポールのインフラストラクチュア・アジアの協力
⑦ 米国シンガポールのサイバーセキュリティ技術援助計画
経済イニシアティブ（1億1,300万ドル）
① デジタル連結性とサイバー安全保障連携（2,500万ドル）
② エネルギーを通じた開発と成長（EDGE）（5,000万ドル）
③ インフラストラクチュア事業支援ネットワーク（3,000万ドル）
APEC を通じての協力
① アジアにおける経済成長支援プログラム（US−SEGA）：包括的な貿易投資政策策定のための能力醸成（900万ドル）
貿易
① 米韓 FTA の改定
② 米日貿易協定（USJTA）
その他
① モンゴルへの支援（3億5,000万ドル）
② インドへの戦略貿易許可ティア1ステータス認定

出所：U.S. Department of State (2018a), 'Advancing a Free and Open Indo-Pacific Region'.

ける平和と繁栄への米国の関与の頭金に過ぎないと述べている。APEC を通じての協力では，アジアにおける経済成長支援プログラム（US-Support for Economic Growth in Asia：US-SEGA）によるハイレベルで包括的な貿易投資政策策定のための能力醸成に 900 万ドルの支援を行う。

　貿易では，① 米韓 FTA の改定，② 日米貿易協定（US−Japan Trade Agreement）の交渉入りの意図の発表が挙げられている。ほかには，ミレニアムチャレンジ公社によるモンゴルへの 3 億 5,000 万ドル支援，商務省が米国企業のハイテク製品のインド輸出を可能にする戦略貿易許可（Strategic Trade Authorization）ティア 1 ステータスのインドへの供与が挙げられる。

　（ガバナンス）

　ガバナンスは，米国の「自由で開かれたインド太平洋」構想ビジョンの核心

的な柱となっており，米国は透明性，開放，法の支配の推進，人権と基本的な
自由の保護を続けるとしている。2017 年 11 月にペンス副大統領はインド太平
洋透明性イニシアティブを発表した。このイニシアティブは健全，公正で感応
的なガバナンスを腐敗と闘い，強靭な市民社会，責任ある借り入れ，正直な調
達と契約慣行，法制改革などにより促進するものである。米国は，ASEAN，
APEC，太平洋島嶼フォーラム，メコン川下流域イニシアティブ，ベンガル湾
多部門技術経済協力，環インド洋連合（IORA）などの地域メカニズムを通じ
て多角的に，あるいは 2 国間でガバナンス慣行強化のための協力を進める。

（安全保障）

　安全保障では，2018 年に 5 億ドルを超える安全保障支援をインド太平洋諸
国に供与している。海洋安全保障と海洋状況把握，人道援助と災害救援（HA/
DR），平和維持能力，越境犯罪対策の強化のための 3 億ドルを含む。米国議会
調査局のレポートでは，① QUAD の復活，② 太平洋軍のインド太平洋軍への
改称などが「自由で開かれたインド太平洋」構想のイニシアティブに含まれて
いる（Congressional Research Service 2018）。

① 　QUAD の復活

　2017 年 11 月にマニラで局長級協議を行い，QUAD（Quadrilateral）コンセ
プトを復活させた。QUAD は，ジョージ・W. ブッシュ政権時に日本，豪州，
インドとの緊密な協力のために提起された構想であり，中国のインド太平洋で
の台頭に対する戦略的対応と考えられていた。2007 年 5 月の ASEAN 地域
フォーラムの際に最初の会議が開催された。しかし，豪州のケビン・ラッド政
権は QUAD への参加が中国の反感を買うことを懸念し，その後 10 年間豪州
は QUAD への参加への関心を示さなかった。2017 年 11 月にマニラで米国，
日本，豪州，インドの局長級の高官協議を行い，インド太平洋について協議を
行い，2018 年 6 月にも再度 QUAD 会合を行った。米国のアリス・ウエルズ国
務省次官補代理は，同じ価値を共有する国々が一緒になり，グローバルなアー
キテクチュアにおける共有する価値を強化するために絆を強めるためのもので
あり，略奪的な融資や維持できない債務を含まない代替策を持てるようにイン
フラ投資を必要とする国に代替案を提供するものと説明している。

② 　太平洋軍をインド太平洋軍に改称

2018 年 5 月にマティス国防長官は，太平洋軍（Pacific Command）はインド太平洋軍（Indo-Pacific Command）に改称されると発表した。インド洋と太平洋の連結性拡大がその理由であり，37 万 5,000 人の軍人と民間人がインド太平洋軍の任務に当たる。インド太平洋の範囲は，国家安全保障戦略ではインドの西海岸から米国の西海岸までであり，インド洋西部は除かれる。インド洋西部は中央軍とアフリカ軍の担当範囲である。

③　航行の自由作戦の頻度増加

　南シナ海での中国の主権の主張に対し，航行の自由作戦（Freedom of Navigation Operations：FONOPS）の頻度を高める。

4.　豪州とインドの「自由で開かれたインド太平洋」構想

（1）　豪州の「開かれ包摂的で繁栄するインド太平洋」構想

　豪州では，2009 年の防衛白書で中国とインドの経済力および政治的な影響力の増加が新たな戦略的関係を創り出しているとの認識を示し，2013 年の防衛白書でインド太平洋の戦略的な弧が出現し始めていると述べている（Australian Government 2013：7-8）。インドが経済，外交で重要な戦略的アクターとして登場し，インド洋が世界の最も交通量が多く戦略的に最も重要な貿易ルートになっているとしている。インド太平洋は，豪州がその安定に長期的な利益を持つ広域アジア太平洋を拡大した概念であり，インドから東南アジア，北東アジアに至る航路を含む弧に豪州は戦略的なプライオリティを移している。インド太平洋は形成されつつあるシステムであり，インド太平洋とそのアーキテクチュアの発展に豪州の安全保障は大きな影響を受けると論じている。

　2017 年の外交白書は，序論で豪州の安全保障と繁栄に極めて重要な 5 つの目的の筆頭に「全ての国の権利が尊重される開かれ包摂的で繁栄するインド太平洋」を掲げており，「包摂的」という言葉を含めているのが日米の構想との大きな違いである。第 3 章のタイトルは「安定し繁栄するインド太平洋」であり，豪州のインド太平洋戦略を説明している（Australian Government 2017）。

第 10 章 自由で開かれたインド太平洋構想 *233*

そして，インド太平洋は経済的な変容と同様に重大な戦略的な変動期にあり，基本的な原則を維持しながらインド太平洋地域を平和的に発展させることが最も重要な長期的外交目標であるとしている。また，安全保障と繁栄は，国際法と規範の尊重，自由市場という特徴を持つ地域において推進され，威圧的な力の行使に束縛されずに国益を追求すると述べている。日本や米国，インドなどインド太平洋の民主主義国との連携を進めるとともに中国との広範な戦略的パートナーシップが重要とも述べている。

　原則として，① 対話と協力，威圧と力の行使によらない国際法に従った紛争の平和的解決，② 物品，サービス，資本，アイディアの移動を促進する自由な市場，③ 包摂的で地域の経済に開放された経済統合，④ 航行と飛行の自由および小国の権利の保護，⑤ 経済と安全保障についての米国の強い関与と制度と規範形成への支援，⑥ これらの原則に基づく地域秩序を強化する方向での中国の主導的な役割，があげられてる。

　豪州は米国および日本との間でインド太平洋戦略およびその推進のための協力について合意している。2018 年 7 月の米豪外務防衛閣僚協議では，包摂的で繁栄しルールに基づくインド太平洋を形作ることへの明確なコミットメントが明らかにされた。ASEAN 中心性への強い支持を確認し，連結性，インフラ，エネルギー安全保障における協力の拡大が議論された（U.S. Department of State 2018b）。2018 年 10 月の日豪外務・防衛閣僚協議では，日豪がインド太平洋地域に関する戦略的ビジョンの要素を共有していることを再確認し，ルールに則った国際秩序に基づく自由で開かれ安定的で繁栄するインド太平洋地域を維持し促進するために日豪で，また，米国その他のパートナーとともに取り組む決意を改めて表明した。インフラについては，開かれ透明性があり非排他的で持続可能な，公正で開かれた競争を促進し，真のニーズに合致する国際スタンダードに適合的な質の高いれインフラ開発を通じた，この地域の経済的繁栄のための連結性向上の重要性を確認している（外務省 2018）。

（2） インドの「自由で開かれた包摂的なインド太平洋」構想

　インドは 2017 年の一帯一路国際協力サミットフォーラムに招待をされながらボイコットをした[9]。スリランカのハンバントタ港の 99 年間の運営権が中

国企業に譲渡され，中国パキスタン経済回廊で建設される道路がインドとパキスタンの領土係争地域のカシミール地方を通過することが決定的な要因となった（山崎 2018：110）。インドのモディ政権は発足から1年あまりは「インド太平洋」という言葉を公式の場で使うことは慎重に避けてきたが，2015年半ば以降インド太平洋概念を公的に受け入れ，発信し始めるようになった（伊藤 2018：37）。

　インドのインド太平洋ビジョンは，2018年6月のシャングリラ・ダイアローグでのナレンドラ・モディ首相の基調演説で示された（Ministry of External Affairs, Government of India 2018）。モディ首相は，包摂，ASEAN中心性，団結が新しいインド太平洋の中核にあるとし，インド太平洋地域は戦略あるいは限られたメンバーのクラブ，あるいは優位（支配）を求めるグルーピング，特定の国に向けられたものとは見ていないと述べ，インドのビジョンとして次の要素が含まれると述べた。① インド太平洋は自由で開かれた包摂的な地域であり，地域の全ての国と利害を持つ域外の国を含む。② 東南アジアが中心にあり，ASEANが今までも将来も中心である。③ 対話とルールに基づく共通の秩序を通じて繁栄と安全保障を推進する。共通の秩序では，主権，領土，規模と国力に関係なく全ての国が平等である。ルールと規範は少数国の力ではなく，全ての国の同意を基盤とする。④ 海洋および空中の共通のスペースの使用について国際法の下で平等なアクセスの権利を持ち，航行の自由，障害のない妨げられない商業，国際法に従った紛争の平和的解決が必要である。⑤ この地域と全ての国はグローバル化から利益を受ける。保護主義が拡大しているが，インドは開放され安定した国際通商秩序とインド太平洋のルールに基づく，バランスのとれた安定した通商環境を支持しており，これがRCEPに期待するものである。RCEPは貿易，投資，サービスのバランスが取れてなければならない。⑥ 連結性は極めて重要である。多く連結性イニシアティブがあるが，それらは主権と領土の尊重，協議，よいガバナンス，透明性，実現性と持続性に基づかねばならない。債務の重荷を背負わしてはならず，戦略的競争を激化させてはならない。⑦ 大国の対立の時代に戻ってはならず，21世紀は協力のアジアが形作る。我々はともに安定し平和な地域を目指すが，友情は封じ込めの同盟であってはならない。原則と価値，平和と進歩の側に立つが，分

断のどちらかの側に立つことはない。⑧ 結論として，インドが関与するインド太平洋は，アフリカから米国の沿岸までの地域である。インド太平洋は包摂的であり，多様性の中の統一を信じている。小国も大国もすべての国が平等かつ主権国家として繁栄する民主的でルールに基づく国際秩序を推進し，自由で開放された海，空間，空路のために協力する。

「包摂」を重視

モディ演説は，インドのインド太平洋構想を包括的に提示している。インドの構想の最大の特徴は包摂を入れたことであり，日本，米国の構想との最大の違いとなっている。「自由で開かれたインド太平洋」ではなく，「自由で開かれた包摂的なインド太平洋：Free, Open, Inclusive Indo-Pacific」になる。モディ演説によると，「自由で開かれた包摂的なインド太平洋」構想にはインド太平洋地域の全ての国が含まれ，利害関係を持つ域外の国も含まれる。そして封じ込めの同盟となることを否定し，分断のどちらかに立つことを否定している。包摂の意味するところはインド太平洋構想が中国を除外し中国封じ込めとなることを目指さないということである。

この演説では，「インド太平洋」という表現が 11 回使用されているが，QUAD は一度も使用されておらず，中国との国境紛争や中国の南シナ海進出については言及されていない（Roy-Chaudhury 2018）。もう 1 つの特徴は，ASEAN の重視であり，東南アジアがインド太平洋の中心であり，ASEAN がインド太平洋構想の中心になるとしている。このことは，インドが米中対立の中でバランスを取り ASEAN への関与と協力を進めることを意味している。インドは 2018 年 1 月にインド ASEAN サミットをニューデリーで開催している。一方で，米国の南シナ海の合同パトロールへの参加要請を拒否している（Roy-Chaudhury 2018）。

一方で，主権と領土の尊重，航行の自由，国際法に従った紛争の平和的解決，民主的でルールに従った国際秩序を主張しており，これらは日本や米国の構想と共通しているとともに中国を暗に批判している。また，「一帯一路」構想についても，連結性は極めて重要としながらも，債務の重荷を負わせてはならないとし，主権や領土の尊重，ガバナンス，透明性などを強調し中国を名指ししてはいないが注文を付けている。主権と領土の尊重は，「一帯一路」構想

の中国パキスタン経済回廊（CPEC）での道路建設への抗議を意味している。なお，RCEP についてバランスが必要と述べているのは，物品の貿易では高いレベルの自由化に反対しながらサービス貿易（とくに IT 技術者の移動）を求めているインドの立場の説明である。

　「自由で開かれた包摂的なインド太平洋」という表現はその後日米を含む会議や協議でも使われるようになっており，その意味でもモディ演説は重要である。

5.「自由で開かれたインド太平洋」構想の特徴と変化

　「一帯一路」構想は，多様な行動計画の寄せ集めであり，全貌が判りにくいなどの見方があるが，自由で開かれたインド太平洋についても構想を推進している主要な国が 4 つあることもあり，全貌が判りにくい点では同様である。

（1）　各国の構想の相違点
① 　呼称

　呼称については，日本と米国は「自由で開かれたインド太平洋」だが，豪州は「安定し繁栄するインド太平洋」と外交白書で呼んでおり，インドは「自由で開かれた包摂的なインド太平洋」としている。

② 　インド太平洋の範囲

　まず，インド太平洋の範囲についても米国は米国西海岸からインドの西海岸（ハリウッドからボリウッドまで）としているが，日本は南北アメリカの西海岸からアフリカ東海岸，インドは米国西海岸からアフリカ東海岸までとしている。日本はインドとともに，アフリカで開催された TICAD VI で「自由で開かれたインド太平洋戦略」を発表したことが象徴するようにアフリカを重視している。インドも在外インド人が 300 万人居住するアフリカを重視し，リンク・ウェスト政策を進めている。2008 年からアフリカ協力フォーラムを開催し，アジアアフリカ成長回廊の推進を表明するなどアフリカとの連携を進めている（山崎 2018：120-121）。

第 10 章　自由で開かれたインド太平洋構想　*237*

③　ビジョン・理念

　民主主義，人権，法の支配，市場経済などの普遍的な価値，力や威圧によらず国際法に従った紛争の解決，航行と飛行の自由，透明で開放的，負債をもたらさない国際基準に則ったインフラ開発などの原則が，各国のビジョンに共通している。豪州は，小国の権利の保護，包摂，米国の強い関与をあげるとともに上記の原則に基づく地域秩序を強化する方向での中国の主導的な役割をあげている。インドは，包摂を極めて重視し，特定の国を対象とし封じ込めを行うことを否定し，ASEAN が中心的となることを主張している。

（2）　具体的な施策

　構想を実現するための具体施策あるいは行動計画（イニシアティブ）を明らかにしているのは日本と米国である。日本の施策の 3 本柱は，① 法の支配，航行の自由などの基本的価値の普及・定着，② 連結性の向上などによる経済的繁栄の追求，③ 海上執行能力構築支援などの平和と安定のための取組みである。米国は，① 経済，② ガバナンス，③ 安全保障を 3 大分野とし，経済分野では，米国は政府全体で公平で互恵的な貿易を前進させ，高い水準の経済と商業的な関与を進め，主権と自治を尊重し，インド太平洋への民間投資を促進，ガバナンスは，米国のビジョンの核心的な柱となっており，米国は透明性，開放，法の支配の推進，人権と基本的な自由の保護が主な内容である。

　具体施策は，今までに関連分野で実施されてきた施策や経済協力の寄せ集めと新たな施策から構成されている。今までに実施されてきた施策を寄せ集めている点では「一帯一路」構想と似ている。例えば，日本の連結性の取り組み例としてメコン地域の東部経済回廊と南部経済回廊があげられているが，経済回廊はアジア開発銀行が主導する GMS（大メコン圏）開発計画として実施されてきたプロジェクトである。貿易協定については，日本は TPP11 をあげているが，米国は公平で互恵的な 2 国間貿易協定の締結をとりあげ，取り組み事例として米韓 FTA の改定と日米貿易協定の交渉をあげている。

（3）　「包摂的」の追加と日本の第 3 国での中国との協力

　豪州は，包摂という表現を使うとともに中国が主導的な役割を果たすことを

ビジョンに含め，インドは中国を明示していないが封じ込めを否定し分断のどちらか一方に立つことを否定しており，包摂は中国を排除しないことを意味している。豪州とインドがビジョンに含めた「包摂的」という概念は，2018年6月の日米豪印協議で「4カ国は自由で開かれ包摂的なインド太平洋に合意した」と発表され，8月の日米豪閣僚級戦略対話の共同声明でも「自由で開かれ，繁栄し，包摂的なインド太平洋地域を維持・推進するために協力して取り組むコミットメントを強調した」と述べられており，日米も使用し始めている。

　日本が「包摂的」という概念を受容し始めた背景には，日中関係の改善と第3国におけるおける日中民間企業によるインフラ協力の動きがある（経済産業省 2018）。安倍総理は2017年6月の「アジアの未来」晩さん会でのスピーチで「一帯一路の構想は洋の東西，そしてその間にある多様な地域を結びつけるポテンシャルを持った構想です」と述べ，一帯一路を肯定的に評価し，「インフラについての国際社会共通の考え方を取り入れることにより，「一帯一路」構想が環太平洋の自由で公正な経済圏に良質な形で融合していくことを期待する」と述べている。2017年11月の日中首脳会談で「第3国でも日中のビジネスを展開していくことが両国のみならず対象国の発展にとっても有益であるとの点で一致」し，「一帯一路を含め日中両国が地域や世界の安定と繁栄にどのように貢献していくか共に議論していくことで一致」している。

　2018年1月の施政方針演説では，「自由で開かれたインド太平洋戦略を推し進める」と述べ，続いて，「この大きな方向性の下で中国とも協力して増大するアジアのインフラ需要に応えていく」と述べている。2018年5月の李国強総理訪日時の首脳会談では，第3国において日中民間企業によるインフラ協力を具体的に進めていくため官民が一堂に集う新たな官民フォーラムを設立することで合意し，「第3国における日中民間経済協力に関する覚書」が締結された。第1回日中第3国市場協力フォーラムは2018年10月の安倍総理訪中時に開催され日中企業・政府機関から約1,500人が参加し，52件の協力覚書が締結されている。安倍総理は，「開放性，透明性，経済性，財政健全性といった国際スタンダードに沿った第3国の利益となるwin-win-winのプロジェクトが形成されていくよう，中国政府とともに後押ししていく」と挨拶をした（首相官邸 2018）。

第10章　自由で開かれたインド太平洋構想　*239*

　日本政府は，第3国協力は「一帯一路」構想への協力ではないと一様に説明しているが，中国では日本が「一帯一路」構想に賛意を表したものと受け取られている（川島 2018:32）。また，こうした動きとあわせて日本政府は，2018年11月に「自由で開かれたインド太平洋戦略」から「自由で開かれたインド太平洋構想」に名称を変更した（日本経済新聞）。2018年8月のASEAN地域フォーラムでのASEANの「戦略という表現では加わりにくい」という声により表現を検討し始め，賛同しやすい構想となったという。

　「自由で開かれた太平洋」概念は，「自由で開かれた包摂的な太平洋」概念に2018年から変化しており，その背景には中国との関係を重視し改善する動きと第3国におけるビジネス協力への動きがあるといえよう。

（4）　ASEANの対応

　ASEANは太平洋とインド洋の間に位置しているが，ASEANはインド太平洋構想を積極的に進めるグループに入っていない。ASEAN加盟各国は，中国の一帯一路構想に参加し，AIIBにも加盟している。ASEANは創設以降，大国の干渉からの自由を求め，1971年に「東南アジアを平和・自由・中立地帯とする宣言（ZOPFAN宣言）」を発表し，近年は，東アジアの地域統合，地域協力でASEANがイニシアティブを発揮するASEAN中心性を対外関係の原則としている。ASEANは，伝統的に大国の影響を嫌い，中立を維持し，自律的な地域政策を求めてきている。

　ASEAN加盟国の「自由で開かれたインド太平洋」構想への対応は一様ではない。ベトナム，シンガポール，インドネシア，タイは反対ではなく，マレーシア，フィリピン，カンボジア，ラオスは沈黙を守っている（Lee 2018:27）。インドネシアは最も積極的であり，独自の構想を打ち出している（庄司 2018:4）。ASEANが「自由で開かれたインド太平洋」構想に対し消極的あるいは躊躇しているのは，加盟国の見解が一致していないことに加え，①ASEAN中心性およびASEANの重要性が損なわれることへの懸念，②「自由で開かれたインド太平洋」構想には中国の台頭へのけん制あるいは中国への対抗という要素があり，積極的な支持あるいは参加は対立する大国のどちらかに加担することになることへの警戒である（庄司 2018:3，大庭 2018:43，Lee 2018:27-

28)。ASEAN は，過度な対中けん制色を抑え，ASEAN 中心性を基礎とした「インド太平洋」を求め，提案やビジョンを打ち出していた（大庭 2018:43-44)。

ASEAN は，2019 年 6 月 23 日に開催された第 34 回首脳会議で独自のインド太平洋構想である「インド太平洋に関する ASEAN の見解（ASEAN Outlook on the Indo-Pacific)」を採択した。ASEAN のインド太平洋構想は，ASEAN 中心を原則としている。構想を進めるに当たっては，新たなメカニズム（協力枠組み）を作るのではなく，既存のメカニズムを強化しインド太平洋構想を議論し実施していく。既存のメカニズムは，EAS（東アジアサミット）など ASEAN が主導する枠組みを意味しており，インド太平洋構想の議論や協力は ASEAN が中心となり ASEAN 主導のメカニズムで行うとしている。ASEAN 主導の枠組みは中国が参加しており，ASEAN のインド太平洋構想は中国を排除していない。

おわりに：経済開発戦略の拡充

日本の「自由で開かれたインド太平洋」構想の基盤にあるのは，インド太平洋への経済的なパワーシフトという世界経済の長期的な構造変化の認識と対応である。中国と ASEAN を中心とする東アジアからインドを中心とする南アジア，そしてアフリカの巨大市場国が 21 世紀の中葉から後半への世界経済をけん引するのは確実であろう。インド洋沿岸国への経済協力，投資，貿易を拡大し，経済連携を深めていくことは日本の成長戦略の重要な要素となる。

一方，中国の海洋進出へのけん制と「一帯一路」構想に対する代替案の提示は眼前の課題である。中国の海洋進出に対しては，力や威圧によらず国際法に従った紛争の解決，航行と飛行の自由を主張し続けねばならない。2016 年から 2030 年までのアジアのインフラ需要は 26.2 兆ドル（ADB 2017）と膨大であり，「一帯一路」構想と自由で開かれたインド太平洋構想による資金を合計しても不足している。「一帯一路」構想と対抗するのではなく，メコン圏で中国が南北経済回廊，日本が東西経済回廊と南部経済回廊を支援したように並存

し協力あるいは代替策を提示していくべきである。また，開放性，透明性，経済性，財政健全性などを要件とする質の高いインフラ協力を進めることは不可欠である。

「一帯一路」構想は，インフラ整備，工業団地などの開発，直接投資と貿易の拡大という中国型の経済開発戦略の提案でもある。日本の「アジアの成功を自由で開かれたインド太平洋を通じてアフリカに広げ，その潜在力を引き出す」という構想は，世界経済の構造変化を的確にとらえた経済開発戦略であり，実現に向けてアジアの経験を活かす具体的な行動計画が必要である。日本はASEANモデル，とくにメコンの開発モデルを成功経験として活用すべきである。ASEANの開発戦略は経済協力による道路，橋梁，港湾などインフラの建設，工業団地整備と外資誘致，工業品の輸出振興などは「一帯一路」構想と共通しているが，グローバル・バリューチェーンへの参加と開かれた経済統合が大きな特徴である[10]。また，国有企業が中心となり，政府の役割が大きい「一帯一路」構想に対し，ASEANでは民間企業が中心であり，4カ国がTPP11に参加するなど国際的なルールに従うビジネス環境が出来つつある。経済連携では，2019年に中国とインドが参加するRCEPの高いレベルでの合意を実現すべきであり，アフリカの主要国との経済連携が日本の通商戦略の次の課題となるだろう。

付記：本論文はJSPS科研費JP18K11821の助成を受けた研究成果である。

注

1 ）田中明彦（2018）も「自由で開かれたインド太平洋戦略」を短期的かつ反応的な対中戦略として形成するのは自由主義的な世界秩序を維持するための日本の外交戦略として矮小かつ近視眼的であると指摘し，インド洋周辺地域と太平洋周辺地域が世界の成長センターになってきたと論じている。山本吉宣（2012）も同様な認識である。

2 ）PoBMESについては，第1章も参照。

3 ）のちにGDPが修正され，2009年に中国は日本を追い越している。

4 ）質の高いインフラについては，開放性，透明性，経済性，財政健全性が国際スタンダード4原則になっている（経済産業省 2018）。

5 ）Clinton, Hillary (2011), 'America's Pacific Policy', "Foreign Policy", October 11, 2011.

6 ）Secretary of State Rex Tillerson (2017), "Remarks on 'Defining Our Relationship with India for the Next Century'", October 18, 2017.

7 ）Remarks by President Trump at APEC CEO Summit, Da Nang, Vietnam, November 2017.

8 ）National Security Strategy of the United States of America, December 2017, p.46.

9 ）インドと一帯一路については，本書第7章を参照。

242　第 2 部　「一帯一路」構想と世界

10)　ASEAN の経済統合については，石川・清水・助川（2016）を参照。

参考文献
（日本語）

石川幸一・清水一史・助川成也（2016）『ASEAN 経済共同体の創設と日本』文眞堂。

伊藤融（2018）「モディ政権の「戦略的自立性」を読む」『外交』Vol.52，Nov./Dec. 2018。

大嶋英一（2016）「南シナ海仲裁裁判と九段線」『アジア研究所所報』第 165 号，亜細亜大学アジア研究所。

大西康雄（2018）「「一帯一路」構想の展開と日本」『中国の夢は実現するのか』アジア研究所叢書，亜細亜大学アジア研究所。

大庭三枝（2018）「インド太平洋は誰のものか　ASEAN の期待と不安」『外交』Vol.52，Nov./Dec. 2018。

外務省（2007）「インド国会における安倍総理大臣演説「2 つの海の交わり」」。（https://www.mofa. go.jp/mofaj/press/enzetsu/19/eabe_0822.html）

── (2016)「TICAD Ⅵ開会に当たって・安倍晋三日本国総理大臣基調演説」。（https://www.mofa. go.jp/mofaj/afr/af2/page4_002268.html）

── (2017a)「日米首脳ワーキングランチおよび日米首脳会談」。（https://www.mofa.go.jp/mofaj/ na/na1/us/page4_003422.html）

── (2017b)「開発協力白書 2017 年版」。（https://www.mofa.go.jp/mofaj/files/000336398.pdf）

── (2018)「第 8 回日豪外務・防衛閣僚協議（2＋2）共同声明（仮訳）」2018 年 10 月 10 日。（https://www.mofa.go.jp/mofaj/files/000407336.pdf）

── (2019)「自由で開かれたインド太平洋に向けて」（https://www.mofa.go.jp/mofaj/files/ 000407642.pdf）

首相官邸（2018）「日中第 3 国市場協力フォーラム　安倍総理スピーチ」。（https://www.kantei.go.jp /jp/98_abe/statement/2018/1026daisangoku.html）

川島真（2018）「日中関係「改善」への問い」『外交』Vol.52，Nov./Dec. 2018。

経済産業省（2018）「日中第 3 国協力について」2018 年 12 月（ASEAN 研究会説明資料）。

佐々木健（2016）「中国の南シナ海進出と国際社会の対応」『立法と調査』No.378，2016 年 7 月，参議院事務局企画調査室。

庄司智孝（2018）「「一帯一路」と「自由で開かれたインド太平洋」の間で─地域秩序をめぐる競争と ASEAN」NIDS コメンタリー，第 88 号，防衛研究所，2018 年 11 月 1 日。

田中明彦（2018）「「自由で開かれたインド太平洋」の射程」『外交』Vol.47，Jan./Feb. 2018，都市出版。

日本経済新聞「インド太平洋　消えた「戦略」」2018 年 11 月 13 日付け。

平川均（2016）「アジア経済の変貌と新たな段階」平川他編『新・アジア経済論─中国とアジア・コンセンサスの模索』文眞堂。

── (2018a)「アジア太平洋からインド太平洋へ：中国の「一帯一路」が変える構造転換の構図」世界経済評論 IMPACT，No.1048，2018 年 4 月 9 日。（http://www.world-economic-review.jp/ impact/article1048.html）

── (2018b)「「インド太平洋」は新しい経済のフロンティア」世界経済評論 IMPACT，No.1130，2018 年 8 月 13 日。（http://www.world-economic-review.jp/impact/article1130.html）

山﨑恭平（2018）「「一帯一路」構想と「インド太平洋」戦略」『季刊　国際貿易と投資』No.114，2018 年 12 月，国際貿易投資研究所。

山本吉宣（2013）「インド太平洋概念をめぐって」『アジア（特に南シナ海・インド洋）における安全

保障』，平成 24 年度外務省国際問題調査研究・提言事業，日本国際問題研究所。

(外国語)

Asian Development Bank (ADB) (2017), 'Meeting Asia's Infrastructure Needs'. (https://www.adb. org/sites/default/files/publication/227496/special-report-infrastructure.pdf)

Australian Government (2013), 'Defence White Paper 2013'. (http://www.defence.gov.au/ whitepaper/2013/docs/wp_2013_web.pdf)

Australian Government (2017), '2017 Foreign Policy White Paper, Opportunity, Security, Strength'. (https://www.fpwhitepaper.gov.au/)

Chatzky, Andrew and James McBride (2019), 'China's Massive Belt and Road Initiative', Council on Foreign Relations. (https://www.cfr.org/backgrounder/chinas-massive-belt-and-road-initiative)

Congressional Research Service (2018), 'The Trump Administration's "Free and Open Indo-Pacific": Issues for Congress' October 3, 2018. (https://www.everycrsreport.com/ files/20181003_R45396_3b75f4bf108ab8d5ab4419b8e98d4edfc80c31ed.pdf)

Lee, John (2018), 'The "Free and Open Indo-Pacific" and Implications for ASEAN', Trends in Southeast Asia 2018 No.3.

Ministry of External Affairs, Government of India (2018) 'Prime Minister's Keynote Address at Shangri La Dialogue', June 1, 2018. (https://www.mea.gov.in/Speeches-Statements. htm?dtl/29943/Prime+Ministers+Keynote+Address+at+Shangri+La+Dialogue+June+ 01+2018)

Roy-Chaudhury, Rahul (2018), 'India's 'inclusive' Indo-pacific policy seeks to balanced relations with the US and China', International Institute for Strategic Studies. (https://www.iiss.org/ blogs/analysis/2018/07/india-inclusive-indo-pacific-policy-china-relations)

United Nations (2017), 'World Population Prospects The 2017 Revision' (https://esa.un.org/unpd/ wpp/Publications/Files/WPP2017_KeyFindings.pdf)

U. S. Department of State (2017), 'Remarks on "America's Indo-Pacific Economic Vision"' July 2018. (https://www.state.gov/secretary/remarks/2018/07/284722.htm)

U. S. Department of State (2018a), 'Advancing a Free and Open Indo-Pacific Region' (https:// www.state.gov/r/pa/prs/ps/2018/11/287433.htm)

U. S. Department of State (2018b), 'Joint Statement Australia-U. S. Ministerial Consultations', July 24, 2018. (https://www.state.gov/r/pa/prs/ps/2018/07/284460.htm)

「一帯一路」構想年表

2012年	3月	ポーランド"ゴー・チャイナ"プログラム発表
	4月	初の中国・中東欧諸国（CEE16+1）首脳会議開催（ワルシャワ・ポーランド）　16+1 協力枠組み誕生　以後，首脳会議毎年開催
2013年	7月〜9月	中国中央テレビを含むメディア多数が特別番組　2011 年から運行開始の重慶〜ドイツ間国際定期鉄道貨物輸送を追跡報道　その後の「一帯一路」の象徴的建設事例に
	9月	習近平国家主席　カザフスタンのナザルバエフ大学で「シルクロード経済ベルト」の創設提唱（7 日）
	10月	習近平国家主席　インドネシア国会で「中国・ASEAN 運命共同体」を講演し，「21 世紀海上シルクロード」を提唱（3 日）
	11月	第 2 回中国・CEE（16+1）首脳会議開催（ブカレスト・ルーマニア）　CEE16+1 を地域協力枠組みで合意
2014年	9月	習近平国家主席　中国・ロシア・モンゴル三カ国首脳会議でシルクロード経済ベルトの共同建設を提案（11 日）
		上海協力機構（SCO，加盟国　中国，ロシア，中央アジア 4 カ国）「上海協力機構加盟国政府間国際道路輸送利便化協定」に署名　6 カ国間の国際道路ネットワーク構築に向けた包括的合意成立
	11月	アジア太平洋経済協力（APEC）・CEO サミット（9 日，北京）　習近平国家主席開幕式基調講演で，アジア太平洋と世界に公共財を提供　各国と共に「一帯一路」建設を推進すると発表
	12月	中国独自の「シルクロード基金」設立　中国国家開発銀行などが出資（29 日）
2015年	3月	中国・国家発展改革委員会・外交部・商務部合同で「シルクロード経済ベルトと 21 世紀海上シルクロード共同建設促進

「一帯一路」構想年表　　*245*

のビジョンと行動」発表，「一帯一路」を国家プロジェクト
として推進（28 日）

4月　習近平国家主席　パキスタン訪問　中国パキスタン経済回
廊（CPEC）で合意

6月　「全国流通ハブ都市布局計画 2015-2020」公表　各拠点都市
を中心に全土に繋げる広域交通ネットワークの骨組みがほ
ぼ完成，国境までの交通インフラ整備を加速（1 日）

第 17 回 EU・中国首脳会議（28 日〜 7 月 2 日，ブリュッセル）
双方の旗艦イニシアティブ（ヨーロッパ投資計画，「一帯一
路」）への関心を確認

7月　第 7 回 BRICS 首脳会議，第 15 回上海協力機構（SCO）首
脳会議　合同で開催（8 日〜 9 日，ウファ・ロシア）　中露
関係強化，中国の建設的役割で合意　インド，パキスタン
参加，両国の加盟手続き開始で合意

習近平国家主席，ロシア・プーチン大統領，モンゴル・エ
ルベグドルジ大統領　第 2 回首脳会議開催（9 日，ウファ・
ロシア）「中露蒙 3 カ国協力発展中期ロードマップ」合意
各国の優先重点分野（中国・シルクロード経済ベルト建設，
ロシア・ユーラシア横断大通路，モンゴル・草原の道）の
連結

11月　パキスタン政府　グワダル港自由貿易区の使用権を中国海
外港口控股有限公司に貸借期間 43 年で譲渡

12月　中国・アフリカ協力フォーラム（FOCAC）開催（4 日〜 5 日，
ヨハネスブルク・南アフリカ）　習近平国家主席　対アフリ
カ 10 大協力計画を発表　ヨハネスブルグ宣言を発し，ウィ
ン・ウィン協力の強化，一帯一路の建設構想とアフリカと
の連結を積極的に探ることで確認

アジアインフラ投資銀行（AIIB）　創設メンバー 57 カ国，
資本金 1,000 億ドルで発足（25 日）　アメリカ，日本，カナ
ダは参加見送る

2016年　3月　王毅外相　第 12 期全人代記者会見で「一帯一路」構想に 70
以上の国と国際機関が協力表明，30 カ国以上が「一帯一路」

		協定に調印など成果を強調

	4月	ギリシャ政府　ピレウス港湾公社株式 67％（初売却分 51％）の中国国有企業・中国遠洋運輸集団（コスコ）への売却契約締結（8 日）
	7月	中国が国際道路輸送連盟（IRU：International Road Transport Union）に加盟　中国発着の国際道路輸送の活発化が念頭に
	8月	カナダ財務相　AIIB への参加申請を発表　先進国で AIIB 非参加国はアメリカと日本のみに
2017年	3月	中国　第 13 次五カ年計画大綱に国家プロジェクトとして「一帯一路」の推進を明記（17 日）
		AIIB　カナダ，香港他 13 カ国・地域の新規加盟を承認　メンバー数 70 加盟国・地域に（23 日）
	5月	中国外交部　「一帯一路」国際協力にラテンアメリカ諸国参加歓迎を表明　チリ，アルゼンチン　同月開催の「一帯一路」国際協力サミットフォーラム参加
		「一帯一路」国際協力サミットフォーラム開催　29 カ国の首脳と 100 カ国・地域の代表参加（14 日～ 15 日，北京）　習近平国家主席　「一帯一路」でウィン・ウィン関係の構築を表明　インドは不参加
	6月	上海協力機構（SCO）首脳会議開催（7 日～ 10 日，アスタナ・カザフスタン）　インド，パキスタン　フルメンバー国に
	7月	中国税関総署が「全国税関の通関一体化改革公告」を公表　通関業務のシングルウィンドウ化を全国範囲で実施可能に，通関手続きの迅速化を促進（1 日）
		スリランカ政府　ハンバントタ港を中国国有企業・招商局港口に 99 年間リース（29 日）
	8月	中国初の海外軍事補給基地をジブチで稼働（1 日）
	12月	アメリカ VOA ニュース　過去数週間の間にパキスタン，ネパール，ミャンマーの 3 水力発電プロジェクト（合計約 200 億ドル）相次いでキャンセルと報道（4 日）

2018年	1月	中国国務院・外交部が「中国の北極政策」白書を公表 「北極シルクロード」の創設構想を公式に提示（26日）
	3月	米シンクタンク・世界開発センター 政策ペーパー（CGD Policy Paper 121）で一帯一路参加8カ国が中国の融資で重債務のリスクありとの分析結果を公表（4日）
		日経アジアレビュー・イギリス金融誌バンカー共同で一帯一路沿線国の事業計画の進捗状況検証結果公表 過剰債務や事業の遅れなどの問題点を指摘（28日）。一連の債務国のリスクの公表で，その後「債務の罠」として批判広がる
	5月	マレーシア議会総選挙でマハティール元首相の率いる野党連合が勝利（10日）
	7月	マレーシア・マハティール政権が中国主導の東海岸鉄道建設工事中止を指示（4日）
	8月	トランプ政権 「一帯一路」が対象国に過度の債務負わすと懸念表明（9日）
		マレーシア・マハティール首相 北京で習近平国家主席，李克強首相と会談 東海岸鉄道の建設中止を明言（21日）
		2011年開始の中国発着国際鉄道貨物輸送が合計10,000回達成（28日）
	9月	中国・アフリカ協力フォーラム（FOCAC）首脳会議開催（3日〜5日，北京） アフリカ55カ国参加，習近平国家主席「一帯一路」の共同建設，600億ドルの金融支援を表明
		モルディブ 大統領選で親中派大統領敗北 対中債務は「債務の罠」と報道される
	10月	ペンス米副大統領 ワシントンでの講演で中国批判 「一帯一路」は「債務外交」（4日）
	11月	パキスタン・カーン首相 北京で李克強首相と会談（3日）CPECに関わる輸入急増で深刻な外貨不足に陥っていると資金援助を要請
		日本政府 「自由で開かれたインド太平洋」戦略（Strategy）を「自由で開かれたインド太平洋」構想（Vision）に修正（12日）

248 「一帯一路」構想年表

中国政府 鄭州空港，西安空港以遠権の開放を指示，内陸空港の国際便利用の促進を後押し（23日）

2019年　3月　習近平国家主席　イタリア政府と「一帯一路」に関する覚書締結（23日）先進国初の公式の参加国に

マクロン・フランス大統領　パリ訪問中の習近平国家主席と会談（25日）「一帯一路」構想に関して「欧州が一体」であることが前提と習主席に要請。マクロン首相　メルケル・ドイツ首相，ユンケル欧州委員長を加えて習近平国家主席と4者会談開催（26日）「欧州の結束を尊重するように」と習主席に要請

4月　第21回EU・中国首脳会議開催（9日，ブリュッセル）2020年までに投資協定妥結で合意　EUの欧州投資計画（Investment Plan for Europe）と中国の「一帯一路」を双方の重要投資計画として確認

第2回「一帯一路」国際協力サミットフォーラム開催（25日〜27日，北京）37カ国の首脳と100カ国以上の代表参加　習近平国家主席　講演でプロジェクトの実施に当たり「国際ルールとスタンダードを守る」と表明

マレーシア首相府　マレーシア鉄道公社（KTMB）と中国交通建設股份有限公司（CCCC）間で東海岸鉄道建設の補足契約締結　鉄道建設計画続行を発表（12日）

索　引

数字・欧文

1MDB　124
　　——問題　22
2つの海の交わり　221
6大経済回廊　39, 135
16＋1　171, 175-176
21世紀海上シルクロード　4, 8, 14, 30
ACFTA　35
AEO　58
　　——制度　57
AIIB　11, 79, 92-93, 155-156, 166
ASEAN　11-12
　　——インフラ基金　121
　　——経済共同体　99, 120
　　——高速道路網（AHN）　120
　　——交通円滑化協定　102
　　——中心性　139, 233-234
　　——連結性　99
　　——連結性マスタープラン　120
BCIM-EC　164
BRI（Belt and Road Initiative）　10, 171, 187
BRICs　18
BRICS首脳会議　13
CPEC　158-160, 164
EEC　127
FOCAC　199-200, 202-203, 210, 213
FTA（自由貿易協定）　34
GMS経済回廊　100
　　——プログラム　105
IMF　11
IRU　69
LPI（Logistics Performance Index）　55
NATO　173
NDB　156, 166
NIES　16-17
OBOR（One Belt One Road）　→　一帯一路
PoBMEs（Potentially Bigger Market

Economies）　17-18, 218
QUAD　145-146, 231, 235
　　——2.0　145-146, 166
RCEP　234, 236, 241
The Belt and Road Initiative　→　一帯一路
TICAD Ⅵ　→　アフリカ開発会議
TIR条約　57, 59-60, 68
TPP　7
　　——対策　5
TRIPS協定（知的所有権の貿易関連の側面に
　　関する協定）　184

和文

【ア行】

アクト・イースト　146, 148
アジアアフリカ成長回廊　236
アジアインフラ投資銀行（AIIB）　9, 79, 82-
　　83, 85, 154, 181, 220
アジア欧州会議（ASEM）　9
アジア開発銀行（ADB）　11, 27, 76, 85, 93
アジア太平洋経済協力（APEC）　9
アジアのインフラ需要　11, 27, 240
アシュガバット協定（Ashgabat Agreement）
　　13
アフリカ　8, 11, 26, 197
　　——開発会議（Tokyo International
　　Conference on African Development：
　　TICAD）　25, 213, 236
　　——大陸自由貿易圏　209
　　——連合　209
以遠権　71
域内貿易　19
偉大な夢　4
一帯一路（BRI）　10, 38, 50, 170
「一帯一路」国際協力サミットフォーラム　10,
　　13, 23, 30, 36, 82-83, 86, 94, 119, 126, 135
引進来　31

250 索　引

インド太平洋　25
　——軍　232
　——透明性イニシアティブ　231
　——に関するASEANの見解　240
　自由で開かれた——　25-26, 145
　自由で開かれた包摂的な——　235-236
インドネシア高速鉄道　122, 135
インド洋　7
インフラ需要予測額　121
インフラ推進計画（Build, Build, Build：3B program）　127
ウクライナ問題　12
内モンゴル自治区　7
雲南省　8
越境交通協定　107
王毅　10, 23
オーストラリア　26
オバマ大統領　7

【カ行】

海運強国　46
改革・開放　46
　——路線　31
外貨準備高　5
海上輸送　63
開発指向型投資利用向上法　229
幹線鉄道　52
幹線道路　52
気候変動　24
九段線　220
拠点都市　52, 55
ギリシャ危機　27
グワダル港　20
軍事基地　199-200, 203, 211
経済回廊　8
ケニア鉄道　212
航行と飛行の自由　228, 233, 237
航行の自由　222-235
　——作戦　232
高速鉄道　53
　——建設　22
港湾整備　197, 200, 211
国際開発　4
国際公共財　8, 10, 24, 222

国際産能合作　24
国際道路貨物輸送　68
国際道路輸送協定　58-59
国際道路輸送連盟　59
国際南北輸送回廊（INSTC）　13
国内過剰生産　5
黒竜江省　7
国連海洋法条約　220
国連憲章　8
国家安全保障戦略　5-7, 228
国家開発銀行　81, 84-85
国家国際発展協力署　79, 94
国家発展改革委員会　4

【サ行】

債務の罠　3, 21-22, 90-91, 94, 137-138
サブプライムローン危機　7
三位一体　9
資源　203, 205-206, 208-209, 214
　——の安全保障　5, 7
質の高いインフラ　223-225, 228, 241
シハヌークビル特別経済区　130
ジブチ　20
　———エチオピア間の鉄道　22, 211-212, 214
　——港　200-201, 211
ジャカルタ・バンドン間の高速鉄道建設　12
上海協力機構（SCO）　9, 13, 27
習近平　4, 22-23, 30
自由で開かれたインド太平洋　→　インド太平洋
自由で開かれた包摂的なインド太平洋　→　インド太平洋
自由貿易区（Free Trade Zone：FTZ）　200-201, 210
シルクロード基金　9, 79, 81-83, 85, 220
シルクロード経済ベルト　4, 30
　——と21世紀海上シルクロードの共同建設推進のビジョンと行動　4, 39
シルクロード精神　8
新開発銀行（New Development Bank：NDB）　79-80, 82, 85, 155
シンガポール昆明鉄道（SKRL）　120
新疆ウイグル自治区　7
人口ボーナス　18

索　引　*251*

真珠の首飾り　7, 159, 161, 163-164, 221
新常態　5, 7, 205
水力発電用ダム建設　20
スクリーニングメカニズム　170, 189
スリランカ　21
成長のトライアングル　15, 18
政府活動報告　78
西部大開発　5, 51, 71
世界エネルギー開発金融　5
世界金融危機　7
世界の工場　31-32
世界の市場　31-32
積極的平和主義　222
潜在的大市場経済　218
先進国間相互投資　17
走出去　5, 33, 46, 77-78

【夕行】

タートルアン経済特区（SEZ）　133
第3国における日中民間経済協力　25, 238
第6回アフリカ開発会議　221
第13次5カ年計画　4, 82
対外経済合作　220
タイ高速鉄道　125
対中債務　137
大メコン圏（GMS）　9
タイランド4.0　126
台湾　199, 203
短命王朝　72
地球儀を俯瞰する外交　222
チベット自治区　8
チャイナ・ランド・ブリッジ　50, 65
チャオピューの経済特別区（SEZ）　22, 134-
　　136, 138
中央アジア　7
　——諸国　12
中央経済工作会議　78
中欧班列　43-44
中華民族の偉大な復興　4, 220
中華民族の偉大な夢　4, 220
中間財　18-19
中期整備計画　54
中国アフリカ協力フォーラム（Forum of
　　China-Africa Cooperation：FOCAC）　14,

　　198
中国インドシナ半島経済回廊　119, 131, 133
中国遠洋海運集団（COSCOCS）　45
中国人労働者　136
中国製造2025　184
中国の技術覇権　26
中国の国防費　220
中国パキスタン経済回廊（CPEC）　13, 234,
　　236
中国ミャンマー経済回廊（CMEC）　133
中国輸出入銀行　81, 84-85, 201, 207, 214
中東欧諸国（CEE）　172-175
中・東ヨーロッパ16カ国と中国（CEE16＋1）
　　14
張騫　36
長方形戦略（Rectangular Strategy）　130
長命王朝　72
通信衛星（Lao-Sat-1）　132
鄭和　37, 47
デカプリング　26
鉄道建設　200-201, 211-212, 214
東南アジア　7
東部経済回廊（Eastern Economic Corridor：
　　EEC）　126, 135
トランプ政権　26
トランプ大統領　25

【ナ行】

ナジブ前首相　21
二回廊一経済圏　129, 135
二元王朝　72
日米戦略エネルギーパートナーシップ
　　（JUSEP）　224
日本型の経済協力　9, 139
ネパール　20

【ハ行】

パキスタン　13, 20-21
　——中国経済回廊（China-Pakistan
　　Economic Corridor：CPEC）　13, 153
覇権主義　3
バルカン　173
バングラデシュ・中国・インド・ミャンマー経
　　済回廊（BCIM-EC）　13, 133, 153

252　索　引

ハンバントタ港　20
ビジョンと行動　4, 8-9, 24
ひも付き　139
　——援助　136
氷上のシルクロード　8
ピレウス港　27
華為技術（ファーウェイ）　26, 177, 193
フォレスト・シティ　125
フォワーダー　50, 67
物流業調整及び振興計画　53
ブロックトレーン　65, 67-68
米国のインド太平洋経済ビジョン　228
米国の太平洋の世紀　227
ベンゲラ鉄道　199, 201, 212, 214
博鰲（ボアオ）アジアフォーラム　22
貿易戦争　25
貿易, 投資, 援助の『三位一体』　8
貿易のネットワーク　18
包摂　234, 237-238
　——的　232-233, 238
ポーランド　14
北極航路　50, 65
北極政策白書　8

【マ行】

マーシャル・プラン　9
マクロン大統領　27
マハティール　21

マラッカ・ゲートウェイ　124
マラッカ・ジレンマ　124, 136, 159, 221
マレーシア東海岸鉄道　21, 124, 135-136, 138
南アジア　7
南シナ海　7
　——問題　11, 20
ミャンマー　20
メガプロジェクト　135
モディ　146-147, 156, 160
モルディブ　21
モンバサ港　211-212, 214

【ヤ行】

ユーラシア経済連合（EEU）　12
ユーラシア横断鉄道　53
輸送モード　62-63
ヨハネスブルグ宣言　14, 198-199

【ラ行】

ラオス高速鉄道　131, 136
李克強首相　24-25
連結性　121, 234
　——の強化　223
　——マスタープラン　135
労働集約的製造業　16

【ワ行】

ワン・マレーシア開発（1 MDB）　21-22

編者・執筆者紹介 （執筆順） ＊は編著者

＊**平川　均**（ひらかわ　ひとし）
担当章：はしがき，第 1 章
現職：浙江越秀外国語学院東方言語学院・特任教授，国士舘大学・客員教授
主要著書・論文
Innovative ICT Industrial Architecture in East Asia: Offshoring of Japanese Firms and Challenges faced by East Asian Economies (Co-editor, Springer Japan 2017)
「グローバリゼーションと後退する民主化」山本博史編『アジアにおける民主主義と経済発展』（文眞堂，2019 年）

＊**石川幸一**（いしかわ　こういち）
担当章：はしがき，第 6 章，第 10 章
現職：亜細亜大学アジア研究所・特別研究員
主要著書・論文
『ASEAN 経済共同体』（共編著，ジェトロ，2009 年）
『ASEAN 経済共同体の創設と日本』（共編著，文眞堂，2016 年）

朱　永浩（ずう　よんほ）
担当章：第 2 章
現職：福島大学経済経営学類・教授
主要著書・論文
『中国東北経済の展開―北東アジアの新時代』（単著，日本評論社，2013 年）
『アジア共同体構想と地域協力の進展』（編著，文眞堂，2018 年）

＊**町田一兵**（まちだ　いっぺい）
担当章：第 3 章
現職：明治大学商学部・准教授
主要著書・論文
『新・アジア経済論』（共著，文眞堂，2016 年）
『グローバル・ロジスティクス・ネットワーク』（共著，成山堂書店，2019 年）

＊**真家陽一**（まいえ　よういち）
担当章：第 4 章
現職：名古屋外国語大学外国語学部中国語学科・教授，日立総合計画研究所・リサーチフェロー
主要著書・論文
『米金融危機が中国を変革する』（単著，毎日新聞社，2009 年）
『米中摩擦下の中国経済と日中連携』（共著，同友館，2019 年）

254　編者・執筆者紹介

春日尚雄（かすが　ひさお）
　　　担当章：第 5 章
　　　現職：都留文科大学地域社会学科・教授
　　　主要著書・論文
　　　　『ASEAN シフトが進む日系企業―統合一体化するメコン地域―』（単著，文眞堂，2014 年）
　　　　『ASEAN 経済共同体の創設と日本』（共著，文眞堂，2016 年）

深澤光樹（ふかさわ　みつき）
　　　担当章：第 7 章
　　　現職：東洋大学経済学部・助教，立教大学経済学部・兼任講師
　　　主要著書・論文
　　　　『現代アジア・アフリカ政治経済論』（共著，西田書店，2015 年）
　　　　『新・アジア経済論』（共著，文眞堂，2016 年）

一ノ渡忠之（いちのわたり　ただゆき）
　　　担当章：第 8 章
　　　現職：公立小松大学国際文化交流学部・准教授，公益財団法人国際金融情報センター欧州部・
　　　　　特別研究員
　　　主要著書・論文
　　　　「内憂外患に晒されるロシア―成長に立ちはだかる新たな懸念―」『経営センサー』（単著，
　　　　東レ経営研究所，2018 年 10 月）
　　　　「プーチン政権下の金融政策と脱ドル化の現状」『ロシア NIS 調査月報』（単著，ロシア NIS
　　　　貿易会，2019 年 4 月）

佐々木優（ささき　すぐる）
　　　担当章：第 9 章
　　　現職：明治大学商学部・助教
　　　主要著書・論文：
　　　　『貿易入門：世界と日本が見えてくる』（共著，大月書店，2017 年）
　　　　『21 世紀国際社会を考える：多層的な世界を読み解く 38 章』（共著，旬報社，2017 年）

一帯一路の政治経済学

―中国は新たなフロンティアを創出するか―

2019 年 9 月 25 日　第 1 版第 1 刷発行　　　　　　　　　　検印省略

編著者　平　　川　　　　　均

　　　　真　家　陽　一

　　　　町　田　一　兵

　　　　石　川　幸　一

発 行 者　前　　野　　　隆

　　　　　東京都新宿区早稲田鶴巻町 533
発 行 所　株式会社　文　眞　堂
　　　　　電　話 03（3202）8480
　　　　　FAX 03（3203）2638
　　　　　http://www.bunshin-do.co.jp
　　　　　郵便番号（162-0041）振替00120-2-96437

製作・モリモト印刷
©2019
定価はカバー裏に表示してあります
ISBN978-4-8309-5046-9 C3033